競争しない競争戦略

環境激変下で生き残る3つの選択

改訂版

早稲田大学ビジネススクール教授
山田英夫

日本経済新聞出版

はじめに

『競争しない競争戦略』の初版を出版してから6年がたった。この6年の間に、経営環境はガラリと変わった。DX、IoT、フィンテックなどの技術変化、シェアリング・エコノミー、リカーリング・モデル（サブスクリプション）などの新しいビジネスモデルの台頭、そしてSDGs、環境問題、ガバナンスなどの企業統治上の課題に加え、新型コロナウイルスの蔓延が、世界中の企業に大きな影響を及ぼした。

しかし一方で、変わらなかったものもある。その代表例が、日本企業の横並び志向である。「同業他社が始めたから自社もやる」「他社がやめたので自社もやめる」という思考パターンは、いまだ根深いものがある。

それに加えて、成長分野に皆が飛び込む〝満員バス〟現象も根強い。DX、IoT、ヘルスケアなど、表立っては反対しにくく、役員会を通りやすいため、満員のバスに皆が乗り込もうとしている。

その行く末が同質的な価格競争であり、新規市場のレッド・オーシャン化である。その結果、日本企業はますます利益率を下げていく。せっかく新分野の開拓、新しいビジネスモデルを考えたにもかかわらず、そこでもかつての同業他社との価格競争を繰り返している。

競争相手が明確であり、頑張れば逆転できる競争を、日本企業は得意としてきた。しかし反対に、知恵を絞って競争を回避し、自社独自のポジションを築く競争は、経験量が少ないため不得意としてきた。

本書で強調したいのは、いかにして競争せず、自社の独自性を貫くかという戦略である。同業に見本・手本がないことから、自ら頭をひねって戦略を考えていかなくてはならない。そのためには、「競争しない競争戦略」を考えるフレームワークと、現実にそうした戦略をとって成功してきた企業事例を学ぶ必要があろう。

本書は、「競争しないこと」が企業の利益率を高めるために必要であることを、3つの戦略（ニッチ戦略、不協和〈ジレンマ〉戦略、協調戦略）に分けて示していく。

まずニッチ戦略に関しては、体系的にニッチを探し出すためのマトリックスを示し、10のニッチ戦略について説明した。

次の不協和（ジレンマ）戦略とは、リーダー企業の組織内にジレンマを引き起こすことによって、リーダー企業が同質化をしかけられない状況を作り出すことである。その戦略として4つのパターンがあることを示した。

最後の協調戦略とは、他社のバリューチェーンの中に入り込んだり、自社のバリューチェーンの中に競合企業を引き込んだりすることにより、より強い企業と共生して、攻撃されない状況を作り出すことを指す。これにも4つのパターンがあることを示した。

本書は競争しない戦略を提言することを目的としているが、競争しない戦略は、相手があって初めて成り立つものである。その意味では、業界のリーダー企業が追随できない状況が必要であり、競争しない戦略をしかける側だけでなく、業界リーダー側の戦略の分析もセットで行っている。

本書の構成は、まず第1章で「競争しない競争戦略」の理論的背景と、環境が激しく変化する中での「競争しない競争戦略」について述べる。VUCA（Volatility：変動性、Uncertainty：不確実性、Complexity：複雑性、Ambiguity：あいまい性）と呼ばれる先が読めない環境変化の中で、「競争しない競争戦略」がどう変わっていくのかについても解説している。

そして第2章以降、①ニッチ戦略、②不協和戦略、③協調戦略の順に説明する。章の前半で各戦略の考え方を述べ、後半は主に日本企業の事例を使いながら、その戦略の理解を深める。そして、章の最後に、各戦略の課題や学べる点を整理する。

初版に掲載した事例を半分以上差し替え、アップデートし、よりわかりやすく説明しようと試みた。また、ケースの分量に関しては、すべて同じような文字数で紹介するのではなく、重要なケースには多くのページを割いて解説を行った。

「競争しない競争戦略」を実践する過程で、日本企業が得意としてきた「分母（労働時間）を増やして分子（成果）を増やす」という、競合を意識した同質的な働き方にも変化が起きることを期待したい。

なお、各事例の内容は調査時点のもので、登場人物の敬称は略させていただいた。

２０２１年９月

著者

第1章

競争しない競争戦略……17

1 競争するメリットとデメリット……18

[1] 競争しすぎるとどうなるか 18

①医薬品卸の業界 18

②ガソリンスタンド業界 19

[2] 競争する5つのメリット 22

①企業の能力向上 23

②市場の成長 23

③組織の活性化 24

④多様化するニーズへの対応 25

⑤価格の低下 25

[3] 競争する3つのデメリット 26

①顧客志向から競争志向に 26

②必要以上の価格の下落 27

③組織の疲弊 27

2　競争に関する他分野の教え……29
[1] 孫子の教え 30
[2] 生物学(生態学)からの教え 31
3　競争しないことと利益の関係……34
[1] ポーター(1980)『競争の戦略』 34
[2] キム&モボルニュ(2005)『ブルー・オーシャン戦略』 35
[3]「競争しないこと」を支持する研究 36
4　競争地位の類型化……38
5　リーダー企業の戦略定石……41
[1] 周辺需要拡大 42
[2] 同質化政策 42
[3] 非価格対応 43
[4] 最適シェア維持 43
6　競争しない3つの戦略……44
[1] 棲み分け——ニッチ戦略、不協和戦略 45
[2] 共生——協調戦略 47
7　環境激変下における「競争しない競争戦略」……49

［1］「競争しない競争戦略」を後押しする環境変化　50
①アンバンドリング　50
▼CAFIS　52
②リ・バンドリング　54
［2］「競争しない競争戦略」の賞味期限を縮める環境変化　57
①時間軸の短縮　58
▼ブラウン管は100年、液晶は何年？　59
▼姿を消したプリントゴッコ　61
②空間軸の消滅　62
▼ディスラプターに市場を壊された万歩計、時刻表　62

第2章
ニッチ戦略——市場不適合を引き起こす……67

1　ニッチの誤解を解く……68
［1］「ニッチ＝小さい売上」ではない　68
［2］差別化とニッチは別物　69

[3] 集中戦略とニッチ 70
[4] ニッチ「企業」とニッチ「市場」 70
[5] 成功をどう測るか 71

2 リーダー企業を参入させない戦略……73
[1] 市場規模を大きくしない 73
▼明光商会 74 ▼ダイソン／アイロボット 74
[2] 単価を上げない 75
▼赤城乳業 76
[3] 利益率をあまり高くしない 80
▼ナガイレーベン 81
[4] 市場を急速に立ち上げない 83
▼パイオニア 84 ▼サウスウエスト航空 85 ▼ほけんの窓口 86
▼いきなり！ステーキ 87

3 「量」と「質」の軸から考えるニッチ戦略……89

4 10のニッチ戦略……94
[1] 質限定のニッチ戦略 94
①技術ニッチ 94

▼マニー　95　▼根本特殊化学　97　▼ソラコム　98　▼ローズ　104
▼エルプ　106　▼プロネクサス　107　▼トッパン・フォームズ　113
技術ニッチの追求　115
②チャネル・ニッチ　116
▼大同生命保険　116　▼チャコット　118　▼カミュ　120
チャネル・ニッチの追求　121
③特殊ニーズ・ニッチ　122
▼トーシンテック　122　▼タカラベルモント　123　▼朝日印刷　124　▼レシップ　126
特殊ニーズ・ニッチの追求　127
[2] 量限定のニッチ戦略　128
①空間ニッチ　128
▼セイコーマート　128　▼ヤマサちくわ　130　▼崎陽軒　130
空間ニッチの追求　131
②時間ニッチ　132
▼LSIメディエンス　132　▼少額短期保険　133
時間ニッチの追求　137
③ボリューム・ニッチ　137

▼タマス　137　▼スノーピーク　139　▼ブロンプトン　141　▼トビラシステムズ　141
ボリューム・ニッチの追求　143
④残存ニッチ　144
▼東洋化成　144　▼ナガオカトレーディング／フェーズメーション　145
▼日本エボナイト　147　▼富士フイルム　148
残存ニッチの追求　149
⑤限定量ニッチ　151
▼ゴアテックス　151　▼山下達郎　154　▼アメリカン・エキスプレス　157
限定量ニッチの追求　160
[3] 質・量限定のニッチ戦略　160
①カスタマイズ・ニッチ　160
▼Knot　160　▼POS（パナソニックオーダーシステム）　161
カスタマイズ・ニッチの追求　163
②切替コスト・ニッチ　164
▼クオリカプス　164　▼ホギメディカル　165　▼ツムラ　166　▼キングジム　168
切替コスト・ニッチの追求　169
5　ニッチ企業が成長する方法……171

[1] ニッチ戦略をとった企業の成長 171
[2] マルチ・ニッチ戦略 172
▼スリーエム 172 ▼小林製薬 174 ▼クラレ 176 ▼ノーベルファーマ 177
[3] チャレンジャーへの転換 180
6 ニッチ戦略の事例から学べるもの……182

第3章 不協和戦略——資源不適合を引き起こす……187

1 資源を持つことによる不協和の発生……188
[1] 同質化と不協和 188
[2] なぜリーダー企業は同質化できないか 189
2 不協和戦略の4類型……192
[1] 企業資産の負債化 192
▼ライフネット生命保険 193 ▼iPod 195 ▼コスモ石油 197
▼スタディサプリ 199 ▼ワークマン 200 ▼トラスコ中山 202
[2] 市場資産の負債化 204

▼青山フラワーマーケット 204 ▼宝島社 206
▼ソニー損保のテレマティクス保険 208 ▼フェリカ 212
[3] 論理の自縛化 213
▼ミラーレス 214 ▼リブセンス 216 ▼ドゥクラッセ 219
▼GMPインターナショナル 220 ▼寺田倉庫 222
▼カード上乗せ保険 224 ▼アキレス 226
[4] 事業の共喰化 228
▼ソニー損保の走る分だけ保険 228 ▼カーブス 230
▼QBハウス 231 ▼SREホールディングス 233
3 不協和戦略の事例から学べること……235

第4章 協調戦略――競争不適合を引き起こす……239

1 協調とは何か……240
2 競争と協調……242
3 協調戦略とバリューチェーン……245

[1] バリューチェーン——企業が生む価値 245
[2] 自社資源によって分かれる選択肢 247
[3] バリューチェーンの機能を代替・追加する 248

4 協調戦略の4類型……249

5 コンピタンス・プロバイダー——コア事業を受託……252
▼キュービタス 253 ▼GEの航空機エンジン 255
▼星野リゾート 257 ▼レコフ 260

6 レイヤー・マスター——競合の中に入り込む……261
▼セブン銀行 263 ▼ランドスケイプ 268
▼IQVIAソリューションズジャパン(旧IMS) 274 ▼トランスファーカー 276
▼スター・マイカ 277 ▼ダイナミックプラス 284

7 マーケット・メーカー——新たな機能を付加……286
▼楽天バスサービス 286 ▼ラクスル 287 ▼イオンライフ 290
▼コスモス・ベリーズ 295 ▼弁護士ドットコム 298 ▼Nupp1 300

8 バンドラー——他社品も組み込む……302
▼グリコ 302 ▼アスクル 305 ▼ホギメディカル 307

9 協調戦略の事例から学べるもの……312

第5章 「競争しない競争戦略」の未来……317

1 競争しない企業同士の競争……318
▼料理宅配サービス 319 ▼来店型保険ショップ 320

2 「競争しない競争戦略」の課題……323
[1] 積極的にしかける必要性 323
[2] 3つの戦略の課題 326
①ニッチ戦略の課題 326
②不協和戦略の課題 328
③協調戦略の課題 329

謝辞 333
参考文献 342
索引 349

第1章

競争しない競争戦略

1 競争するメリットとデメリット

[1] 競争しすぎるとどうなるか

競争、それも同質的な競争を広げていくと、どのような結果になるのかを、2つの業界の事例で見てみよう。

①医薬品卸の業界

医薬品業界は、高齢化の進展や新たな疫病の出現など、今後も重要な産業であることは間違いない。しかし、医薬品卸に関しては、企業数がどんどん減っており、最近では大手5つほどに集約されてきた（図表1－1）。

そもそも医薬品卸という業態は、販売している商品を自社で開発・生産しているわけではなく、メーカーから仕入れて販売している。いわば商社のような存在で、製品の差別化が難しい。そうなると、現場では価格競争が起きやすくなり、経営としては規模の経済性が重要となってくる。例えば、各社が少しずつ配送してもコスト高になってしまうので、複数の企業が一緒になって配送するほうが効率が良い。その結果として、合併が相次いできた典型的な業界と言える。

② ガソリンスタンド業界

医薬品卸と似たような業界が、ガソリンスタンド（ＳＳ：サービスステーション）業界である。市場全体の需要を見ると、２００５年頃がピークとなり、その後は減少傾向にある。今後は電気自動車も普及していくと見られている。

そうした中、ガソリンスタンドを運営する企業数は減ってきた。近年では図表１－２のように、大手はＥＮＥＯＳ、出光興産、コスモ石油の３グループに集約されてきた。

車にガソリンを入れるとき、Ａ社のガソリンスタンドで入れるのと、Ｂ社で入れるのとでは大差はない。そのため消費者は、立地が同程度であれば、価格が１円でも安いスタンド、ポイントが付くスタンドへと車を運ぶ。ポイントも一種の価格であり、事実上、価格しか競争の武器がなくなっている。その結果、どうしても過当競争になる。その過当競争に耐えられず、合併という形で生き残りを図ってきた。

［図表1－1］ **医薬品卸の企業の変遷**

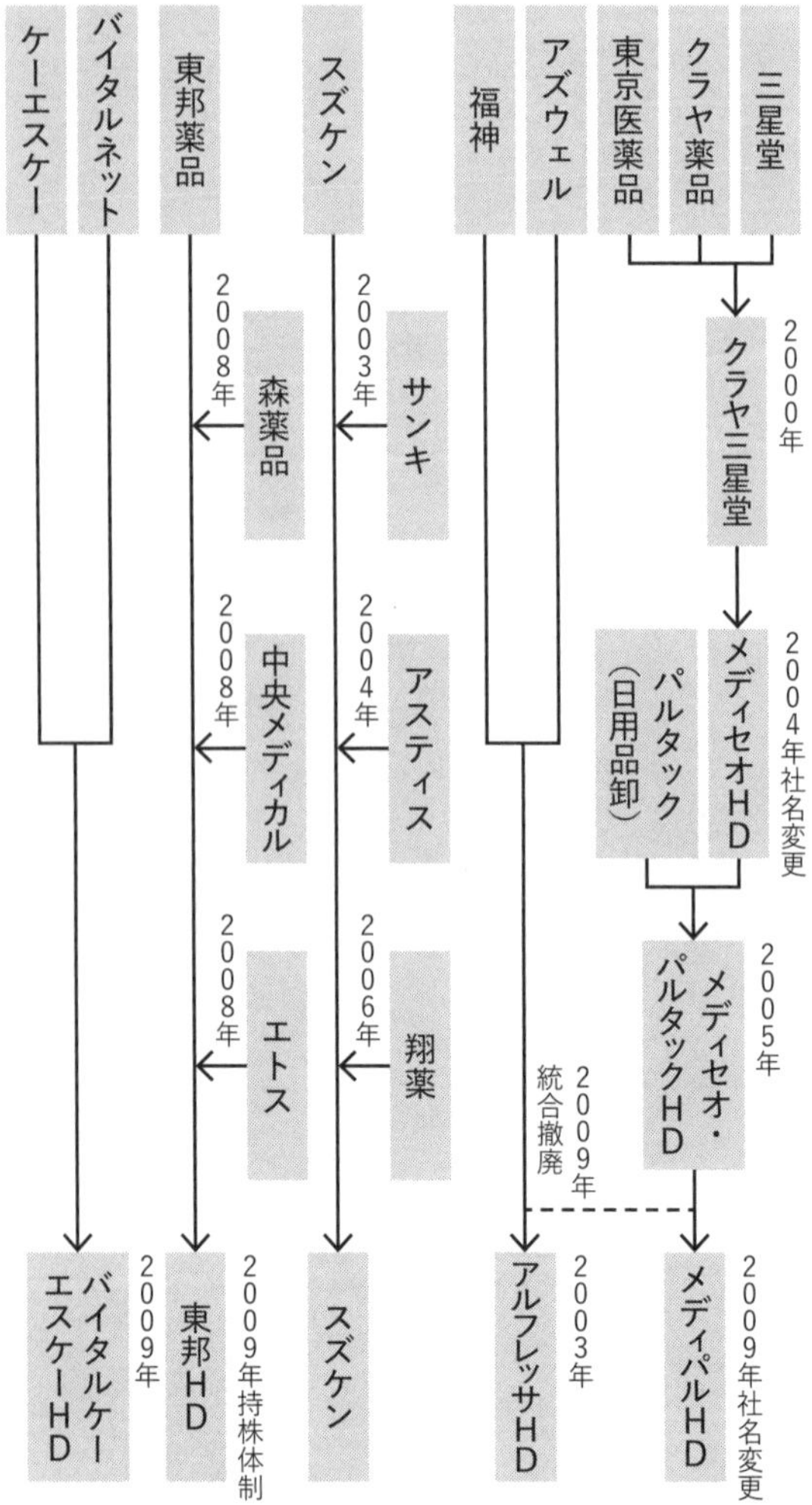

出所：日本M＆Aセンター（2019）『医薬品卸業界M＆Aの歴史と今後の展望』を一部加筆修正

［図表1－2］ **石油元売り企業の変遷**

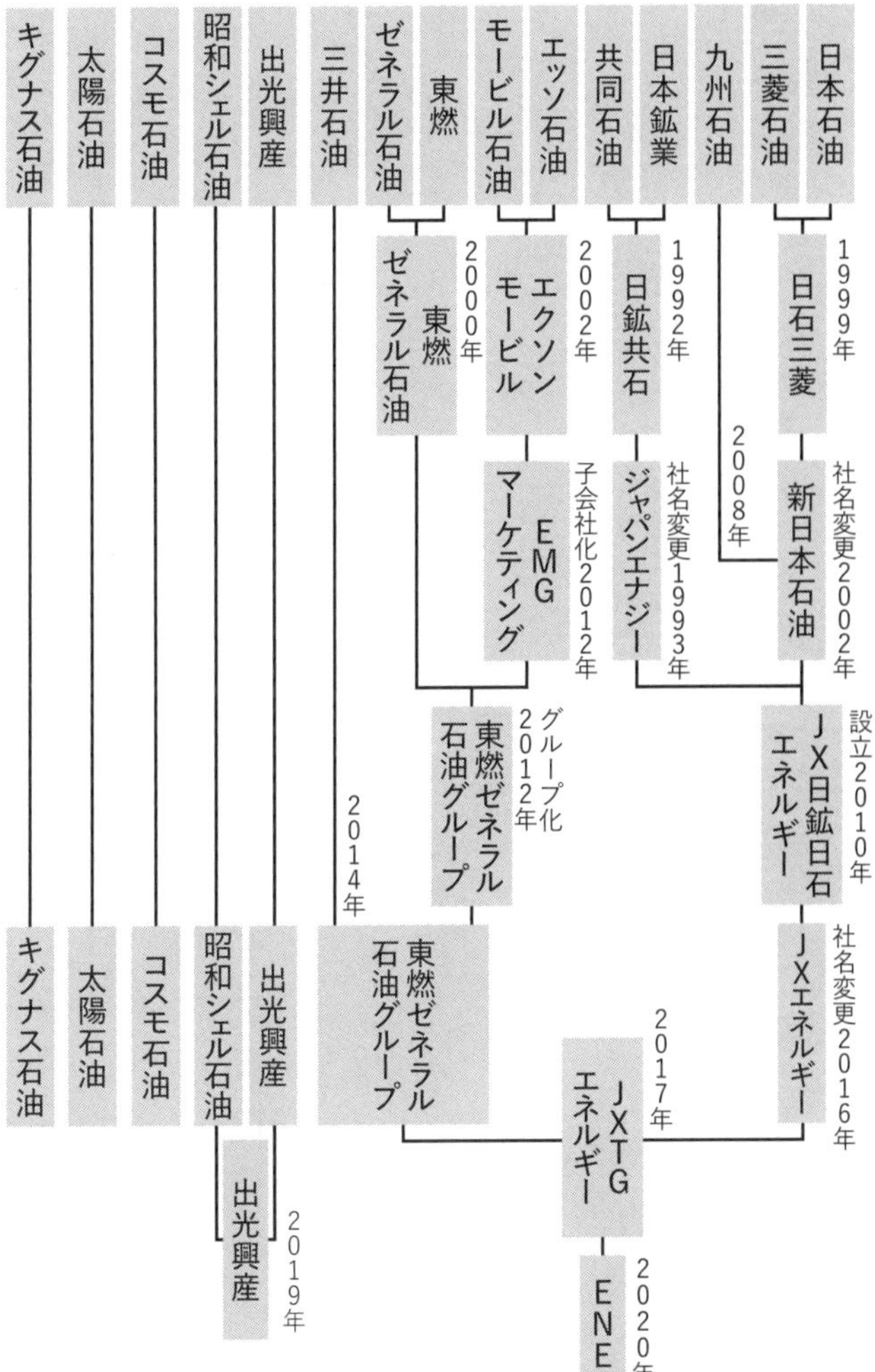

出所：「日経業界地図2019年版」を一部加筆修正

[2] 競争する5つのメリット

「競争しない競争戦略」を考えるにあたって、まずは、競争するメリットとデメリットを整理しておこう。

世の中、競争に関する記事は多い。例えば携帯電話各社は、他社からの乗り換えを獲得するために、他社よりも1円でも安く見えるプランを演出し、ビール・発泡酒・第3のビールの分野では、ビール飲料の税率一本化が進む中、各社が得意の領域で新製品を次々と出し、他社のシェアを奪おうとしている。軽自動車ではスズキとダイハツが、家庭用プリンターではエプソンとキヤノンが熾烈なトップ争いを続けており、地上波の視聴率競争は放送局の勢いも決めている。

企業だけでなく、人間も幼少期から大なり小なり競争の中で育ってきた。受験戦争はライバルより1点でも多いほうが合格し、就職活動も企業へのエントリー時点から競争は始まっている。入社した後も、昇進・昇格のために、激しい競争を勝ち抜いていかなくてはならない。

競争するメリットとして、企業面としては、①企業の能力向上、②市場の成長、③組織の活性化などが挙げられ、一方、顧客面としては、④ニーズの多様化への対応、⑤価格の低下などが挙げられる。

① 企業の能力向上

市場の中に、企業が1社だけ存在することは稀である。複数の企業がいることで、「多くの企業が技術の改良に取り組むことによって、相互に他社の改良技術を学習しながら技術進歩のプロセスが加速化されれば、産業全体としては1社単独で取り組んだ場合よりも速い進歩を示す」（新宅　１９９４）と言われる。

さらに、日本企業によく見られる同質的な競争に関しては、「競合他社の模倣は戦略とは呼べない」（ポーター・竹内　２０００）との批判がある一方で、「激しい同質的競争は、短期的には個々の企業の収益性を悪化させるが、他社に一歩でも先んじようとする各社の努力によって、長期的には企業の能力を高める」（淺羽　２００４）とも言われている。

② 市場の成長

特に新しい市場では、「競争が増えることでそのビジネスの露出度が上がり、市場全体のパイが増加することがある」（清水　２００７）。なぜならば、競争があることによって、顧客がその製品・サービスを認知する確率も高くなり、その結果、当該市場が成長するからである。

例えば、宝酒造は１９８６年にノンアルコール・ビール「ＴａＫａＲａ バービカン」を発売したが、大手企業の追随はなく、一般にも十分認知されず、市場を形成するには至らなかった（実際は、同時期に発売された烏龍茶に市場は奪われてしまった）。

一方、2009年頃から発売されたノンアルコール・ビールは、大手各社が皆追随することによって大きな市場となり、今では飲食店の定番メニューになっている。どちらもノンアルコール・ビールというコンセプトは同じであったが、競合の追随の有無や時代背景の違いによって、結果は大きく違ってしまったのである。

このように、競争が市場の成長に寄与している面は否定できない。

③ 組織の活性化

競争することは、組織も活性化させる。ポーターらによって提唱されてきた伝統的な競争戦略論は、競争回避の姿勢を強調しているが、ペリー（1990）は、「他社とダイレクトに競争するとき、企業は自らの競争力を強化するために必要なものを学ぶ」と主張した。

さらに、マイルズ&スノー（1978）も、競争から自らを守ろうとする防衛型企業は、自己や競争相手について学習する機会を封鎖し、変化を回避するようになると言う。

一方、心理学においても、競争が人を活性化させるという研究が示されている。古典的研究ではあるが、マクリーランド（1961）は、「高い達成欲求を持つ人々は、機会が与えられたとき、結果を偶然に委ねるのではなく、競争することを望む」という実験結果を示している。

このように、競争することは、人や組織の活性化にプラスに働くのである。

④ 多様化するニーズへの対応

顧客が享受できる競争のメリットとして、多様化するニーズに対応し、製品・サービスの質が向上することもある。

例えば電電公社1社独占の時代には、電話かけ放題の料金プランなどはとうてい生まれえなかった。大阪―神戸間の鉄道の高速化は、JR、阪急電鉄、阪神電車の競争が背景にあった。東京でもかつては、JRと京浜急行の東京―横浜間でのスピード競争が激しかった。また、JR湘南新宿ラインの開通以降、東急東横線にスピードアップした特急が生まれた。また、ヤマト運輸、佐川急便、日本郵便の競争のおかげで、宅配便では様々なサービスが生まれた。

競争があることによって、他社にない特長を出す必要があり、潜在的なユーザーニーズにも敏感になる。例えば、コカ・コーラとペプシコーラしかなかった時代に比べ、キリンがトクホコーラを出したことによって、「コーラは飲みたいが、健康も気になる」という一見トレードオフにあるようなニーズにも応えることができるようになった（その後、コカ・コーラもペプシコーラもトクホコーラに追随した）。

⑤ 価格の低下

競争によって、価格の低下も進む。デジタル家電の価格がどんどん安くなる一方、ガス料金があまり下がらないことは、競争の有無で説明できる。

かつては3社寡占で料金も硬直的だった日本の航空運賃も、スカイマークやLCC（格安航空会社）の参入によって平均価格が下がり、かつ多様な運賃体系が生まれた。また、ネット銀行・ネット証券の登場により、安い手数料での金融取引も可能になった。

［3］競争する3つのデメリット

一方で、競争にはデメリットもある。競争のデメリットは、主に企業側に影響をもたらすが、顧客側にも、競争志向が強すぎると、顧客対応が悪くなるデメリットが挙げられる。

①顧客志向から競争志向に

コトラー&アームストロング（2001）は、「競争志向が強くなりすぎると、顧客志向が犠牲になる」と言う。その理由として、競合他社を中心に考えるあまり、顧客リレーションシップの維持がおろそかになる点が挙げられる。その結果、顧客価値を高める革新的方法を追求することなく終わってしまう。

彼らは、図表1－3のようなマトリックスを描き、顧客も競争も重視する「市場志向」を目指すことの必要性を唱えている。

［図表１－３］　**企業の方向性の展開**

		顧客に焦点を合わせる	
		いいえ	はい
競争に焦点を合わせる	いいえ	製品志向	顧客志向
	はい	競争志向	市場志向

出所：コトラー＆アームストロング著、和田充夫監訳（2003）『マーケティング原理　第9版』ダイヤモンド社

②必要以上の価格の下落

価格の低下は顧客にとっては望ましい。しかし、企業にとっては経験曲線によるコスト低下を上回る価格低下になると、利益を減らしていくことになってしまう。かつて起きていた「0円携帯電話」の競争は、売っても売っても利益が出ない競争になってしまった。

その究極が、「カットスロート・コンペティション（Cut Throat Competition）」と呼ばれるお互いに喉を切り裂き合うような競争であり、お互いが相手の売り場やサイトを見ながら値引きしていく、かつてのヤマダ電機とビックカメラのような例がある。

③組織の疲弊

同業他社との同質的競争が日本企業を成長させてきたことは前述したが、一方で同質的競争は組織の疲弊を招く。他社と同じことをするためには、常に他社の動向をウォッチしていかなくてはならない。また、同じような製品・サービスでシェアを

［図表1－4］ **日本企業の売上高営業利益率の推移**

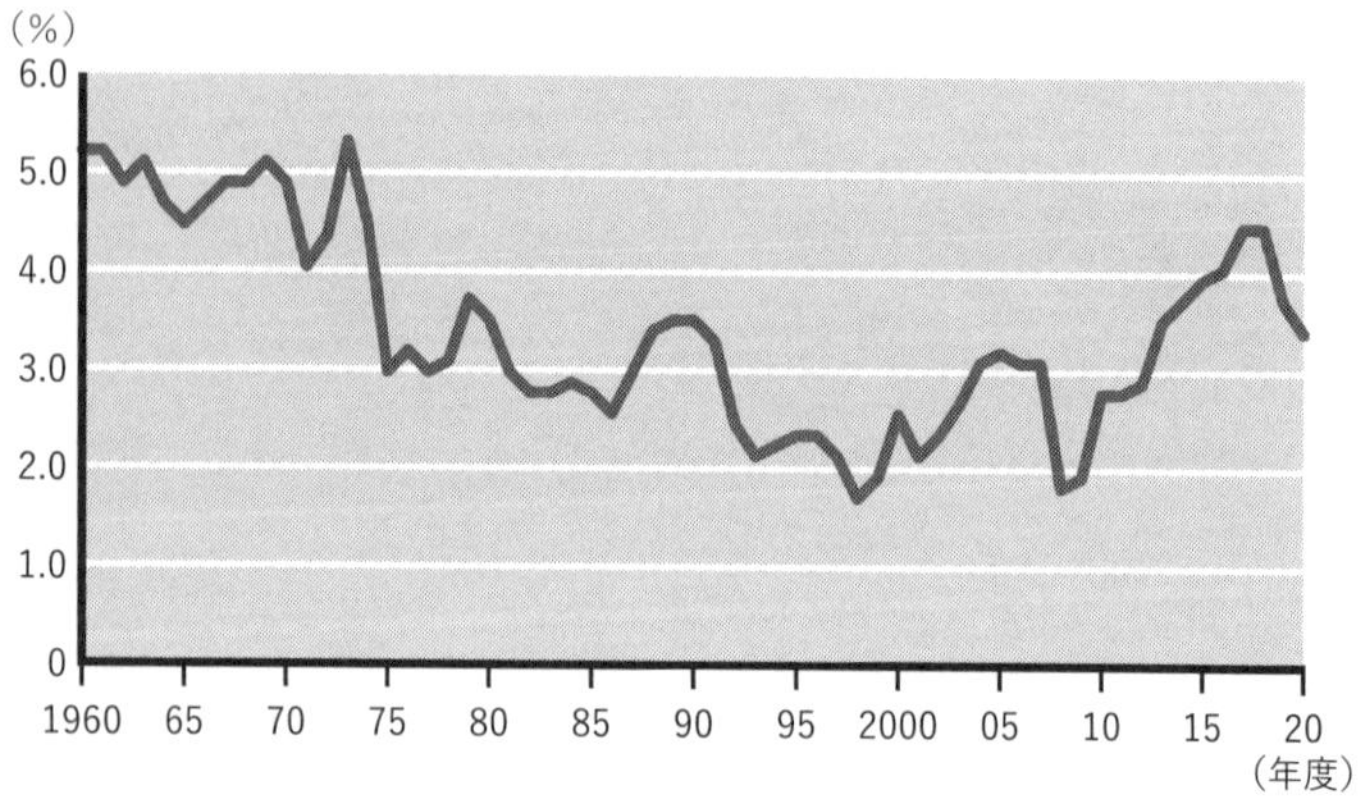

注：金融、保険を除く
出所：法人企業統計調査より作成

奪っていくためには、保有資源やコスト構造が変わらないとすれば、他社より長時間働くか、利益を削って他社より安く販売するしかない。これが、日本人の働き方（ワークスタイル）を規定してきた面もある（実話として、同業の研究所が筑波の至近距離にあり、「相手の研究所の窓のライトが消えるまでは帰らない」という企業があった）。

こうした競争を繰り返してきたこともあり、図表1－4のように、日本企業の過去60年間を見ると、売上高営業利益率は5％レベルから低下し、いまだその水準には戻っていない（もちろん利益率の低下には、新興国製品の日本への参入や、モジュール化による参入企業の増加などの要因も挙げられる）。

2

競争に関する他分野の教え

企業では、競争することは当たり前のように考えられてきたが、他の分野では、競争はどのようにとらえられてきたのであろうか。ここでは、孫子と生物学（生態学）の2つの視点から、それを見てみよう。

ビジネスで用いられる「戦略」「戦術」や「ロジスティックス」という言葉は、もともとは軍事・戦争用語である。また、営業部門でしばしば聞かれる「ランチェスターの法則」も、軍事・戦争の定石の応用である。その意味で戦争は、競争の概念を理解するために度々参照されてきた。戦争に関する基本的な要諦を述べた書として、『孫子』が挙げられる。

一方、企業は人間から成る組織であることから、生物学（生態学）のアナロジーで組織や企業を考えるアプローチは以前から行われてきた。『組織化の心理学』（ウェイク　1969）、「組織の個体群生態学」（ハナン＆フリーマン　1977）、『企業進化論』（野中　1985）などがその例である。

[1] 孫子の教え

『孫子』は今から約2500年前に、中国の孫武によって書かれたと言われる兵法書である。孫子の有名な言葉に、「百戦百勝は善の善なる者に非ざるなり。戦わずして人の兵を屈するは、善の善なる者なり」（謀攻編〈第3〉）（金谷　2000）というものがある。これが世に有名な「戦わずして勝つ」の原文である。

百戦百勝は一見最善に見えるかもしれないが、勝ったほうにも被害が出るため、戦わず勝つのが最善だというのである。企業の競争で言い換えれば、全面的な直接競争をすると、自社にも競争相手にも、マイナスのインパクトが大きいということである（伊丹　2014）。

かつてのオートバイにおけるHY戦争（ホンダ対ヤマハ）、出版における音羽・一ツ橋戦争（講談社対小学館）などの全面競争は、勝った側にも組織疲弊を招いた。さらに、予備校業界では、1980~90年代に代々木ゼミナール、河合塾、駿台予備学校の3大予備校が、人気講師の引き抜きなど仁義なき戦いを繰り広げたが、2014年に代ゼミはこの後遺症から、大幅なリストラを余儀なくされることになった。

孫子は、①競合のほうが弱い場合、②ほぼ対等な場合、③競合のほうが強い場合に分けて、いくつかの戦略定石となる言葉を残している（守屋　2014）。

第1に、競合のほうが弱い、すなわち自社のほうが強い場合は、業務提携を迫って競争をなくしたり、M&Aによって傘下に収めたりすることが望ましい。

第2に、ほぼ対等である場合には、相手のエネルギーが小さい間につみ取るか、相手が戦うエネルギーを自社に向けてきても、それをうまくかわすことをすすめている。

そして第3に、競合のほうが強い場合には、逃げるか、戦わない算段をして、生き残りを図ることをすすめている。例えば、強い者の協力者となって生き残りを図ることは、この戦略の1つである。

このように、3つの状況における戦略定石を見てみると、どの場合にも全面競争をするという作戦は示されておらず、「戦わないこと」の重要性が説かれていると言えよう。

[2] 生物学（生態学）からの教え

生物において、最も重要なことは「生き残る」ことである。

生物は、異種の生物との「種間競争」と、同種の生物との「種内競争」の2つの競争に立ち向かわなくてはならない（稲垣 2014）。前者の競争では、強い者が生き残り、弱い者は滅んでしまう。その結果、ナンバーワンしか生きられないというのが自然界の掟である。

それにもかかわらず、自然界には多種多様な生物が暮らしている。そこには、「棲《す》み分け」及び「共生」があるからである。

第1に、棲み分けによって棲んでいる世界が異なれば、共存は可能である。ある生物種が生息する範囲の環境を、生物学では「ニッチ」と呼んでいる（前掲書）。1つのニッチには、1つの生物種しかすむことができない。

ニッチ（niche）という言葉は、ラテン語の「nidus」（巣）を語源としているが、昔は花瓶や偶像などを置くために造られた壁の「くぼみ」という意味で使われていた。それを生態学の用語として最初に定義したのがグリンネル（1924）であった。彼はニッチを「ある種または亜種が占有する生息地の究極の単位」と定義し、生態学でニッチという用語が広く使われるようになった。

さらに生態学のハッチンソン（1957）は、「ある種が利用する生活資源や環境要因の範囲によって囲まれる領域」をニッチと定義し、ニッチを定量化する研究の端緒となった。

こうしたニッチの概念を個体群生態学（特定地域の個体全体を対象とする生態学）の分野に広げたのがハナン&フリーマン（1977）であった。彼らは制約された空間の中の特定の区域をニッチと定義し、その区域では他のあらゆる個体群に競り勝つことができると述べた。

そして、こうした概念がマーケティング分野に拡大され、コトラー（1991）は、ニッチを「より小規模で特定化されたセグメント」と定義した。また、ダルギッチ&レーウ（1994）は、ニッチ市場を「似通った特徴やニーズを持った個々のユーザーまたは小さなユーザー群で構成される小規模な市場」と定義した。

さらに「ニッチ・マーケティング」という言葉も生まれ、シャニー&チャラサニ（1992）は、「市場の中でいまだニーズが満たされていない小さな部分を切り出す過程」を、さらにスタントンら（1994）は、「小さな市場に製品やサービスを適合させることで顧客のニーズに応える方法」をニッチ・マーケティングと呼んだ。このようにして、ニッチという言葉は、生態学から、企業の戦略を表わす言葉として展開されてきたのである。

第2に生物学では、異種の生物間での棲み分けだけでなく、共生という形で異種の生物が生きていく途も示されている。ベルギーの動物学者ヴァン・ベネデン（1876）は、共生者(guest)が宿主（host）に害を与える場合を「寄生（parasitism）」、共生者だけが利益を得て宿主は有害でも有益でもない場合を「片利共生（commensalism）」、双方に利益を与える場合を「相利共生（mutualism）」と定義した。

そして、ドイツの植物学者ドゥ・バリー（1879）が、「異なる生命体が一緒に生活すること」を共生（symbiosis）と呼び、寄生・片利共生・相利共生を包括する概念がここに生まれた。

こうして生物学において共生という概念が使われるようになったが、本書で扱う競争戦略における共生は、複数企業の持続的関係を前提とするため、双方に利益のある相利共生に近いと言えよう。

3 競争しないことと利益の関係

次に、競争と企業の利益の関係について考えてみよう。

[1] ポーター(1980)『競争の戦略』

競争戦略とは、「企業が新市場において全体的姿勢を明確にし、最大の投資リターンを目指して競争優位な地位に経営資源を投入し、展開する方法と方向の決定」(嶋口 1986)と定義される。

産業組織論では、産業の集中度が高いと、完全競争のときより価格が高くなり、企業に超過利潤が発生する。その超過利潤は、本来社会に帰属すべきものであり、企業がその利益を得ている場合はそれを社会に還元すべきで、「儲けすぎ」の企業が存在する状態は、望ましくない状態なのだ。

しかし、ポーターはその考え方を逆手に用い、どうすれば企業にとって高い収益性を得られる状態を作っていけるかという研究を行ったのである。[*1]

そこでは、完全競争から遠い状態を作り上げるほど企業は高い収益性を享受でき、それを判断するために、①既存企業間の競争（業者間の敵対関係）、②売り手の交渉力、③買い手の交渉力、④新規参入の脅威、⑤代替品の脅威、という5つの競争要因を分析することを示した。

すなわちポーターの競争戦略は、〝競争しないこと〟が企業の利益率に良い影響を与えることを示唆したのである。

[2] キム&モボルニュ（2005）『ブルー・オーシャン戦略』

キム&モボルニュの『ブルー・オーシャン戦略』も、「競争のない市場を切り開く」「競争を無意味なものにする」ことを狙いとしている。

ブルー・オーシャン戦略をとった企業は、競合企業とのベンチマーキングは行わず、従来とは異なる戦略ロジックに従う。そのロジックはバリュー・イノベーションと呼ばれ、

①ライバル企業を打ち負かそうとするのではなく
②競争のない未知の市場を開拓することによって
③競争を無意味にする

ことが特徴である。

ブルー・オーシャン（いまだ生まれていない市場、未知の市場空間）は、競争のない市場空

［図表1－5］ **レッド・オーシャンvs.ブルー・オーシャン**

レッド・オーシャン戦略	ブルー・オーシャン戦略
既存の市場空間で競争する	競争のない市場空間を切り開く
競合他社を打ち負かす	競争を無意味なものとする
既存の需要を引き寄せる	新しい需要を掘り起こす
価格とコストの間にトレードオフ	価値を高め、かつコストを下げる
差別化、低コストのどちらかの戦略を選び、活動をそれに合わせる	差別化、低コスト共に追求し、そのために活動を推進する

出所：キム＆モボルニュ（2005）より一部修正

間であるため、いまだ業界名がついていないこともあると指摘されている。例えば、コロナ禍で経営破綻してしまったが、「シルク・ドゥ・ソレイユは何業界の企業か」という問いに対しては即答できなかった。

図表1－5にレッド・オーシャン（既知の市場空間）とブルー・オーシャンの比較を示すが、ブルー・オーシャンには「競争がない」ということが一番の特徴である。

なお『ブルー・オーシャン戦略』の初版で紹介された企業として、図表1－6のような例が挙げられている。

［3］「競争しないこと」を支持する研究

ポーターやブルー・オーシャン戦略以外にも、競争しないことを支持する研究は少なくない。

『コア・コンピタンス経営』を提唱したハメル（1994）も、「成功の方程式は、競合他社と真っ向か

［図表１－６］　**ブルー・オーシャン戦略を実践している企業例**

- シルク・ドゥ・ソレイユ
- カーブス
- QBハウス
- サウスウエスト航空
- フェデックス・コーポレーション
- ホーム・デポ
- ブルームバーグ
- CNN

出所：キム＆モボルニュ（2005）より筆者作成

らぶつかるのではなく、うまく避けることだ」と述べている。

　また、グリーンウォルド＆カーン（２００５）も、「企業は直接競合が少ないニッチ市場に取り組むことによって、利益率を上げることができる」と述べている。

　日本でも伊丹（２０１２）は、企業の戦略と軍事の戦略には類似点が多いと指摘し、「その類似点の最大のものは、ともに『競争しないこと』『戦わないこと』を究極の姿として目指すことだ」と述べた。「なぜなら競争が激しくなればいずれは価格競争になり、製品価格が下がり、市場に参加しているすべての企業が利益ゼロまたはマイナスの状況になってしまうからである」と述べている。

　前述のように、日本企業は一貫して売上高営業利益率の低下に悩んでいるが、利益なくして企業は存続できない。そのため、「できるだけ競争しない状態が企業に収益をもたらす」という前提から、その状態をどのように作っていけばよいのかを、これから明らかにしていこう。

ただし、競争がまったくゼロになるということは現実にはありえず、本書における「競争しない」とは、「既存の業界リーダー企業と戦わないこと」と定義する。逆に、生業的な会社（例：街の個人商店）や、同じビジネスモデルの企業とは競争する場合もある（これについては第5章で詳しく述べる）。

同じビジネスモデルの企業と戦うということは、生物学のアナロジーでも理解できる。生物はできるだけ戦いを避けるように行動するが、同じ種の中でオスはメスをめぐって激しく争う。すなわち異なる生物間（種間競争――異なるビジネスモデル）では戦わないことを選ぶが、同種の生物間（種内競争――同一のビジネスモデル）では競争しているのである。

4 競争地位の類型化

競争戦略を考えるにあたって、「どの企業にとっても良い戦略」はありえない。例えば、参入順位[*2]や競争地位によっても望ましい戦略は異なる。ここでは競争しない競争戦略を考える上で重要な、競争地位別の戦略に絞って考えてみよう。

［図表１－７］ **想定された市場の構造**

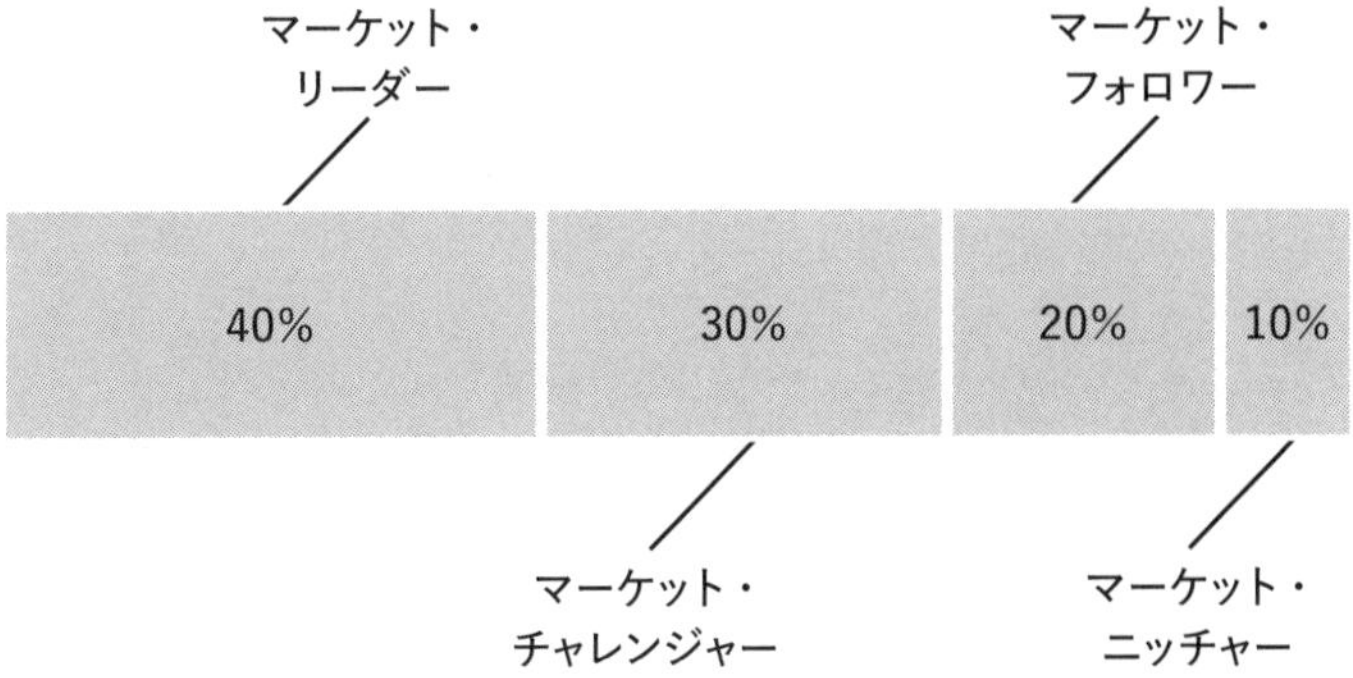

出所：コトラー著、村田昭治監修、小坂 恕・疋田 聰・三村優美子訳（1983）
『マーケティング・マネジメント　第4版』プレジデント社

かつての研究では、リーダーとフォロワーという二分法が多かった（例えば、ブルーム&コトラー〈1975〉、エイベル&ハモンド〈1979〉、ポーター〈1985〉、バゼル&ゲイル〈1987〉）。しかし、市場にリーダーとフォロワーしかいないという構図は、現実的ではない。

競争地位の類型化に関してコトラー（1980）は、想定される市場シェアから、図表１－７のように、企業をマーケット・リーダー、マーケット・チャレンジャー、マーケット・フォロワー、マーケット・ニッチャーに分類した。しかし、図表１－７のシェアは、市場の観察から帰納的に設定されたものにすぎず、企業を分類する明確な基準とはなっていない（例えば、ニッチャーのシェアが10％である保証はどこにもない）。

［図表1－8］ **競争地位の類型化**

経営資源		経営資源力（量）	
		大	小
経営資源独自性（質）	高	リーダー	ニッチャー
	低	チャレンジャー	フォロワー

出所：嶋口充輝（1986）『統合マーケティング』日本経済新聞社

これに対して嶋口（1986）は、コトラーが命名した4類型の名前を使い、企業が持つ経営資源の量と質で競争地位を4つに類型化した（図表1－8）。

図表1－8で、リーダーとは、当該市場で最大の経営資源を持つ企業であり、質的資源の優位性も高い。チャレンジャーとは、リーダーに準ずる経営資源を持ち、リーダーとシェア争いを行いうる地位と意欲を持つ企業である。そしてニッチャーは、リーダーを直接狙う位置にはないが、独自の経営資源に優れる企業である。最後にフォロワーは、経営資源の質・量ともにリーダーを狙う位置にない企業である。

本書では以下、嶋口の4類型に沿って議論を進めていく。

5 リーダー企業の戦略定石

競争しない戦略を考える上では、ある戦略を実行しようとする企業側の分析だけでは不十分である。競争には必ず相手がおり、企業が戦略を考えるにあたっては、相手企業が自社にどのように対抗してくるかも予測しなくてはならない。そのとき、敵に回すと一番脅威になるのが、経営資源の質・量ともに最大であるリーダー企業である。

リーダー企業がどのように競争すべきかについては、前項で述べたように、マーケティング分野を中心に以前から研究は多かった。例えばコトラー（１９８０）はリーダーの戦略として、①総市場規模の拡大、②マーケット・シェアの維持、③マーケット・シェアの拡大の３つを示しているが、これでは抽象度が高すぎて現実には応用しにくい。

より実践的なリーダー企業の戦略定石として嶋口（１９８６）は、①周辺需要拡大、②同質化政策、③非価格対応、④最適シェア維持の４つを示した。以下、簡単に概要を述べていこう。

〔1〕周辺需要拡大

周辺需要拡大とは、市場のパイを拡大させることである。リーダー企業は競合企業に対して、質・量ともに優れた経営資源（生産力、マーケティング力、資金力など）を持っている。したがって、周辺に需要が拡大すると、その拡大した部分の需要が特許などにより参入を阻止されない限り、既存市場のシェア相当分は獲得可能である。

例えば、これまで夜だけ歯磨きをしていた人が多いとすると、「朝も夜も歯磨きをしましょう」というキャンペーンが当たれば、歯磨き粉の消費量は2倍になる。朝はライオン、夜はサンスターという人はめったにいないであろうから、リーダーのライオンは、拡大された需要に対して既存のシェア分は確保できる。周辺需要拡大により、売上の増加とシェアの維持が同時に達成されるのである。

〔2〕同質化政策

同質化政策とは、チャレンジャーがとってきた差別化戦略に対して、リーダーの持つ相対的に優位な経営資源によってそれらを模倣し、差別化効果を無にしてしまう政策（ロス&シャラポブ　2015）である。日本企業の例で言えば、かつてのパナソニック、トヨタ自動車、キリンビールなどのように、下位企業のヒット商品をうまくまねて、経営資源の優位性を活かして首位に君臨し続ける戦略である。

他にも、日本コカ・コーラの自販機を見ると、同社のオリジナル商品はコカ・コーラ程度であり、他は他社のヒット商品を模倣したものが多くなっている。

〔3〕非価格対応

非価格対応とは、下位企業の安売り競争に安易に応じないことである。すべての企業がそろって1割引きすれば、一番利益が減る額が大きいのはリーダー企業だからである。例えばデジタル一眼レフや油圧ショベルでは、リーダー企業であるキヤノンやコマツから価格競争をしかけることはほとんどない。

〔4〕最適シェア維持

シェアを取りすぎると、独占禁止法などの問題により、かえってトータル・コストが高くなる場合もある。また、80％のシェアを85％にする営業努力は、40％のシェアを45％にするときよりも営業効率が悪く、利益率が向上しないこともありうる。それは、企業にとって「おいしくない顧客」を取らなくてはならないからである。そうであれば、ポーター（１９８５）の言う「良い競争業者」においしくない需要を取ってもらったほうが、自社の利益率は高くなる傾向がある。

以上４つのリーダーの戦略定石を述べたが、経営資源が少ない下位企業からの攻撃に対して、リーダー企業が一番対抗しやすいのが同質化政策である。「競争優位を持っている企業にとっての最善の戦略は模倣、すなわち攻勢を仕掛けてくる競合と同じ行動を取ること」（グリーンウォルド&カーン　２００５）と言える。

さらに、「米国企業に比べて日本企業は、同質的行動をとる傾向が強い」（淺羽　２００２）ことが特徴と言われている。

6 競争しない3つの戦略

先に述べた孫子や生物学（生態学）の教訓を企業に当てはめると、資源の劣る企業が生き残っていくためには、より強い者と戦わない戦略をとるか、より強い者と共生を図るかという2

つの選択肢がある。前者は「(競争しないで)分けよう」という「棲み分け」の発想であり、後者は「(競争しないで)和していこう」という「共生」の発想と言える。

〔1〕棲み分け――ニッチ戦略、不協和戦略

棲み分けが可能になるためには、リーダー企業が同質化できないことが必要である。そのためには、

①リーダー企業が持つ経営資源と、当該企業がしかける市場とが不適合になる場合と、

②当該企業がしかける競争のやり方と、リーダー企業の経営資源もしくは戦略が不適合になる場合、

の2つがありうる。

①の市場との不適合とは、リーダー企業が持つ経営資源から見て、当該企業が開拓した市場が規模的に小さすぎて、そこに参入するとリーダー企業の高い固定費により赤字になってしまう場合や、その市場を開拓するための経営資源が非常に特殊で、リーダーは相対的には豊富な経営資源を持っているが、その市場開拓のための資源を今から保有するのは割に合わないような場合に発生する(図表1－9)。

リーダーの資源と当該企業が攻める市場とが不適合である例としては、製薬業界リーダーの

［図表1－9］ **ニッチ戦略の図式**

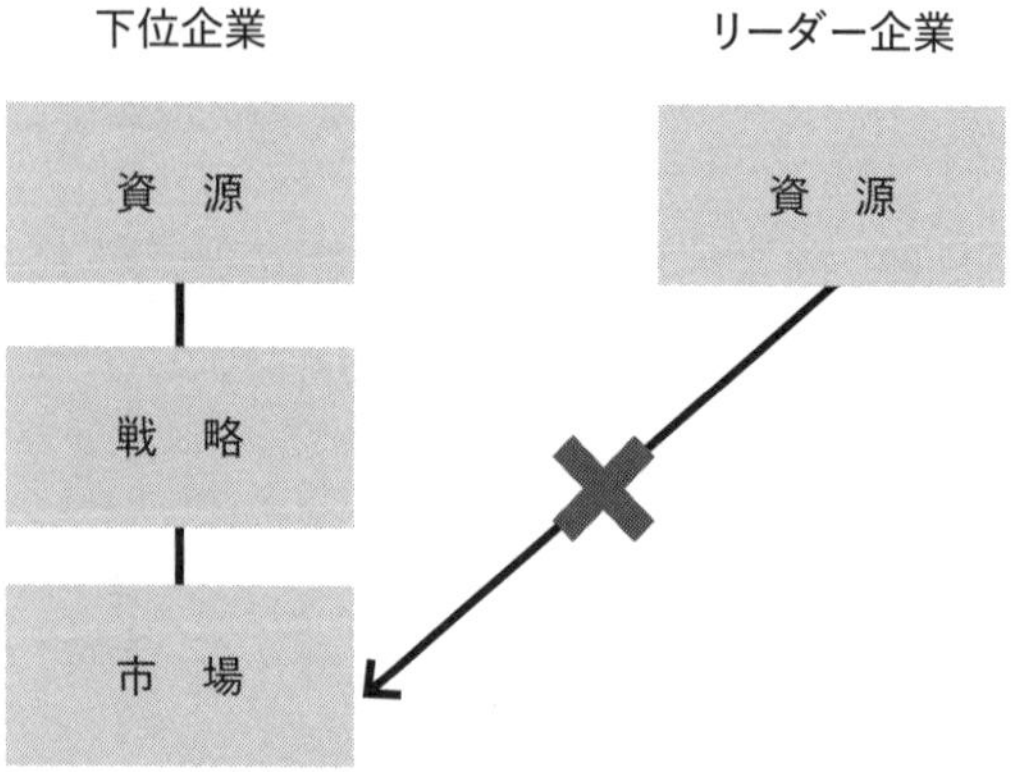

出所：筆者作成

武田薬品工業に対して眼科領域に特化した参天製薬、大日本印刷に対してディスクロージャー書類に特化したプロネクサス、セブン－イレブンに対して北海道に特化したセイコーマート、日本生命保険に対して税理士チャネルを固めた大同生命保険などが挙げられる（これらの事例については、第2章で詳述する）。

こうした戦略は、一般に「ニッチ戦略」と呼ばれている。なおニッチ戦略の場合、リーダー企業にとってその市場は魅力的ではないため、当該市場に参入すべきか否かというジレンマは生じない。

②の競争のやり方との不適合とは、当該企業のとった戦略に同質化をしかけると、リーダー企業が保有する経営資源や、リーダー企業がこれまでとってきた戦略との間に不適合が生じるケースである。リーダー企業が持つ「資産」が、事業を進

［図表1－10］ **不協和戦略の図式**

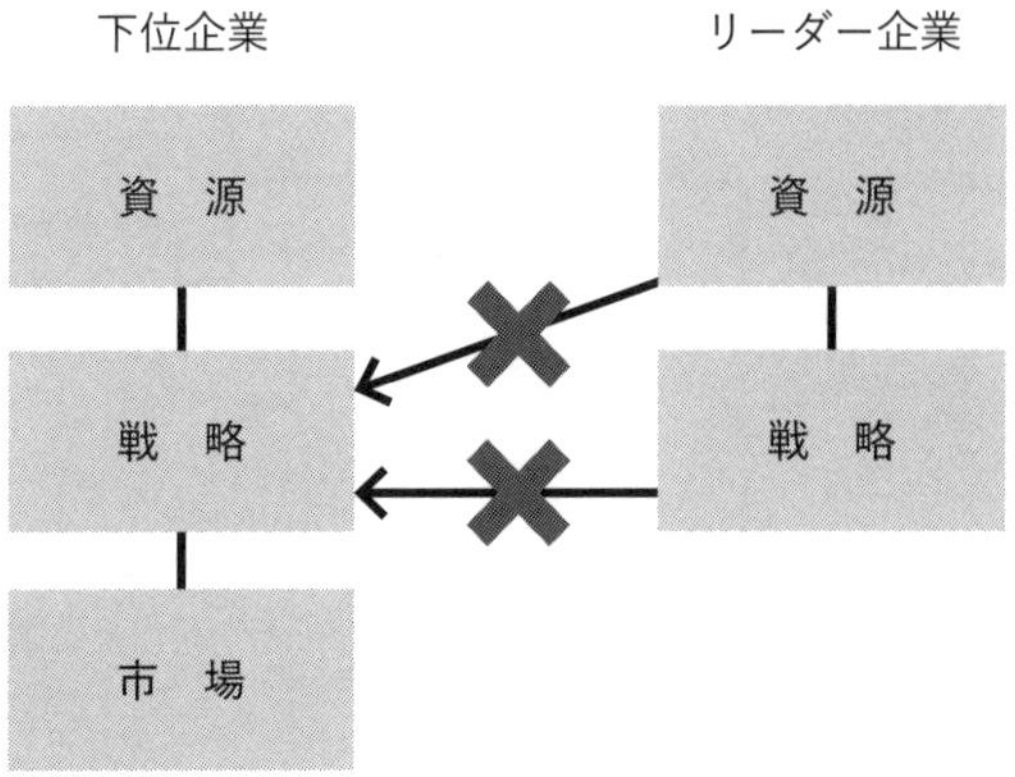

出所：筆者作成

めるにあたって「負債」になってしまう戦略や、リーダーが進めてきた戦略と逆行するような戦略が、これに当たる（図表1－10）。

年齢よりも若めの訴求が常識だったファッション通販で、年齢相応の訴求をしたドゥクラッセ、日本生命保険に対して営業職員を持たず保険料の内訳を開示したライフネット生命保険、広告掲載料が中心のリクルートに対して、成功報酬制をとったリブセンスなどがこうした戦略の例である（これらの事例についても第3章で詳述する）。

これらの戦略は、リーダー企業内にジレンマを起こすことが特徴であることから、「不協和（ジレンマ）戦略」と呼ぶことにする。

［2］共生――協調戦略

経営資源が劣る企業のもう1つの戦略として、

［図表1－11］「競争しない競争戦略」の分類

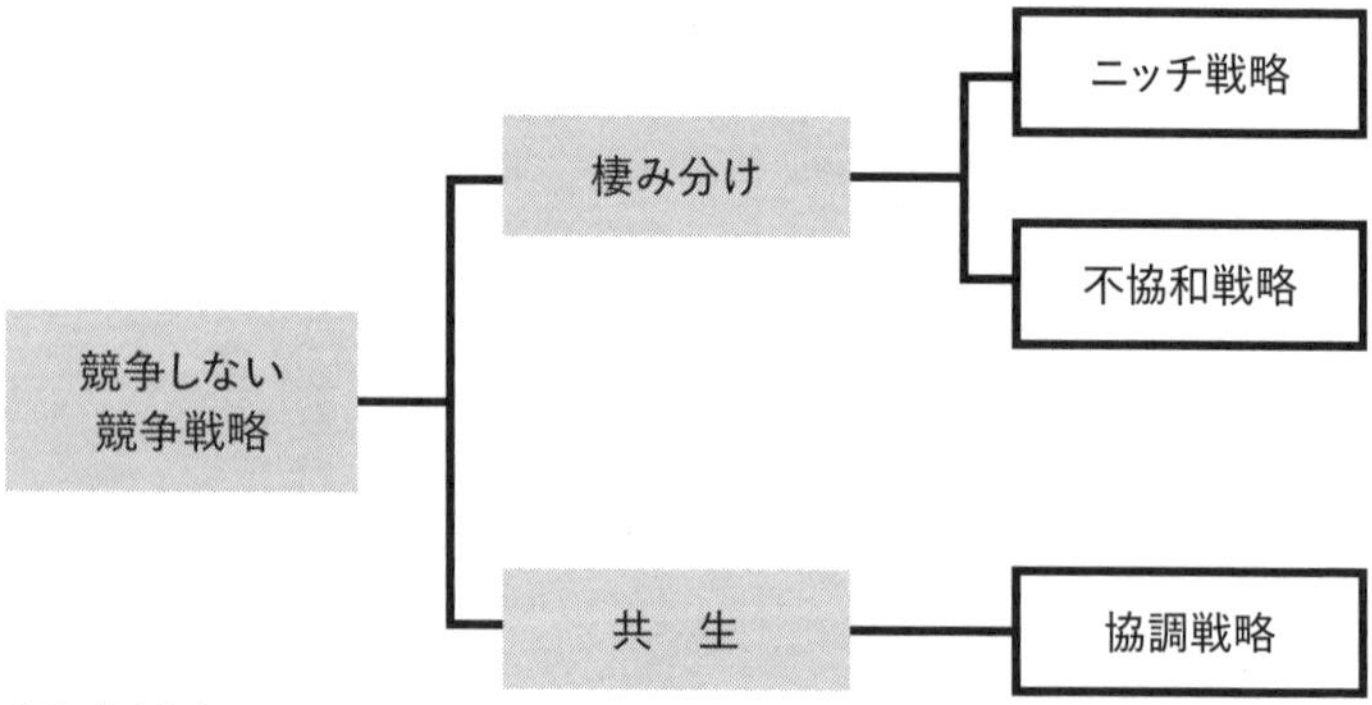

出所：筆者作成

より強い企業と共生し、攻撃されない状況を作り出す方法がある。リーダー企業にとって、当該企業に同質化をしかけたり、攻撃したりするよりも、当該企業と手を組むほうが得になる場合、両社間に共生が成立する。

例えば、セブン銀行はＡＴＭに特化した銀行であるが、競合行はセブン銀行と提携し、セブン銀行のＡＴＭで現金が引き出せるようにし、同時にコスト削減のために自行のＡＴＭを削減している。こうした戦略を以下、「協調戦略」と呼ぶことにする。

以上述べた「競争しない競争戦略」を図示すると、図表1－11のようになる。

以下、本書では、第2章でニッチ戦略、第3章で不協和戦略、第4章で協調戦略を説明していく。

7 環境激変下における「競争しない競争戦略」

前項で述べた「棲み分け」と「共生」に基づいて、「競争しない競争戦略」を第2章から論じていくが、その前に、昨今の競争環境の変化が「競争しない競争戦略」にどのような影響を及ぼすかを、ポジティブとネガティブの両面から見てみよう。

環境の変化は、よくPEST（政治、経済、社会、技術）でとらえられる。それを企業経営に影響を与える要因にブレークダウンすれば、法律・制度、産業構造・成長率、人口構成・顧客ニーズ、技術革新などに置き換えられるだろう。DX（デジタル・トランスフォーメーション）が企業経営で注目を集めているのは、技術だけでなく、経済にも社会にも大きな影響を与えるからである。

さらに昨今は、「VUCA」（Volatility：変動性、Uncertainty：不確実性、Complexity：複雑性、Ambiguity：あいまい性）の時代と言われ、ますます先の変化が読めなくなってきた。

「競争しない競争戦略」は、こうした環境の激変の中でどのような影響を受けるだろうか。「棲み分け」と「共生」がよりやりやすくなる環境変化もあれば、「棲み分け」と「共生」が長続きしなくなる環境変化もある。

以下、「競争しない競争戦略」を後押しする環境変化と、「競争しない競争戦略」の賞味期限を短くする環境変化の両方を示しておこう。

［1］「競争しない競争戦略」を後押しする環境変化

競争しない競争戦略を後押しする環境変化として、アンバンドリングとリ・バンドリングの進展が挙げられる。

以下、アンバンドリング、リ・バンドリングの順に述べていこう。

① アンバンドリング

すべてのバリューチェーン（第4章3節で詳述）やシステムを企業内に持っている状態をバンドリング（bundling）と言う。規制緩和前の医薬品、銀行、エネルギー、航空などの業界が典型例であり、業界横並びのバリューチェーンやシステムを各社が持っていた。

これに対してアンバンドリング（unbundling）は、1940年代頃から自然科学や金融の分野で使われていたが、1969年にＩＢＭがハードウェアとソフトウェアとの抱き合わせ販売を分離したときにアンバンドリングという言葉を使うようになってから、コンピュータ分野でよく使われるようになった（林　1998）。

アンバンドリングとは、「業務の分離・分割」（ヘイゲル＆シンガー　１９９９）、「システムやサービスを、分解してユーザーに提供すること」（名和　２０００）と定義されている。このように定義は1つに定まっていないが、視点としては、垂直的なアンバンドリングと水平的なアンバンドリングに大別できる。前者はバリューチェーンの解体を指し、後者はシステムの解体を指す（ヘイゲル＆シンガーの定義は前者であり、ＩＢＭと名和の定義は後者である）。

(i) バリューチェーンのアンバンドリング

バリューチェーンのアンバンドリングとは、バリューチェーンの中にある機能の一部が分離され、その一部だけを別の企業が代替することが可能になる状態を言う。

バリューチェーンがバンドリングされている状態では、経営資源の少ない企業が後から当該業界に参入しても、経営資源が相対的に劣位なため、リーダーの優位性を崩すことはできない。

しかし、バリューチェーンがアンバンドリングされた場合、一部の機能・業務だけに特化すれば、経営資源が少ない企業であっても当該業界に参入することができる。

例えば、ＡＴＭだけに特化したセブン銀行は、既存行のような銀行業務のすべてはやっていないが、ＡＴＭ業務に特化し、他の金融機関からの受託を増やして事業を拡大してきた。

バリューチェーンの一部に参入した企業は、事業を拡大するためにバリューチェーンの川上もしくは川下工程に事業を広げる方法もある。しかしこれを進めていくと、やがてはリーダー企業と競争するようになり、リーダー企業から報復を受ける可能性がある。そうなると、経営資源が相対的に少ないため、競争劣位に陥ってしまう。

バリューチェーンの一部に参入した企業にとって、よりリスクが少ない事業拡大の方法は、第4章で述べる「レイヤー・マスター」として当該事業を横に広げていく、すなわち他の企業から同じ事業の受託を増やしていく方法である。クレジットカードの請求業務に特化し、他企業から同業務を受託し続けているキュービタス（第4章で詳述）のような展開である。この方法ならば、リーダー企業の報復を受けにくく、かつ特化した機能を徐々に拡大していけばよく、経営資源の劣位も克服することができる。

▼CAFIS

レイヤー・マスターの典型的な例として、CAFIS（キャフィス）を挙げることができる。

日本のクレジットカード業界の決済のバリューチェーンを見ると、「消費者→加盟店→カード会社」という流れは容易に想像がつくが、実は、消費者の銀行口座とカード会社の間に1つの会社が存在している。そこには、カード業界と金融機関を接続する共同インフラとして設立された決済システムCAFISがある。CAFISは、民営化前の日本電信電話公社が独占的に受託したものだが、現在はＮＴＴデータが引き継いでいる。

公正取引委員会が「市場メカニズムが働きにくい」[*3]として、問題視していることからも、ＣＡＦＩＳは薄いレイヤーながらも高い収益を上げていることが推測される。

この事業は、たまたま民営化前の独占企業が担当したものだが、規制緩和や技術革新が進む中、小資本の新興企業でも参入できるレイヤーが少なからずあると言えよう。

(ii) システムのアンバンドリング

一方、システムのアンバンドリングとは、従来顧客にまとめて提供されていたシステムを、顧客が単品買いできる状態になることを指す。

前述のＩＢＭのメインフレームが古典的事例だが、広告業界においても、かつては大手の広告会社に、媒体枠の購入から広告の製作まですべて任せるしかなかった。しかし、米国ではすでに、媒体枠だけを売買するメディア・バイイング会社、クリエイティブ専門会社、プロモーション専門会社などが多数存在し、顧客（クライアント）は自由にそれらの会社を選択できるようになっている。

どのような場合にシステムのアンバンドリングが進むかというと、以下の６つが挙げられる（ポーター　１９８５）。
①買い手にセットを組む力がつく

②製品と技術の標準化が進む
③ニーズが変化し、不要となる製品も現れる
④業界規模の拡大で単体販売が成り立つ
⑤買い手が価格に敏感になり、コスト低減を狙って単体販売を求める
⑥専門業者が関心を向ける

昨今のICT業界では、この①～⑥が同時に進んでおり、そのため、システムのアンバンドリングが急進展していると理解できる。

❷リ・バンドリング

アンバンドリングは、技術革新や規制緩和によって今後も進んでいくことが予想されるが、バリューチェーンやシステムが解体されればそれで終わりだろうか。

例えば、日本人が海外旅行をする場合、昔はすべてがバンドルされたパッケージ・ツアーが主流だった。キャリア（航空、鉄道、バスなど）、宿泊施設、観光、ガイドなどを旅行会社がまとめて提供することによって、初心者でも安心して海外旅行に行くことができた。

しかし、消費者の旅行リテラシーが高まるにつれ、パッケージ・ツアーでは満足できない層が増え、海外旅行のアンバンドリングが進んだ。個人が、航空、宿泊、レンタカーなどを個別に予約できるようになった。これによって個々のニーズに沿った旅行が可能になり、多くの場

合、費用も割安に設計することができた。

しかし、社長や部長のような人件費の高い人が、自らネット検索しながら旅行を予約していく作業は、機会損失を考えればかえって高くつく可能性もある。社長が2時間かけて海外出張の手配をすべて自分でできたとしても、その時間は社長本来の業務をやっていたほうが会社にとっても得かもしれない。

そのようなときに、旅行の各要素を、顧客の立場に立って組み立ててあげるサービスがあれば、それを利用したほうが、サービスに対価を払ったとしてもトータルでは安いかもしれない。このサービスは、アンバンドルされた要素を、顧客の個々のニーズに沿って束ねるコンシェルジュとも呼べ、これがリ・バンドリング（re-bundling）である。

別の例で言えば、バンドリングの典型例は街の定食屋だ。栄養バランスも考えたA定食、B定食などを提供しているが、自分はサラダはいらないからその分安くしてくれと言っても、融通がきかないケースが多いだろう。

アンバンドリングの典型例はカフェテリアである。消費者が自分の好きな物だけ取り、レジでお金を払う。しかし、慣れない人にとっては、皿を取りすぎたり、取らなさすぎたり、また栄養が偏ってしまう可能性もある。

顧客の既往症、体調、好みなどを知った栄養士が、顧客の代わりに皿を取ってきて、テーブルで待つ顧客に届けるサービスが考えられる。これがリ・バンドリングのビジネスである。

リ・バンドリングとは、「アンバンドリングされた各要素を、個々の顧客ニーズに合わせて再統合してあげること」だ。

日本では、多くの産業でアンバンドリングが進んできたが、今後は、その次の段階のリ・バンドリングにビジネスチャンスがある。規制産業でもリ・バンドリング事業は始まっており、様々なエネルギーの供給業者からの選択肢を組み合わせ、提供企業が省エネできた程度によって報酬を得るＥＳＣＯ（Energy Service Company）と呼ばれる企業が登場している。

リ・バンドリング事業に必要とされる資源は膨大な資本力ではなく、顧客ニーズをくんだインターフェイスが良いソフト・サービスの提供であり、ここでは、資本は小さくても、ＡＩ、ビッグデータ、マッチング技術などに長けた企業の出番となる。

リ・バンドリングの業者は１つの分野に多数存在する必要はなく、この分野で勝ち残れば、競争しない戦略をとる企業にとって高い利益率が期待できる。

他方、リ・バンドリングはユーザーにとって以下のようなメリットがある（山田・冨田２００４）。

①オペレーション・コストの削減
②セットアップ・コストの削減
③保障
④最適な資源配分

⑤一貫性

①は文字通り、操業費用の削減であり、前述のＥＳＣＯが代表例である。②は、非日常的に発生する費用は、非日常的な仕事だけを年中やっている業者に任せたほうが費用は安い。③は、ユーザーが単品で購入できても、うまく動かないこともある。そのようなとき、リ・バンドリング業者であれば操業を保障してくれる。④は、未熟なユーザーは、単品買いをするときに、どの製品にどれだけ資金を配分すべきかのノウハウがない。⑤は、未熟なユーザーは単品買いをしても、システムの一貫性を築けないこともある。

以上のようなアンバンドリング、リ・バンドリングの進展は、「競争しない競争戦略」を後押しする環境変化と言えよう。

［2］「競争しない競争戦略」の賞味期限を縮める環境変化

一方、「競争しない競争戦略」の賞味期限を縮める環境変化としては、時間軸の短縮と空間軸の消滅が挙げられる。

［図表1-12］ **5,000万人を獲得するまでの年数（世界）**

航空	68年
自動車	62年
電話	50年
クレジットカード	28年
テレビ	22年
パソコン	14年
携帯電話	12年
インターネット	7年

出所：スタティスタ（『日経ビジネス』2021年3月22日号）

① 時間軸の短縮

環境の激変は、製品ライフサイクルを短縮化させる方向にある。特に技術革新の加速化の影響は大きい。

図表1－12のように、過去の製品の事例を見ても、新たな製品・サービスが普及するスピードは速くなっている。速く普及することが、即その製品のライフサイクルを短くするとは限らないが、次世代製品が出てきたときに、旧製品を代替（リプレース）する速度も速くなってきている。

製品ライフサイクルが短縮化すると、同世代における企業間競争（世代内競争。ここでは規格間競争もある）だけではなく、旧世代製品からの代替競争、次世代製品への代替競争の3つが共存することになる（図表1－13）。後の2つは、「世代間競争」と呼ばれる。現在では、この3つが同時に起きるようになってきたのである。

世代間競争の例として、テレビの映像表示デバイスとプリントゴッコを見てみよう。

▼ブラウン管は１００年、液晶は何年？

テレビの映像表示デバイスは、かつてはブラウン管しか存在しなかった。ブラウン管は、ドイツの物理学者ブラウンが１８９７年に発明したものだ。ブラウン管テレビは白黒の時代から、カラーの時代にも長く続いた。

しかし日本では、地上デジタル化（２００３年から開始、２０１１年に完全移行）の少し前から薄型テレビが登場し、ここでは、液晶とプラズマ・ディスプレーが真っ向から戦うことになった。当初は「小画面は液晶、大画面はプラズマ」という棲み分けがあったが、液晶が驚異的な大型化・高精細化を進め、結果的には液晶の勝利となった。

ところが、最近の４Ｋ、８Ｋテレビでは、画像の美しさから有機ＥＬ（エレクトロ・ルミネッセンス）が登場し、大画面テレビでは液晶を凌駕しつつある。

企業で言えば、ブラウン管の最盛期

［図表1－13］**世代内競争と世代間競争**

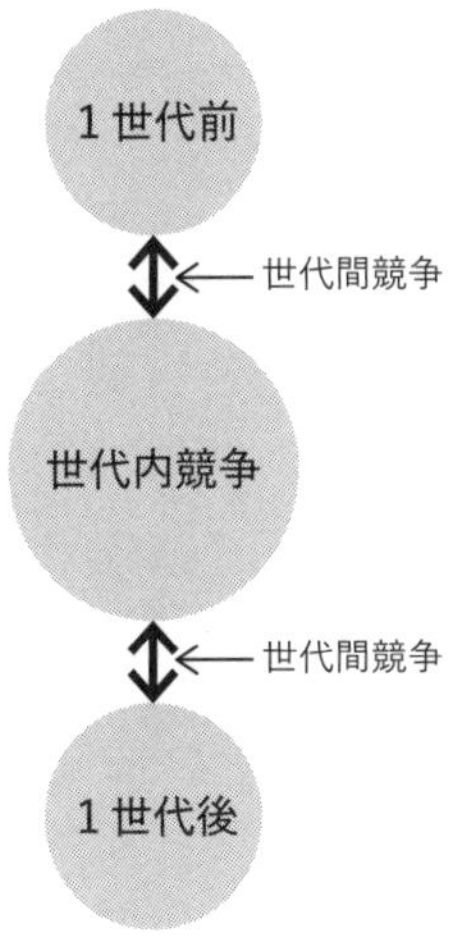

出所：筆者作成

には、日本企業ではソニーが世界を席巻していた。ソニーはカラーテレビでは後発だったにもかかわらず、1本の電子銃から3本の電子ビームを出すトリニトロン方式で技術差別化を実現した。同方式は、低輝度でもコントラストが高く、画質面で有利だった。

しかし、液晶・プラズマの時代に入ると、ブラウン管で強かったソニーは後手に回り、液晶の雄、シャープが躍進する。シャープは国内で「亀山モデル」と称して、メイド・イン・ジャパンの品質を訴求することに成功した。

一方この時期、プラズマに社運をかけたパイオニアは、その投資を回収できず経営危機に陥った。また、プラズマに膨大な投資をしたパナソニックは、その投資回収をあきらめ、途中でプラズマから撤退して液晶に転換した。

そして、有機EL時代になると、当初シャープは出遅れ、韓国のLGをはじめとした乱戦模様となっている。

ブラウン管が登場してから日本で姿を消すまで約100年かかったが、液晶がその座を100年守れるとは思えない。有機ELの次の技術開発も進むだろう。残存年数として、「ブラウン管100年、液晶10年、有機EL数年」というスピードで技術革新が進む可能性さえある。

液晶の時代のシャープを例にとれば、同じ時代に出てきたプラズマ陣営や液晶の他メーカーといかに競争するか、ということに加え、いかにしてブラウン管を速やかに代替していくか、そして、いかにして次世代の有機ＥＬへの代替を遅くするかという複数の課題に直面していたと言える。

▼姿を消したプリントゴッコ

かつて家庭で年賀状を印刷する際によく使われたのが、理想科学工業の「プリントゴッコ」だった。

謄写版印刷業者であった理想科学は、簡易型の孔版印刷器であるプリントゴッコを１９７７年に発売した。１セット９８００円という高価格にもかかわらず、１９８７年には年間72万台が売れ、１９９６年には累計販売台数が１０００万台を超えた。[*4]

しかし、１９９０年代後半から、家庭にパソコンとプリンターが普及するにつれ、年賀状はパソコンで作成するようになり、「筆まめ」「筆ぐるめ」「筆王」などの年賀状ソフトが使われるようになった。プリントゴッコは、デジタル対応も試みたが、またたく間に市場を奪われ、２００８年に販売中止となった（ちなみに理想科学は、現在では事務所向けの孔版印刷機「リソグラフ」が主力事業となっている）。

その後、年賀状を出さない若い人も増え、年賀葉書の発行枚数も２００４年をピークに減少し、メールやＳＮＳで代替する人が増えてきた。

年賀状および年賀状印刷の市場は、わずか20年の間に激変したのである。

世代間競争が加速すると、「競争しない競争戦略」を安泰に実行できる期間が短くなる。せっかく作り上げた競争しない構造が、あっという間に変えられてしまう可能性もある。すなわち、「競争しない競争」の賞味期限は短くなる傾向にあると言えよう。

② 空間軸の消滅

業種というカテゴリー、地域・国という競争の土俵を「空間軸」と表現すれば、その境界線はどんどんあいまいになってきている。「棲み分け」「共生」という概念は、「誰に対して」という主語が明確な場合には有効だが、主語があいまいになってきた状況においては、意味を持たないケースも出てきている。

▼ディスラプターに市場を壊された万歩計、時刻表

ニッチ企業は、限られた市場を大手企業から守ってきた。しかし最近では、「ディスラプター」と呼ばれる業界の秩序を崩す競争業者が登場し、業界が様変わりする例も増えてきている。

例えば、山佐時計計器が販売してきた「万歩計」は、「歩数計」の代名詞となるなど50年以上にわたって日本市場で不動の地位を築いてきた。万歩計が、同社の登録商標だということを知らない人も多いだろう。

しかしこの歩数計の市場に、ディスラプターが現れた。それは計測機器メーカーではなく、スマートフォンだった。スマホに歩数計アプリを入れれば、内蔵されたセンサーによって、歩数を測定できるようになる。健康のために「1日1万歩」と決めてウォーキングしている人も多いが、わざわざ歩数計を購入しなくても、スマホがあれば代替できるようになったのである。

横河電機のような巨大な計測機器メーカーにとっては、歩数計の市場は小さすぎて参入をためらっていたかもしれないが、スマホのソフトウェア企業にとっては、ソフトを1つ組み込むだけでスマホは歩数計に変身し、そこに参入障壁はない。

また、JTBパブリッシングの『JTB時刻表』、交通新聞社の『JR時刻表』は、雑誌業界の中では特異な月刊誌であり、長い間ニッチ市場を築いてきた。企業での継続購入が多く、毎月必ず購入される〝お宝商品〟でもあった。

しかし、この時刻表も、「乗換案内」「駅すぱあと」などの乗り換え案内アプリが普及することによって、売上が激減した。これも、アプリやスマホがディスラプターになった例と言えよう。さらに、乗り換え案内アプリでは、『時刻表』では難しかった「分割定期」を簡単に計算できるようになった。

他にも、医薬品添付文書の印刷で圧倒的なニッチ企業として君臨してきた朝日印刷は、今後思わぬディスラプターを相手にしなくてはならない。それは同じ印刷会社ではなく、国を挙げてのDXである。薬機法（医薬品、医療機器等の品質、有効性及び安全性の確保等に関する法律）の改正により、これまで紙で提供されてきた医療用医薬品の添付文書が電子化され、インターネットを経由して最新の添付文書を提供することになるからである。（第2章で詳述）。

このようなディスラプターがどこから来るのか、業界や国境は関係ない。官民も関係ない。ディスラプターが「競争しない競争戦略」をとる企業を脅かす例は、今後ますます増えていくだろう。

以上のように、「棲み分け」と「共生」をベースとした「競争しない競争戦略」は、それを促進する環境変化もあれば、その賞味期限を縮める環境変化もあると言えるだろう。

〈注〉

1 浅羽 茂（2001）「競争戦略論の展開」新宅純二郎・浅羽 茂編『競争戦略のダイナミズム』日本経済新聞社、青島矢一・加藤俊彦（2003）『競争戦略論』東洋経済新報社、沼上幹（2009）『経営戦略の思考法』日本経済新聞出版社などを参照。

2 参入順位別の戦略定石に関しては、先発優位を取り上げた研究として、Liverman M.B. and D.B.Montgomery (1988) First-Mover Advantage, *Strategic Management Journal*, Vol.9, Special

Issue., Robinson W.T. (1988) Sources of Market Pioneer Advantages: The Case of Industrial Goods Industries, *Journal of Marketing Research,* No.25 などがある。逆に後発優位を取り上げた研究として、Schnaars S. P. (1994) *Managing Imitation Strategies,* Free Press(恩蔵直人・坂野友昭・嶋村和恵訳〈1996〉『創造的模倣戦略』有斐閣)、恩蔵直人(1995)『競争優位のブランド戦略』日本経済新聞社などがある。また、その両者を取り上げた研究として、山田英夫・遠藤真(1998)『先発優位・後発優位の競争戦略』生産性出版がある。

3 「日本経済新聞」2021年6月7日付朝刊

4 「年賀状、みんな愛用したプリントゴッコ　製造会社はいま」『朝日新聞デジタル』2020年1月2日付

第2章

ニッチ戦略

——市場不適合を引き起こす

「競争しない競争戦略」の最初として、まずニッチ戦略について述べていこう。ニッチ戦略とは、「競合他社との直接競合を避け、棲み分けした特定市場に資源を集中する戦略」（嶋口2000）のことである。

1 ニッチの誤解を解く

ニッチという言葉の語源は第1章で述べたが、現実にニッチという言葉は、企業内で様々な意味で使われている。ここではそうした例を示してみよう。

[1]「ニッチ＝小さい売上」ではない

大きな売上を目指して市場に投入したものの、予想外に売れず、小さな売上にとどまっている場合、事業担当者は「当面ニッチ狙いでいきます」と弁明することがある。しかし、この例は、小さい売上を狙ったのではなく、結果的に売れなかっただけで、ニッチ戦略でも何でもない。単なる失敗事業である。

またこのことは、ニッチ戦略は「事後的に」狙うものではないことも示している。あくまでも事前に狙いを定め、その通りの成果を収めた場合が、ニッチ戦略の成功であると言えよう。

なお、ニッチ市場が生まれるのは、市場の発展初期の段階では、大企業が見過ごしている市場（バンテル　２００６）、成熟市場では、一定数の顧客が存在するが大手に支配されていない市場（ミラー＆ワシントン　２００９）だと言われている。

［２］差別化とニッチは別物

リーダーと同じ土俵に上がらないという意味で、ニッチと差別化は似た概念である。リーダーと違う戦略をとるという点で、両者は混同して使われやすい。しかし、両者はまったく別物である。

一言で言えば、「差別化はリーダーと戦う戦略であり、ニッチはリーダーとは戦わない戦略である」（嶋口　２０００）。差別化は、リーダーとの違いを強調することによって、リーダーのシェアを奪うのが目的である。リーダーの地位を狙うチャレンジャーの戦略定石は、差別化戦略である。一方、ニッチ戦略は、リーダーの地位を狙うのではなく、限られた市場において利益を上げていく戦略である。

〝違い〟をリーダーのパイを奪う武器とするか、リーダーと戦わないバリアとするかが両者の違いと言える。

〔3〕集中戦略とニッチ

ポーター（1980）は競争の基本戦略として、コスト・リーダーシップ、差別化、集中の3つを挙げた。この中で集中戦略とは、「特定の買い手グループや、製品の種類や、特定の地域市場などへ、企業の資源を集中する戦略」である。集中には、差別化集中とコスト集中がある。この集中戦略は、ニッチ戦略とほぼ同義と言える。

集中戦略が成功すれば、業界の平均を上回る利益率が得られる。ただし、「利益率をとるか、売上高をとるか」を迫られた場合、集中戦略においては売上を犠牲にしなくてはならない。

一般には、コスト・リーダーシップは経営資源が業界で最大のリーダー企業がとれる戦略、差別化はリーダーの座を狙うチャレンジャー企業の戦略、そして集中はニッチ企業（ニッチャー）の戦略と言われている。

〔4〕ニッチ「企業」とニッチ「市場」

「ニッチ」という言葉を使う場合、企業の「ニッチ戦略」を指す場合と、市場としての「ニッチ市場」を指す場合がある。どちらを指すかわからない「ニッチ」という言葉が、使われている例も少なくない。

第1章で述べた競争地位の4類型で言うと、「リーダー企業」は存在するが、「リーダー市場」というものは存在しない。同様に「チャレンジャー市場」も「フォロワー市場」も存在しない。

しかし、「ニッチ企業」の場合は、それに対応する「ニッチ市場」も存在する。すなわちニッチだけが、企業がとるべき戦略と攻略すべき市場が1対1で対応していることがわかる。言い換えれば、4類型の中でニッチ企業だけが、リーダーとは異なる市場をターゲットとして、リーダー企業とは戦っていないことを表している。

[5] 成功をどう測るか

ニッチ戦略は、売上高よりも利益率を重視する戦略である。したがって、財務的には、ニッチ戦略の成功として、売上総利益率や売上高営業利益率の高さは1つの基準となる（ただし、次節で述べるように、利益率を目立って高めすぎると、リーダー企業の参入を招くおそれもある）。

一方、マーケティング面では、「この分野にはこの製品しかない」という狙いから、マイン

[図表2－1]　**一般名詞化したニッチ事業の例**

登録商標	企業
ポリバケツ	積水化学工業
万歩計	山佐時計計器
プチプチ	川上産業
ピアニカ	ヤマハ 東海楽器製造
ラジコン	増田屋コーポレーション
ジェットスキー	川崎重工業
マジックインキ	内田洋行
マジックテープ	クラレ
ボンド	コニシ
トランポリン	セノー
オーロラビジョン	三菱電機

出所：筆者作成

ド・シェア（顧客の心の中に占める特定ブランドの占有率）を高めることも1つの基準となる。マインド・シェアが極めて高くなれば、企業の登録商標が一般名詞のように使われることもある（米国では日本以上に登録商標を一般名詞化する傾向が強く、「コーク」「コダクローム」などは歌詞にも登場した）。

日本において登録商標が一般名詞になった例として、図表2－1のようなものが挙げられる。例えば、スマホアプリで測っている場合でも、「毎日、歩行距離を万歩計で測っています」という会話はよく耳にする。図表2－1のように一般名詞化されれば、指名買いされる確率も高くなり、その分野で不動の地位を占められるようになる。

2 リーダー企業を参入させない戦略

ニッチ戦略をとったつもりでも、同じ市場にリーダー企業が参入してくると、当該企業は単なる弱者となり、生存を許されなくなってしまうことがある。せっかく作ったニッチ市場を、大手企業に取られてしまったり、取られそうになったりした事例を述べながら、リーダーを参入させない方法を考えてみよう。

【1】市場規模を大きくしない

リーダー企業は下位企業に比べて、相対的にシェアが高いだけでなく、企業規模（ヒト・モノ・カネなど）も大きいことが多い。そのため、組織を維持していくためには、ある程度の売上規模が必要になる。

例えば、トヨタ自動車が、同じ車だからといって自転車、ベビーカーに参入しても、自動車に比べて市場が小さすぎるため、利益を上げていくことは難しい（ちなみに国内の自動車市場は約66兆円であるのに対して、自転車は約1300億円、ベビーカーは約140億円である）。

大企業では、「我が社の場合、最低××億円ないと事業とは言えない」という言葉をよく聞くが、この言葉はリーダー企業が参入するには、最低限の市場規模が必要であることを示している。逆に言えば、市場規模を大きくしすぎると、リーダー企業の参入を招くということである。

▼明光商会

明光商会は、シュレッダーのリーダー企業である。シュレッダーは、オフィスに1つは必要かもしれないが、オフィス機器全体から見れば、極めて小さな市場である。

同社は、バブル経済期にシュレッダーの拡販を進めた。シュレッダーの市場がある規模を超えたのを見て、ＯＡ機器では日本で有数のリコーが参入してきた。同社とリコーが真正面から戦ったら、勝負は明らかだった。

ところが、その直後バブル経済が崩壊し、シュレッダーの市場も縮小する。それにともない、リコーはシュレッダーから撤退した。

これは市場がある規模を超えると、大企業が入ってくる典型的な例である。

▼ダイソン／アイロボット

英国ダイソンが開発したサイクロン式（遠心分離集塵）掃除機は、当初はダイソンだけのニッチ市場で、ダイソンのシェアは100％だった（他の日本メーカーは紙パック式だった）。

しかし、吸い続けても吸引力が落ちないというサイクロン式の特長が知られるにつれ、消費者も関心を持ち始め、売り場やメディアもサイクロン式に注目した。その結果、三菱電機、シャープ、東芝などの大企業がサイクロン式に参入して市場が急拡大し、2019年には家庭にある掃除機の35％をサイクロン式が占めるに至った。[*1] その結果、市場は大きくなったものの、ダイソンの日本でのシェアは下がってきた。

また、米国アイロボットが開発した自動掃除機「ルンバ」も同様で、当初は同社だけのユニークな製品だったが、市場規模の拡大とともに日本の大手家電が続々と類似商品を出し、アイロボットのシェアは落ちてしまった。

［2］単価を上げない

売上高は単価×数量で決まる。単価があまりに安いと、仮に数量が出たとしても売上高は大きくならない。大企業にとっては、前項で述べたように、一定の売上規模が必要である。

そこで、単価を上げずに事業を続けていくことによって、大手に参入をあきらめさせる方法もある。次に述べる赤城乳業のガリガリ君は、その典型例と言えよう。

●「ガリガリ君」誕生

日本で一番売れているアイスキャンディーは、赤城乳業のガリガリ君である。赤城乳業は、1961年に設立された。社員数は約400名、森永乳業などの大手に比べると10分の1の規模である。社名に「乳業」とあるが、乳製品が中心ではない。それにもかかわらず「乳業」という社名にしたのは、当時アイスクリーム大手が皆「××乳業」と名乗っていたからである。

赤城乳業が全国に知られるようになった契機は、1964年に発売した「赤城しぐれ」だ。これはかき氷をカップに入れた製品である。同社はその後、冷凍食品に多角化を試みたが、時期尚早で失敗し、しばらくは赤城しぐれだけに頼る経営を続けていた。

それに終止符を打ったのが、1981年に発売された「ガリガリ君」だった。ガリガリ君は、カキ氷に棒を刺して片手でも食べられる氷菓で、子どもが遊びながらでも食べられるアイスキャンディーを目指した。ネーミングは、食べるときにガリガリという音がすることから命名された。発売当初、ガリガリ君は1本50円で、味はソーダ味、コーラ味、グレープフルーツ味の3種類だった。

●**アイスキャンディーと季節性**

アイスキャンディーには季節性がある。気温が25度を超えるとアイスクリームが売れ出すが、35度を超えると、アイスクリームよりもアイスキャンディーと氷が主役となる。気温が命なのである。

また、アイスキャンディーは、装置産業である。そのため町の駄菓子屋に納めていたような中小メーカーにとっては、大きな投資はできなかった。

他方、大企業がアイスキャンディーを製造しようとすると、第1に季節性にともなう手余り／手不足のリスクに直面する。冷夏の場合は、損益分岐点を下回る危険性さえある。相対的に規模が小さい赤城乳業のほうが事業リスクは低かった（もちろん赤城乳業も、冬の需要を喚起するために、キットカットやロイズとのコラボレーションを行っている）。

第2に、大手乳業メーカーにとっては、単価の安いアイスキャンディーよりも、単価が高いアイスクリームに力を入れるほうが経営上重要とされた。

●**ガリガリ君のマーケティング**

ガリガリ君が売れるようになったのは、発売後4年目の猛暑の年からだった。その後、毎年のように新しい味の新製品を出し、累計100種類以上が市場に投入された。

ガリガリ君が売れ出した理由は、チャネル政策を抜きには語れない。当時、森永乳業、雪印乳業というアイスクリーム大手は、専用のショーケースを店先に置き、小売店チャネルを押さえていた。赤城乳業が後から同じチャネルを攻めようとしても、その牙城は揺るぎそうもない。そこで赤城乳業が目をつけたのが、当時、黎明期にあったコンビニだった。

当時は大手企業もコンビニは手薄であり、赤城乳業はここに集中した。コンビニのチェーン名を冠したガリガリ君を出したり、季節限定商品で消費を喚起するなどし、コンビニの成長とともにガリガリ君の売上を伸ばしていったのである。

●ガリガリ君の商品開発

同社のコーポレート・スローガンは「あそびましょ。」であり、商品開発のネタは若手に任せ、チャレンジすることが企業文化である。「他社がまねできないことを積極的に展開[*2]」することが、赤城乳業のコア・コンピタンスである。

こうした企業文化から、1985年には「ラーメンアイス」がヒットし、さらに「カレーアイス」「きつねうどんアイス」「イクラ丼アイス」などが続いた。

そして2012年には、アイスでは前代未聞の「ガリガリ君リッチコーンポタージュ」を発売した。コーンポタージュは入社3年目の社員が開発した。同製品は売れすぎて、発売3日で販売を休止するほどの大ヒット商品となった（その後、〝変な味ブーム〟は、カップ麺業界に飛び火した）。

2006年には、ガリガリ君は年間約1億6000万本、2013年は過去最高の4億1000万本を販売した。日本人1人当たり年間3本食べた計算となる。

その後も「ナポリタン味」(2014年。これは失敗に終わる)「メロンパン味」(2016年)「黒みつきなこもち」(2017年。山梨県とのコラボ)「九州みかん味」(2017年。くまモンとのコラボ)「抹茶ティラミス」(2019年)などを発売した。

ガリガリ君の当初のターゲットは小学生だったが、今では幅広い年齢層に広げている。ちなみに2016年に、ミュージシャンのGReeeeNとコラボした青リンゴに甘酸っぱいラムネを入れた「ガリガリ君リッチ　ほとばしる青春の味」を発売したが、購入したのは中高生ではなく、なつかしい味を思い出す50代、60代だった。

●ガリガリ君の販売促進

2016年には、社員100人がいっせいに頭を下げる「値上げCM」をテレビで流した。それまで25年間1本60円でがんばってきたが、70円に値上げするという内容だ。大手の消費財メーカーにとって、値上げは顧客離れを起こすため、細々と行うことが多い。この面で、赤城乳業は大手がとてもまねできないCMを作ったのである。

結果的には、「前年比11%増」という予期しない売上を達成した。消費者は、「そんなに長い間値上げしていなかったのか」「70円でも十分安い」[*3]と総じて好意的だった。

同社の製品はSNSで数多く拡散しているが、自社でガリガリ君の公式アカウントは開設していない。「拡散させようとすればするほど、わざとらしくなる」[*4]という考えからである。同社のマーケティングは、拡散されやすいような小ネタを用意することに徹している。

赤城乳業では、ガリガリ君以外の製品でも、大手企業がまねできないマーケティングを展開している。例えば2018年には、みかんの果肉と果汁入りのアイスキャンディー「ガツン、とみかん」に関して、「ガリガリ君より売れてないのに20周年キャンペーン」を実施した。大手企業のキャンペーンで、「売れてない」を訴求することはまずないが、赤城乳業は、社長の「売れていないから、何をしてもよい」との号令の下、このキャンペーンを打った。

以上のように、赤城乳業は、100円玉でおつりが来る単価の安いアイスキャンディーに特化し、大手とは戦わない戦略を一貫してきたのである。

[3] 利益率をあまり高くしない

リーダー企業は企業規模が大きいことから、固定費も下位企業より大きい傾向がある。そのため利益率が低い分野に参入すると、その固定費だけで赤字になってしまうので、そうした分野には同質化をしかけないことが多い。

例えば、大手製薬メーカーは、自社の主力製品が特許切れになった場合、自らが同じ効能・

効果の商品を出してシェア低下を防ぐ方法もあるが、このような方法にはあまり積極的ではない。

新薬（先発品）とジェネリック医薬品（特許切れ後の後発医薬品）との間には、利益率に絶対的な差がある。それは、新薬は膨大な研究開発費を配慮した高い薬価がつくのに対して、ジェネリック医薬品には安い薬価しかつかないという価格の仕組みがあるからである（仮に製造原価を先発品より下げられたとしても、価格の引き下げ額のほうが通常大きい）。

このように、みすみす利益率が下がっていく市場には、リーダー企業は同質化をしかけにくい。

逆に利益率が高いと、固定費の高いリーダー企業も参入の余地が出てくる。そのため、ニッチ企業は、対外的には利益率を「低めに見せておくこと」が必要である。

▼ナガイレーベン

ナガイレーベンは１９５０年に設立された。当初は調理師、美容師の白衣を扱っており、主な顧客は食品メーカーだった。しかし１９６９年頃にこの分野に大手百貨店が参入し、営業のつながりから顧客を取られていった。そこで同社は、百貨店が参入していなかった医療用白衣に特化することにした。売上の３割を占めていた食品メーカーの仕事を捨てて、医療用にかけたのである。

医療用に特化したと同時に、当時の白衣は綿が主流だった中、ポリエステル製の白衣を発売した。当時ポリエステル製は綿製の3倍の価格だったが、汚れが落ちやすく乾きも早く、アイロンのノリ付けも不要のため、トータル・コストとしては安くなった。

「トータル・コストが安くなる」という訴求を納得した大病院には納入できたが、初期費用が高くなるため、中小の病院への参入は難航した。そこで同社は、病院に販売するのではなく、貸し出す仕組みを作った。これを契機に、着実に売上を伸ばした。そして病院において、シェア5割を獲得するようになった。

しかし、同社にも悩みがあった。白衣は「日本で一番、付加価値の低いワンピース」と揶揄《やゆ》されていた。地方ではロードサイド店で、軍手、地下足袋と一緒に売られる商品でもあった。

そこで同社は、バブル経済期に、有名デザイナーがデザインしたDC（デザイナーズ・キャラクターズ）ブランド白衣を発売し、価格を上げて利益率を高めようとした。この戦略はパブリシティ効果も高く、マス・メディアにも多く取り上げられた。

しかし、DCブランド白衣で利益率が上がったのを見て、アパレルの巨人であるオンワード樫山（現：オンワードホールディングス）が白衣業界に参入してきた。オンワードとナガイレーベンとでは、横綱と小学生相撲ほどの差があった。

その後バブルがはじけ、DCブランド白衣の勢いも弱まり、オンワードもナガイレーベンを倒す勢いはなくなった（現在オンワードは、子会社のオンワード商事で白衣を販売している）。

このように利益率を目立って高めると、もともと固定費が高い大企業でも利益が出るようになり、参入の可能性を高めてしまうのである。

現在ナガイレーベンは、医療用白衣の分野で6割以上のシェアを持っている。2020年8月期の売上高は171億円で、売上高営業利益率は28・9％に達している。

ナガイレーベンは、企画から原材料調達、製造、販売まで一貫して行う体制を構築しており、これによりデザインと機能性で他社と差別化し、競争力の向上につなげている。機能性の追求の例としては、東レと素材を共同開発した。また、院内感染を防ぐため抗菌加工したり、医療機器を誤作動させないよう、静電気を発生しにくくしたりした商品をそろえている。

さらに、2020年5月からは、洗濯して繰り返し使える医療用ガウンの生産を開始し、全国の医療施設に供給している。新型コロナウイルスの感染拡大にともなう医療用衣類の不足は深刻であり、洗濯できる新商品へのニーズは強い。

4 市場を急速に立ち上げない

市場の成長率が高いほうが、初期投資を回収できる期間は早まる可能性がある。投資回収の判定には、回収期間法、正味現在価値（NPV）法、内部収益率（IRR）法などがあるが、採算の優劣を比較するのに回収期間法は必ずしも正しいとは言えない（千住他　1986）。

回収が完了した翌年以降の収益の大小をまったく無視しているからである。

しかし、日本企業においては、いまだに回収期間法を用いている企業が圧倒的に多い。[*5] その理由として、「現在価値がプラス。内部収益率が何％」と言うより、「何年後に回収できる」と言うほうがわかりやすいことが挙げられる。また「この投資は、自分の在任中に黒字になる」という感覚は、現役の役員にとっても腹に落ちやすい。

一般に市場が急成長すると、回収期間は短くなる傾向がある。したがって、市場を急速に立ち上げないことが、リーダー企業の参入を招かないためには必要なのである。

▼パイオニア

市場の成長率が低いとなかなか投資が回収できず、投資の決定は消極的になる。この状況が幸いしてトップを取れたのが、パイオニアのレーザーディスク（ＬＤ）事業だ。ＬＤは、レーザー光線でディスクの情報を非接触で読み取る画期的な製品だった。発売時には「絵の出るレコード」と呼ばれたが、ＬＤならではの用途（キラー・アプリケーション）が見つからなかった。当初は映画や教育用映像などを手掛けたが、なかなか市場は立ち上がらなかった。

そうした中、苦渋の決断で、パイオニアはＬＤを使ったカラオケ市場に参入することを決めた。社内では、「カラオケは、ハイファイ・ステレオのパイオニアがやるべき事業か」という議論もあったが、ＬＤ事業を立ち上げるために背に腹は代えられなかった。

参入してみると、それまでの8トラックのカートリッジ・テープと比べて、LDは歌詞が画面に出るため、顔を上げながら歌うことができる。また、同時期に日本ビクターから同じビデオディスクのVHDが発売されたが、VHDは盤面に針を接触させて読み取る方式のため、カラオケで故障が続出した。カラオケを歌う場所は煙とホコリが多いためうまく読み取れず、LDの非接触技術が優位性を発揮した。

さらに、カラオケでは、一番人気のある曲が一番多く再生される。LDは非接触で盤が摩耗しないため、音や絵が劣化しなかった。また、曲から曲に瞬時に移れるランダム・アクセスも、非接触のため優位にあった。こうしてLDは、カラオケのデファクト・スタンダードになったのである（その後、LDは通信カラオケに代替された）。

しかし、ソニー、パナソニックという家電の大手は、LDに本格的には参入してこなかった（OEM〈相手先ブランドによる生産〉で発売はしていた）。それには、LDの市場がなかなか立ち上がらず、大手企業の投資基準では回収期間が長くなることも影響していた。

▼サウスウエスト航空

市場をゆっくり立ち上げた例として、米国の元祖LCCと言われるサウスウエスト航空が挙げられる。同社は当初、ダラス～ヒューストン～サンアントニオ間に就航し、その後も少しずつ路線を拡大していった。

同社の成功を見て、多くの都市がサウスウエスト航空に就航の依頼をしたが、やみくもに依頼を受けると自社で市場がコントロールできなくなり、かつ社内の管理体制がついていけなくなる。そのため、同社は自社のペースで「抑制された成長」を目指してきた。その結果、市場の成長がスローペースとなり、大手がＬＣＣの成長率を低く見たことも幸いし、現在の成功につながっている。

一方、市場を急激に拡大したために、競合企業を増やしてしまったり、マネジメント上、壁にぶつかった事例を紹介しよう。

▼ほけんの窓口

市場を急速に立ち上げた事例として、「ほけんの窓口」が挙げられる。ほけんの窓口は、多くの会社の保険を店頭で相談しながら契約する来店型の保険ショップである。店舗を急速に増やしたため、他社からも市場性があると見られ、「保険見直し本舗」「保険クリニック」など次々と類似店舗が参入し、5年間で大手4社の店舗数は5倍近くに増えた。

その結果、ほけんの窓口はこの分野での寡占は作れなかった（この事例に関しては第5章で詳述する）。

▼いきなり！ステーキ

立ち食いでフルコースが食べられるレストランとして「俺のイタリアン」「俺のフレンチ」が２０１１年に開店した後、２０１３年に似たようなビジネスモデルで、「いきなり！ステーキ」が登場した。いきなり！ステーキは、ペッパーフードサービスが運営しており、初出店から４年４カ月で２５０店舗を超えた。

一般の飲食店の肉の原価率が約35％のところ、いきなり！ステーキは約70％と良質の肉を提供する一方、それ以外のコストは徹底して下げ、かつ回転率で勝負してきた。ステーキ店で初めて立ち食いの店を作り、〝肉の量り売り〟を行ってきた。

その後も年間２００店の新規出店を続け、２０１３年には銀座にも店舗を開き、２０１６年には１００店を超え、２０１８年には３００店舗を超え、同11月には３６６店となった。

創業以来、「店舗増による売上増」という戦略をとってきたが、２０１８年から既存店の売上が減少し、２０１９年には次々と店舗閉鎖を行った。急激な出店と、同一エリア内でのカニバリゼーションが業績不振の原因と言われた。

そこで親会社のペッパーフードサービスは、生き残りのために、２０２０年8月、それまで同社の経営を支えてきたペッパーランチ事業を投資ファンドに売却し、いきなり！ステーキにかけることになった。

[図表2－2]　**いきなり！ステーキの出店数と出来事**

2013年	1号店オープン
2016年	100店
2018年8月	300店
2018年11月	全都道府県に出店
2018年12月	最終赤字
2019年12月	493店
2019年12月	2期連続最終赤字
2020年7月	114店舗の閉鎖を発表

出所：公表資料より筆者作成

以上のように、ニッチ企業が大手企業を参入させないためには、①市場規模をあまり大きくしない、②単価を上げない、③利益率をあまり高くしない、④市場成長率をあまり高くしないという戦略が求められる。この4つは、大手企業で求められていることのまったく逆と言える。

従来ニッチ企業は、「量的資源は劣るが、質的資源は優れるもの」（嶋口　1986）と定義されてきたが、このように見てくると、必ずしも質的資源で参入障壁を作れなくても、市場規模や利益率をコントロールできれば（実際には、リーダー企業から小さく見えればよい）、リーダーが同質化しにくい状況を作り出せる。すなわち、質的資源の優位性だけでなく、市場の量をコントロールできれば、ニッチ戦略になりうるのである。

3
「量」と「質」の軸から考えるニッチ戦略

前項で述べたように、ニッチ企業は、参入障壁を高める質的コントロールと、市場規模の量的コントロールの２つが武器となる。

前者の質的な面に関しては、リーダー企業は相対的経営資源では下位企業より優位にあるが、リーダー企業といえどもすべての資源で優位であるとは限らない。ニッチを追求する企業は、リーダーがカバーできていない資源の優位性をテコに、その分野に絞って事業を行うことができる。これを「質的限定」と呼ぼう。

例えば、がん保険の分野では、生命保険のリーダー企業の日本生命保険であっても、1974年からがん保険を販売してきたアフラック生命保険の契約数、経験の蓄積にはかなわない（規制緩和により、日本の生命保険会社ががん保険を販売できるようになったのは2001年）。

後者の量的な面に関しては、リーダー企業は一般に下位企業に比べて固定費が高く、あまり小さな市場に参入すると、その固定費の高さから利益が出ない。そこでニッチを追求する企業は、リーダーにとっては小さすぎる市場、コストがかかりすぎる市場を開拓し、その分野に集中して事業を行うことができる。これを「量的限定」と呼ぼう。

［図表2－3］ **ニッチ戦略を考える軸**

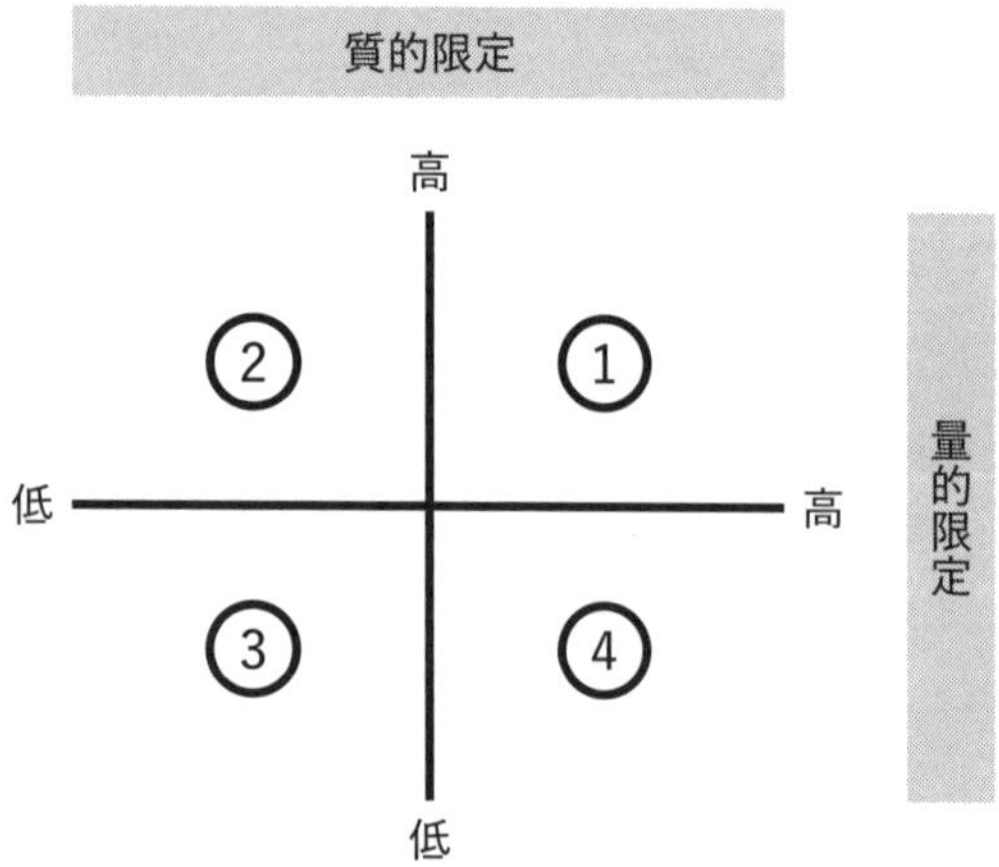

出所：筆者作成

　このような質的限定と量的限定の2つの軸を組み合わせると、図表2－3のようなニッチ戦略を考えるマトリックスを描くことができる。

　なお、量と質は市場を前提とした軸だが、前述のように、質に関しては、ニッチの場合、企業の資源・戦略と市場とは1対1の関係になるので、企業の資源から市場の質の特徴を説明していくこともできる。

　なお、図表2－3の中で③は、量的にも質的にも限定が低いため、リーダー企業に同質化されてしまう可能性が高く、ニッチ戦略としては持続性がないため除外する。

　コトラー（1991）は、ニッチ企業の専門化の方法として、図表2－4のようなものを挙げている。しかし、彼は箇条書き的にニッチ企業の種類を提示しただけであり、網羅

［図表２－４］ **ニッチ企業の専門化の方法**

特定需要専門化
例：離婚専門弁護士

顧客サイズ別専門化
例：希小疾患向け医薬品

特定地域の専門化
例：北海道専門コンビニ

製品の機能特性別専門化
例：外車専門中古車販売

特定品質価格専門化
例：プラチナ・カード

チャネル別専門化
例：生協向け特別仕様品

垂直レベル専門化
例：研究開発受託企業

特定顧客向け専門化
例：トヨタ自動車専門の保険会社

特定製品（ライン）専門化
例：音源に特化した半導体

注文生産専門化
例：オーダーメイド服、注文住宅

サービス専門化
例：専門担当者付き外商

注：例は筆者作成
出所：コトラー著、村田昭治監修、小坂 恕・疋田 聰・三村優美子訳（1996）『マーケティング・マネジメント 第7版』プレジデント社を基に筆者作成

性に欠ける。また、垂直レベル専門化のように、市場の規模や質とは関係のないものも含まれている。

そこで、前項で述べた質と量のマトリックスを使って、もう少し体系的にニッチ戦略を考えてみよう。

図表２−３の各象限を簡単に説明すると、①は質的にも量的にもリーダーに同質化されない武器を持っている。例えば、高級品のオーダーメイド限定生産などがこれに当たり、この戦略を「カスタマイズ・ニッチ」と呼ぼう。また、市場規模は大きくないが、ニッチ企業の製品・サービスを代替するための切替コストが高く、リーダーの同質化が難しいケースがある。このケースを「切替コスト・ニッチ」と呼ぼう。

次に②は、質的にリーダーに同質化されな

[図表2－5]　**ニッチ戦略の分類**

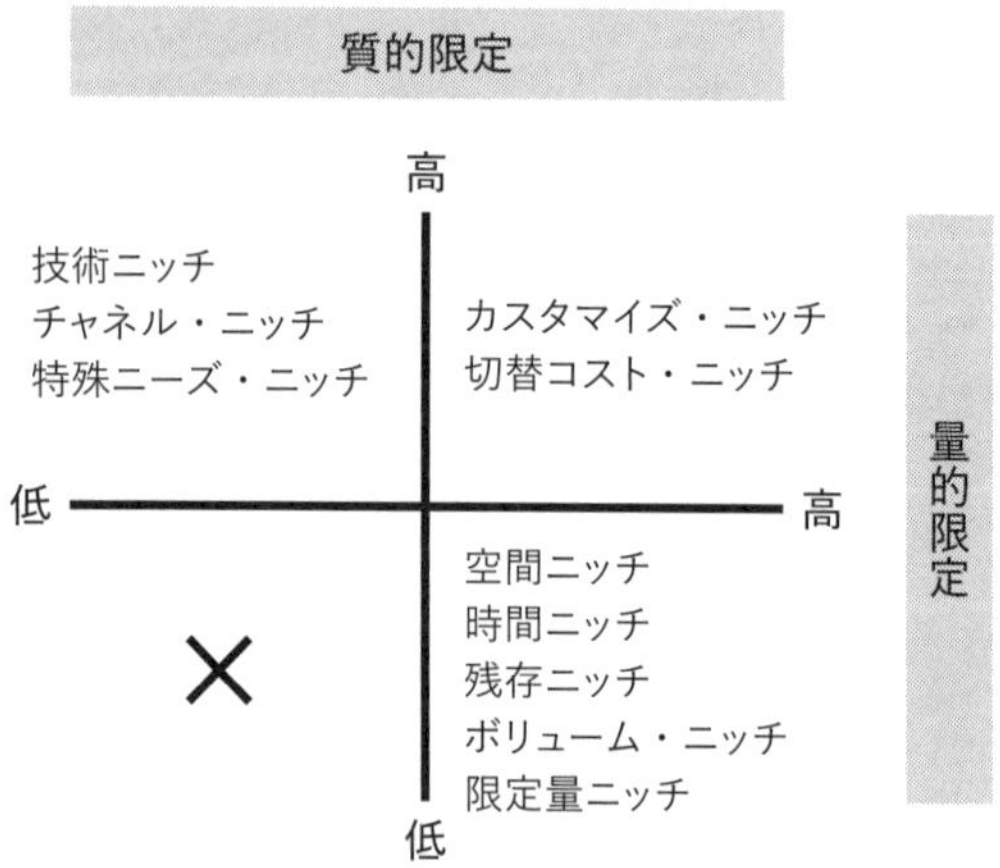

出所：筆者作成

い高い技術や特殊な経営資源を武器に持つ戦略である。例えば、リーダーが保有しない技術でリーダーを寄せつけない「技術ニッチ」、リーダーがカバーできていない流通チャネルを押さえて同質化されにくくした「チャネル・ニッチ」、さらに極めて特殊なニーズに応える「特殊ニーズ・ニッチ」などの戦略が考えられる。

そして、最後の④は、量を限定することにより、リーダーが同質化してもペイしない状況を作り出す戦略である。例えば、空間的・時間的に限られた市場には、固定費が高く、高稼働率が求められるリーダー企業は同質化をしかけにくい。この戦略を「空間ニッチ」「時間ニッチ」と呼ぼう。

また、市場が成熟から衰退期に入り、もはや成長が望めない市場になると、毎年の売上

［図表２－６］　**コトラーのニッチとの対応表**

コトラーが示した方法	本書で示す戦略
特定需要専門化	特殊ニーズ・ニッチ
垂直レベル専門化	第4章で詳述
顧客サイズ別専門化	ボリューム・ニッチ
特定顧客向け専門化	特殊ニーズ・ニッチ
特定地域の専門化	空間ニッチ
特定製品（ライン）専門化	特殊ニーズ・ニッチ
製品の機能特性別専門化	技術ニッチ
注文生産専門化	カスタマイズ・ニッチ
特定品質価格専門化	限定量ニッチ
サービス専門化	該当なし
チャネル別専門化	チャネル・ニッチ

出所：筆者作成

成長が求められるリーダー企業はそこに参入することが難しい。この戦略を「残存ニッチ」と呼ぼう。さらに、リーダー企業が参入するには市場規模が小さすぎるため、同質化をしかけてこない戦略を「ボリューム・ニッチ」と呼ぼう。

最後に、やろうと思えば量販も可能であるが、あえて高級感、稀少性を高めるために数量を限定する戦略も、量を求めるリーダー企業は同質化しにくい。この戦略を「限定量ニッチ」と呼ぼう。

このように３つの象限には、各々その象限を代表するニッチ戦略があり、それらを図示すると、図表２－５のようになる。

コトラー（１９９１）が示した方法と、本書で示すニッチ戦略の対応関係を確認しておくと、図表２－６のようになる。

なお、コトラーが示した垂直レベル専門化に関しては、他の方法と違って市場を限定する軸ではないので、第4章の協調戦略で扱う。また、サービス専門化に関しては、現在ではこうした販売方法はどの企業でも一般的になっているため、対応した戦略は特に示さなかった。さらに、切替コスト・ニッチは、コトラーでは言及されていない。

4 10のニッチ戦略

以下、図表2－5で示したニッチ戦略の3つのタイプごとに、前項で述べた10のニッチ戦略について順に述べていこう。

［1］質限定のニッチ戦略

① 技術ニッチ

技術ニッチとは、リーダー企業が技術を持っていない分野を開拓し、リーダー企業の相対的に豊富な資源をもってしてもその市場を攻略できない戦略を指す。

眼科領域に特化した参天製薬、中型印刷機の武藤工業、高級オーディオのアキュフェーズ、ハイエンド光学デバイス（レンズ、プリズム、ミラーなど）のコシナ、デンタル・ミラーの岡本硝子などがこの例に当たる。ここでは、マニー、根本特殊化学、ソラコム、ローズ、エルプ、プロネクサス、トッパン・フォームズの事例を紹介しよう。

▼マニー

手術用の縫合針などの医療機器を製造するマニーは、「世界一の品質でないと市場に出さない」ポリシーを貫いている。その結果、歯の根管（虫歯の根）を削る器具、リーマは世界シェア35％を超えトップで、白内障手術などに用いられる眼科ナイフは世界シェア30％を誇っている。また、０・14㎜以下の手術針は、現在マニー以外の企業は量産できない。[*6]

同社は１９５６年に、ステンレスを使用した医療用の縫合針の製造を始め、１９５９年に松谷製作所を設立した。縫合針は手術中に折れると、人体組織を傷つけたり体内に残ったりという危険があり、同社の針は他社が40分で研削するところを3カ月かけて加工するなど、高いコストをかけても安全な商品を製造してきた。一時、流通チャネルが同じことから、医療用のメスも製造したが、技術がまったく異なるため撤退した。そして、この失敗から、「極細治療器以外やらない」方針を明確にした。

[図表2－7]　**マニーのトレードオフ（やらないこと）**

①	医療機器以外扱わない
②	世界一の品質以外は目指さない
③	製品寿命の短い製品は扱わない
④	ニッチ市場（年間世界市場5,000億円程度以下）以外に参入しない

出所：マニーホームページより抜粋

１９７６年には根管治療のための切削機器クレンザー、ブローチを開発し、歯科分野に参入した。１９８６年に社訓、経営基本方針を策定し、１９９６年にマニーに改称したが、同社がユニークなのは、やらないことをトレードオフとしてホームページで明示していることである（図表２－７）。

同社は、大手企業と競合する可能性を減らすため、世界一の品質の製品しか出さない。そのため「世界一か否か会議」を定期的に開催して、製品開発・上市の意思決定をしている。また、世界市場規模が５０００億円以下の製品しか出さないことにしている。

こうした明確な戦略が評価され、同社は優れた経営を表彰するポーター賞を２００８年に受賞した。現在、従業員は連結では３８１２名の企業であり、世界１２０カ国で販売を行い、２０２０年８月期の売上高は１５２億円、売上高営業利益率28・６％の高収益企業である。

このように、高い技術を持ちながらも、大手企業の参入を考え、製品スペックを常に磨き続け、市場規模を意識した経営を行っているのである。

▼根本特殊化学

根本特殊化学は、「セーフティ」「セキュリティ」「ヘルス」の産業分野で、技術をテコに新材料、新製品を輩出している。中でも世界トップシェアを誇る夜光塗料事業は、大手の参入を許さない高い技術力を持ち、時計・計器領域からセンサー、ライフサイエンス分野へと拡大している。

同社は、時計・計器等の夜光塗装加工、夜光塗料販売を目的に1941年に創業され、主に軍が使う時計、計器に夜光塗料を提供した。戦争中は服部時計店（現：セイコー）との取引も始めた。

戦後は、再び服部時計店との取引で成長を続けたが、当時の夜光塗料の原料は、微弱な放射線を発するラジウムであった。しかし、1957年に放射線障害防止法が制定され、競合他社の多くが放射線の発生量を下げる努力をしたが、ゼロにはできなかった。

一方、根本特殊化学は、放射性物質ゼロの「N夜光（LumiNova）」を1993年に開発し、世界の時計メーカーに供給するようになった。「減らす」と「なくす」では、アプローチや難易度がまったく違っていた。

同社はこの技術に安住することなく、近年ではヘルスケアや標識などの防災機器から電子部品にまで事業を拡大している。「特殊な分野で、しかも優れた技術があると思って安心していると、必ず強力なライバルの侵入を許すことになる」[*7]と考え、常に新しい分野の製品開発に挑んでいる。

同社は市場の大きさよりも、他社がやらない分野を積極的に手掛け、その分野で独創的な技術を開発するオンリーワン企業を目指している。

1998年にスイスに現地法人を設立し、スイスの時計業界にN夜光の販売を開始し、2007年には現地で製造も始めた。日本だけでなく、時計の本場スイスでN夜光を浸透させていく計画である。

▼ソラコム

NTTドコモなどのキャリアから回線を借りて、付加価値を付けて通信を提供する事業をMVNO（Mobile Virtual Network Operator：仮想移動体通信事業者）と言うが、IoT分野で革新的なプラットフォームを築きつつあるのがソラコムである。

ITへの初期投資額が高いため、IoT関連の起業や新事業を難しくしている事例は少なくない。ソラコムはこの壁を取り除こうとした。ソラコムのIoTシステムは、ITへの投資余力がないユーザーに対し、IT費用を固定費から変動費に変えて、IT化の壁を低くした。

ソラコムは、日本で「AWS（アマゾン・ウェブ・サービス）」を立ち上げた玉川憲氏らが

２０１５年に創業した新興企業である。

●ソラコム設立の動機

「ＡＷＳのようなオープンでフェアなプラットフォームビジネスを、ＩｏＴでもできないか」と考えたのがソラコム設立の動機だった。あらゆるモノがインターネットにつながるＩｏＴは、いまだ発展途上にある。

しかし、ＩｏＴには、接続方法とセキュリティに課題が残されていた。接続方法に関しては、有線では物理的制約が多く、無線に頼らざるをえない。しかし、無線ＬＡＮは事前設定が必要であり、手軽に使うにはスマホと同じモバイル通信が最適である。モバイル通信を利用するには、期間や数量などの固定契約が多く、また「ヒト向け」に最適化された料金プランが大半で、少量のデータ通信が多い「モノ向け」には合わなかった。

ユーザーがＩｏＴ通信のプラットフォームに求めるものは、費用の他にも、①セキュリティ、②運用の楽さ、③手軽に開始・中止できる、などがある。これを解決しようとしたのが「SORACOM Air」である。このシステムは、ＳＩＭカードを購入するところから始まる。

ソラコムの通信を導入する初期費用（契約事務手数料）は、ＳＩＭカード1枚９５４円で、基本料金が1日10円、データ通信料が1メガで０・2円から、1ギガで２００円からとなっている。ＳＩＭカードは、アマゾンで購入できる。ユーザー自らがウェブで利用開始・休止を操作でき、通信料は使った分だけ払う従量制である。

そのため、始めやすく、接続しやすく、止めやすい。また、ソラコムは、従来であればハードウェアで構成すべきところをソフトウェアで実現していることから（次項で詳述）、スケールアップも容易にできる。さらに、通信料は、時間帯と通信速度に応じて変わるが、これらも利用中にユーザー自らが自由に変えることができる。

●ソラコムの技術優位性

ソラコムがなぜ安く提供できるかは、同社のプラットフォームに特長がある。従来のＭＶＮＯ事業者は、パケット交換、帯域制御、顧客管理、課金などに専用機器を設置しており、１台数千億円の専用ハードウェアを設置する必要があった。ソラコムはこれを不要にしたのである。

ソラコムのプラットフォームは、基地局はキャリアのシステムを借りているが、残りはすべてクラウド上のソフトで動かしている。専用機器の部分をソフトで置き換えたのである。

ソフトで置き換えたことによって、コストダウンだけでなく、ユーザーはウェブコンソールやソラコムのＡＰＩ（Application Program Interface）を利用して、自ら通信速度などを自由に変更できる。その結果、ユーザーが自分で設定を変えられる柔軟性と、急激な通信量の増加に対応できる拡張性も実現できた。

ソラコムは従量制課金をとっているが、ソラコム自身が損をしない程度の価格づけを行っている。赤字覚悟で顧客数を増やすことはせず、利益を上げながら顧客数を増やし、顧客数が増えるに従って自社のコストが下がり、それを原資に値下げしていく方法をとっている。これによって、他社が参入しにくい料金設定となっている。これはアマゾンのＡＷＳと同じやり方である。

●アプリはユーザーが作る

SORACOM Airを使ったアプリケーションは、ソラコムが作るのではなく、ユーザーに作ってもらうことを基本としている。これも、アマゾンのＡＷＳと似た考え方だ。ソラコムは、あくまでＩｏＴにおける通信部分を使いやすく提供することに事業を絞っており、ＩｏＴシステムに必要な他の部分は、その分野が得意なパートナーと組んで提供している。

ソラコムが提供するパートナー・プログラムには、日立、富士通などの大企業だけでなく、デバイス、ソリューション、インテグレーション、ネットワークの専門企業が含まれている。

また、開発者コミュニティへの協力も、ＡＷＳのスタイルと似ている。ユーザーは自分たちが作ったアプリを持ち寄り、開発者コミュニティを構築している。この場を通じて開発者は情報を共有して学び、自分でシステムを組むことを容易にしている。

ソラコムの当初のユーザーは、新しい技術の導入に柔軟なＡＷＳなどのクラウドサービスのユーザーや、リーズナブルな通信費を求めていた中堅・中小企業、スタートアップ企業が多くを占めた。何がキラー・アプリになるかを実験する〝お試し〟には最適である。また、センサー、デバイスの数が多く、1日の通信量が少ない分野なども有望視されている。例えば、ソースネクストが発売する通訳デバイス「ポケトーク」にも、ソラコムのSIMが採用されている。

●競合が現れにくい理由

ソラコムは2016年にKDDIと提携し、KDDIの回線を利用してIoT用の安価な通信サービスを始めた。この提携は、大手通信会社がソラコムの技術を認めたということであり、ソラコムの存在は一段と大きくなった。また、競合しているNTTドコモとKDDIの両社と組むという意味で画期的な出来事だった（もともとソラコムはドコモの回線を借りていた）。

ソラコムの競合に関しては、同じビジネスモデルの企業は今のところ存在しない。AWSというクラウドにバーチャルな通信システムを構築するソラコムの技術はまねしにくく、同じビジネスモデルのスタートアップ企業の追随はかなり難しい。

一方、大企業が、資本力を武器にこの分野に参入してくる可能性もないわけではない。しかし、ソラコムはコストにわずかな利益を上乗せして事業を行っており、ユーザー数が増えるに従ってどんどん価格を下げている。大企業は投資に見合う利益率を確保しなくてはならないので、こうした利益率が低い事業に参入することは難しいと言える。

●KDDIの傘下に

2017年8月、ソラコムは買収金額200億円でKDDIの傘下に入ることを発表した。創業3年に満たないスタートアップ企業に200億円も払って大企業が買収するのは異例のことだ。買収後も、社名や経営陣は変わらない体制とした。

ソラコムにとっては、国内外で事業を加速するために、システム開発やサポートなどKDDIの経営資源は大きな助けになり、特に海外では、KDDIがバックにつくことで交渉力を高められる。また、いち早く5Gに対応するために、通信事業者と密な関係を築く必要があった。そのため、ソラコムからKDDIに出資を求めたという。[*8]

一方、KDDIにとっては、ソラコムのソフト技術を使うことで、激戦のIoT事業で勝負できる体制ができ、さらにソラコムの顧客である中小企業を取り込むチャンスもある。

KDDIの傘下に入ったことによって、ソラコムは上場企業との取引が増えた。さらに、2020年度中にKDDIの5G回線を使った通信サービスを始めることを発表した。

ソラコムは2020年に入り、証券取引所への新規株式公開（IPO）を検討していることを表明した。スタートアップ企業が大企業の傘下に入り、そこで成長した後にIPOを目指すことは「スイングバイIPO」と呼ばれ、スタートアップ企業が大手企業の経営資源を活かして成長する手法として最近注目されている。

▼ローズ

電気ピアノのローズ（Rhodes）は、キーボード（鍵盤楽器）の1つであるが、CDの解説書の演奏者欄には、「キーボード」とは書かれず、「Rhodes」と書かれていることも少なくない。ローズは、1943〜44年頃に米国陸軍のハロルド・ローズが、戦傷軍人の音楽療法のために製作した鍵盤楽器が原型と言われている。[*9]

1959年にはフェンダー社との合弁事業となり、「フェンダー・ローズ」と呼ばれるようになった。ローズは、細い金属棒（チューニング・フォーク）の端をハンマーで弾き、金属棒の近くに置かれた電磁ピックアップで音を拾う電気ピアノである。音の強弱に特徴が出せ、強く弾いたときの歪んだ音はローズ特有の音色である。

キーボードの世界では、1983年にヤマハが本格的なシンセサイザー「DX7」を発売し、それ以降、電気ピアノはデジタル・キーボードに代替されるようになった。DX7は、ローズに似た電気ピアノの音源も内蔵し、かつMIDIと呼ばれる接続端子を装備したため、他のデジタル楽器と組み合わせて音を鳴らすことも可能になった。また、後に商品化された「電子ピアノ」では、PCM音源を用いて、アコースティック・ピアノやローズのような電気ピア

［図表2－8］ **キーボードの種類（アコースティック・ピアノを除く）**

種類	方式	代表的な楽器／メーカー
電気ピアノ	ハンマーで金属や弦を叩く	ローズ CP-70（ヤマハ）
電子ピアノ	電子回路で信号を発生させる。アコースティック・ピアノの音の再現を目指す	クラビノーバ（ヤマハ） カシオ ローランド
シンセサイザー	電子回路で信号を発生させる。波形を変化させて、自由に音作りができる	DX7（ヤマハ） ローランド コルグ

出所：筆者作成

ノの音も、より原音に近く再生できるようになった。

シンセサイザーや電子ピアノは電子回路のかたまりであり、調律の必要もない。機械部品が少ないので、電気ピアノに比べて軽量でコンパクトになり、持ち運びも簡単である。

一方、ローズは、原理的にハンマーで金属棒を叩く方式で機械部品の割合が多く、重量も重い。調律も必要で、音程はチューニング・フォークに巻きつけられているスプリングの位置を動かすことで、音質は金属棒を固定しているネジの締め具合で、音量は電磁ピックアップとチューニング・フォークとの距離で調整する。このようにローズは、とても手間がかかる楽器であるにもかかわらず、その音色ゆえに、唯一無二の楽器として、今日でも多くのミュージシャンに愛用されている。

なお、1987年にローズの商標はローランドに売却されたが、1997年にハロルドは商標を買い戻し、現在では「ローズ」と表記されている。

音楽の世界には、「この分野にはこの製品しかない」というブランドが多く、録音スタジオにおけるソニー（モニターヘッドフォン）、SHURE（マイクロフォン）、マーシャル（アンプ）などは、当該分野のフラッグシップとして君臨している。

▼エルプ

「レーザー光線でアナログ・レコードを読み取り再生する」――これが、「レーザー・ターンテーブル」である。この製品を製造・販売しているのが、米国GEの元副社長だった千葉三樹によって1972年に創業されたエルプである。

米国の研究者が、レコードは光学方式で再生可能という理論を発表し、米国のベンチャー企業ファイナル・テクノロジーが開発を進めた。同社は大手企業に事業化を持ちかけたが、日米の大手電機会社、オーディオ・メーカーは、「音楽の主流はデジタルでアナログには市場性がない」「レーザー・ターンテーブルは量産に不向き」[*10]と、事業化を断った。

しかし、千葉は「貴重な歴史的遺産であるレコードを守りたい」と、数億円をかけてその権利を1989年に取得した。そして、レーザー・ターンテーブルの開発が始まった。

レコード・プレーヤーの針に当たる部分に非接触のレーザーを用い、CDと同じような操作でレコードが聴ける。非接触なので、レコード・プレーヤーのようにレコードを傷めることがなく、また、針だとレコードの溝が摩耗してブチブチノイズが出てしまうレコードも、レーザーではノイズなしに再生できる。再生周波数は、今で言うハイレゾの音域の再生が可能である。

レーザー・ターンテーブルの納入先は、当初は図書館、放送局、大学など、レコードを資産として持っている組織だった。しかしその後、若い頃レコードを聴いて育った団塊の世代に時間と資金の余裕が生まれ、販売先はオーディオ・マニアに広がり、個人客が8割[*11]になった。エルプは12年間の赤字を耐えて、2001年5月期に黒字になった。

ちなみにレーザー・ターンテーブルの定価は、スタンダード・モデルが70万円（発売当初は約2倍の価格）、ハイエンド・モデルは160万円と極めて高価だが、世界で類を見ないオンリーワン製品として、知る人ぞ知るロングセラーになっている。

▼プロネクサス

●株券印刷から有報、投信へ

プロネクサスの前身、亜細亜商会は、1930年に株券の印刷会社として設立された。しかし創業者は、〝印刷屋〟と呼ばれることを嫌い、常に差別化を模索していた。

そこで、1947年に亜細亜証券印刷を設立し、証券印刷の専門会社を目指した。株券は現金同様に高い価値を持つことから、改竄されない技術を磨き、正確性とセキュリティへのこだわりが同社のDNAとなった（2006年に社名をプロネクサスに改称した）。

1974年の商法大改正を契機に、招集通知など株主総会関連の印刷需要が急増した。その頃から同社が注力したのが、有価証券報告書の印刷だった。有価証券報告書は、それまでは経理部が作成していたものをタイプ印刷していたケースが多かったが、同社はその受注に集中した。

1980年代に入り、企業のディスクロージャー強化が求められるようになる。同社はディスクロージャー実務研究会を組織し、企業の担当者と勉強を重ね、セミナーの実施やガイドブックを発行した。この頃から、決算の後工程（開示書類の印刷）の仕事から、前工程へと事業を広げていったのである。

しかし、決算関係の仕事は季節性が高く、手余りと手不足の繰り返しに悩んでいた（日本企業の多くが3月決算である）。そこで1988年には、投資信託関係の募集書類の印刷を始めた。投信関係の仕事は年間を通して受注があり、同社の仕事を安定させた。

そして2000年代に入り、同社はいち早くデジタル化を進めた。2001年には金融庁に電子データで決算書類を提出する「EDINET（Electronic Disclosure for Investor's NETwork)」が始まった。

●宝印刷との競争

有価証券報告書の印刷に関しては、もう1社、強力な競合企業として宝印刷がある。2001年3月期は、約5対3で宝印刷がプロネクサスをリードしていた。宝印刷は、1952年に創業された老舗企業であり、当初は増資関係の書類からスタートしたが、1960年頃から株主総会の開催通知や事業報告書に事業を拡大してきた。

当時、有価証券報告書の印刷まで自社で行っていた上場企業は約25％あったが、EDINETになって、書類の作成にはシステムが必要となった。しかし、企業が自社でシステムを組むことは難しかった。そこで新規の25％をめぐって、宝印刷とプロネクサスの顧客争奪戦となるが、プロネクサスのほうがデジタル化への取り組みが早かったことから優勢となり、2006年3月期にはプロネクサスが宝印刷を逆転し、以降トップを走ることになった。

デジタル化に関しては、宝印刷とプロネクサスはスタンスも違っていた。宝印刷は顧客から原稿を受託し、社内でデジタル化する傾向が強かったが、プロネクサスは顧客がデータ入力し、それをEDINET方式に変換し、顧客自身が数字の整合性のチェックを行えるシステムとした（これによって、ギリギリまで数字の修正が可能になった）。

有価証券報告書の印刷は、顧客のリピート率が高い。有価証券報告書のデータは基本的に過去5年分が必要とされることから、もし印刷会社を変更すると、過去のデータをあわせて提供しなくてはならず、企業の手間が少なからずかかる。宝印刷は価格攻勢に出ているが、価格だけではスイッチしにくい構造がそこにある。

2003年には、現在のクラウドに近い開示書類作成支援システム「エディッツ・サービス」を開始した。

プロネクサスが、新しい領域として力を入れ始めたのが、データベース事業「eol DB」である。これは全上場企業のデータを集め、大学、研究機関、金融機関、事業会社にその利用権を販売するビジネスである。後述するM&A分野でのレコフのように、上場企業のデータベースとして「出所：プロネクサス」がデファクト・スタンダードになることを目指している。

●セキュリティへのこだわり

プロネクサスの業務は、株券の印刷から始まり決算報告書の印刷など、正確性、納期厳守、秘密保持が生命線である。

例えば、インサイダー情報の管理に関しては、アクセスできる人間の限定、厳密な入退室管理、情報システムのファイアーウォール、トレーサビリティだけでなく、関係者の株式売買の禁止、インサイダー教育などを徹底している。その証として、国際的な情報セキュリティの認証規格ISMS（Information Security Management System）も2008年に全社で取得した。

●事業構造

現在プロネクサスの事業は、上場企業のディスクロージャー関連が44％、上場企業のＩＲ関連が26％、投信、Ｊ－ＲＥＩＴ（多くの投資家から資金を集め、ビル、商業施設、マンションなどの不動産を購入し、その賃貸収入や売買益を投資家に分配する金融商品）などの金融商品ディスクロージャー関連が27％となっている（２０２１年３月期）。

Ｊ－ＲＥＩＴは２００１年に登場したが、この関連書類の印刷も投信と同様、季節性のない安定的なベースロードとなった。企業のディスクロージャーについて、同社は研究会を組織し企業と一緒にノウハウを蓄積してきたが、Ｊ－ＲＥＩＴに関しても顧客と勉強会を行い、開示資料の作り方を確立してきた。なお、創業時からの株券印刷事業は、株券の電子化により売上構成としてはわずかになったが、収益率が高い事業だった。

プロネクサスの仕事は季節性が大きいと述べたが、同社では、ピークに合わせた生産設備は保有していない。できる限り内製化率を上げるよう効率化を進める一方で、機密性が低い印刷は、安心して任せられる外部の印刷会社とパートナーシップを組んでいる（逆に言えば、決算短信は絶対に外注しない）。また、先に述べた投信とＪ－ＲＥＩＴ関連資料によって、年間を通して安定的な業務量を確保できる事業を確立し、保有設備の有効活用を図っている。

●ＸＢＲＬと顧客の囲い込み

プロネクサスは、２００８年にＸＢＲＬ（eXtensible Business Reporting Language：拡張ビジネス・レポーティング言語）に対応した「プロネクサス・ワークス」を提供開始した。ＸＢＲＬは、パソコンで見る限りは文字と数字の羅列であるが、文字・数値にタグと呼ばれる属性情報がついていて、ＩＦＲＳ（国際会計基準）を含めた会計基準に従い相互に紐づいている。例えば、勘定科目を変えると、文字が変わるだけでなく、それに紐づいた属性情報も連動して変わるようになっている。

毎年プロネクサスに頼んでいると、その仕組みに慣れ、同社から離れられなくなる。決算業務の担当者が一番恐れるのが数字のミスであるが、同社は、独自のノウハウでミスの発生を事前に抑えるシステムを提供しており、経理・財務部門に対して「安心」を提供しているとも言える。

印刷業界には、大日本印刷、凸版印刷という巨人がいるが、彼らがディスクロージャー関連分野に入ることは簡単ではない。プロネクサスはもはや、でき上がった開示書類を印刷するだけの企業ではなく、開示の前工程から企業に入り込んだ「ディスクロージャーのプロセスを支援するサービスプロバイダー」になっているからである。

プロネクサスは、２０１６年、「スマート招集」サービスを開始した。スマート招集は、株主総会招集通知のポイントを抜粋してスマートフォン対応のウェブ化を行うサービスである。

そして、2017年には、「IFRS開示トータルサポートパッケージ」の提供を開始した。これは、企業の国際会計基準（IFRS）適用を全面的に支援するサービスである。開示の全体像を把握できる手引書や標準的な入力フォーマットなどをパッケージで提供する。事業のグローバル化に合わせ、IFRSの適用を検討する企業需要の取り込みを進めてきた。

▼トッパン・フォームズ

複数面の紙を貼り合わせて1枚のはがきの形で郵送し、届いた顧客が貼り合わせをはがして、機密情報や複数の面を見られるはがきを開発したのはトッパン・フォームズである。一般には「圧着はがき」と呼ばれ、商品名はPOSTEX（ポステックス）と言う。ポステックスは2020年の1年間で、22億通発送されている。従来、封書で送っていた個人情報を含む手紙を、はがきの料金で郵送できるようになり、発送する企業には大きなコストダウンになった。

トッパン・フォームズは、売上高2182億円、営業利益87億円（2021年3月期）の企業だが、凸版印刷とカナダのビジネスフォーム会社、ムーアとの合弁で1965年に誕生したトッパンムーアが前身である。1997年にムーアとの資本提携が解消され、社名をトッパン・フォームズに変更し、1998年に東証1部に上場した。

国内シェア1位のビジネスフォームが発祥事業として有名であるが、主たる事業として、データ&ドキュメント事業（売上構成70％）、ITイノベーション事業（13％）、ビジネスプロダクト事業（12％）、グローバル事業（5％）の4事業を持つ（2021年3月期）。ポステックスはこのうち、データ&ドキュメント事業内のビジネスフォーム事業に位置づけられている。

ポステックスは、1991年にトッパン・フォームズが開発・販売開始した。機密情報を送れ、低料金で多くの情報を届けられ、フルカラーで耐水仕様も持つはがきとして、世界で初めて開発された。POSTEXという登録商標は、「POST」＋「EXPANSION（拡張）」の造語である。

発送中は決してはがれず、顧客に届いたらきれいにはがせる技術には、同社の特許が多い。紙を貼り合わせるために、天然ゴム、デンプンやシリカなどの微細粒子を接着剤に入れ、表面を凹凸にする。この凹凸のおかげで、紙同士が密着してはがれないということが発生しない。そして、はがきを重ね合わせてから75トンの強い圧力を加えることによって、凹凸の下にある接着成分が表面に出て、紙同士が接着する仕組みになっている。圧着はがき分野で同社は、200以上の特許を持っている。

また、郵便法ではがきの条件を満たすには6グラム以下である必要があるが、単純に3つ折りにすると重さが6グラムを超えてしまう。そのために紙に小さな穴を開けて、重量を減らす工夫もした。

圧着はがきには、先糊方式、後糊方式、糊着フィルム方式などがあるが、特許を持つトッパン・フォームズと基本契約を結ばないとビジネスはできなかった。なお、ポステックスに関しては、１９９６年に最初の特許が成立したが、２０１０年末に関連するすべての特許が満了となった。

技術ニッチの追求

技術ニッチの場合、マニーや根本特殊化学、ソラコムのように、大手も追随できないようなハイレベルな技術を開発し続けることが重要である。しかし、巨額な研究開発投資を続けないと成果が見込めない分野もあり、そこでニッチ企業が大手企業と伍していくことは難しい場合もある。

逆に、ローズやエルプの事例で述べたように、人間の五感がからむ領域については、必ずしも大企業が強いとは限らない。こうした競争は「次元の見えない差別化」[*12]とも呼ばれ、ニッチ企業は競争のカギをこうした次元にシフトしていく努力も必要であろう。

ちなみに、図表２−９は、主要楽器のフラッグシップ・メーカーであるが、世界最大の楽器メーカーであるヤマハであっても、フラッグシップを取れていない状況を表している。

また、オーディオ機器でもデジタル化が進む中、最後までニッチ企業が残ると思われる領域がスピーカーである。タンノイ（英）、ＫＥＦ（英）、Ｂ＆Ｗ（英）、ソナス（伊）、ダリ（デンマーク）、ピエガ（スイス）などが、小規模ながら今でも高級品のフラッグシップの地位を守

［図表2－9］ **主な楽器とフラッグシップ・メーカー**

楽　器	フラッグシップ・メーカー
ピアノ	スタインウェイ、ベーゼンドルファー、ベヒシュタイン
ヴァイオリン	ストラディヴァリウス（17世紀：オールド・イタリアン）
フルート	村松フルート製作所
オーボエ	マリゴ、ロレー
クラリネット	ビュッフェ・クランポン
ファゴット	ヘッケル
トランペット	バック
トロンボーン	ゲッツェン、レッチェ
ホルン	アレキサンダー
サクソフォン	セルマー・パリ

出所：大木裕子・山田英夫（2011）「製品アーキテクチャ論から見た楽器製造」『早稲田国際経営研究』第42号を一部修正

っている。デジタル時代に入っても、音の出口だけはアナログ技術に頼らざるをえず、ここに量産ではできないノウハウが蓄積されている。

② チャネル・ニッチ

チャネル・ニッチとは、リーダーが追随できないチャネルを押さえ、そのチャネルを通じて限られた市場の寡占を作る戦略である。

▼大同生命保険

大同生命保険は、中小企業にとってリスクが大きい経営者在任中の死亡保障に絞り、経営者を被保険者とし、法人を受取人とする個人定期保険（一定期間内に死亡すると保険金が支払われる保険）を中心としている。特に、企業の成長や責任の拡大に応じて保険金額が一定割合で増加する逓増定期保険、企業の債務残高減少に合わせて保障金額が一定割合で減少する逓減定期保険などを強みとしている。

これらの保険により、経営者は、自分に万一があった場合に備えると同時に、保険料を会社の費用として控除できる税制上のメリットも享受している。個人定期保険では、大同生命保険は長い間トップを維持している。

大同生命保険は、1976年に日本最大の税理士団体であるTKC全国会と提携した。税理士の販売代理店化を組織的に展開したのは、同社が業界初であった。TKC全国会は会員1万人超、顧問先企業は55万社に上る。また、1996年には税理士協同組合とも提携した。こうして2004年には、税理士事務所の3割が大同生命保険の代理店になった。[*13]

税理士にとって顧問先企業が発展していくことが重要であり、生保はその手段の1つと考えられてきた。そして、生保の契約が成立すれば、税理士に手数料が入るため、大同生命保険と税理士の間ではWIN－WIN関係が築かれてきた。2018年3月現在、税理士・公認会計士代理店の数は、日本に約1万2600店ある（T&DホールディングスHPによる）。

大同生命保険はターゲットを中小企業に絞り、そこへのアクセスが可能な税理士チャネルを押さえ、大手生保といえども今からは同質化できない仕組みを作り上げた。

同社の戦略の特徴は、やらないことを明確にしている点である。第1に、個人を対象とした保険の販売は行わない。ここは大手の牙城であり、営業職員の数で競争するようなことはしない。第2に、大手生保が主力としている定期付き終身保険などは積極的には販売しない。中小企業にとっては、定期保険に特化したほうがニーズは高いからである。第3に、単純な価格競争には参加しない。価格競争よりも、販売代理店への販売サポートの充実や提携団体との活動を重視している。

なお、大同生命保険は、1999年に主婦層に強い太陽生命と全面的な業務提携をした。2001年には破綻した東京生命を吸収して相互会社から株式会社に転換し、2004年にはT&Dホールディングスとして株式を上場した。また同年、優れた経営を表彰する「第4回ポーター賞」を受賞している。

さらに、2018年には、相続・事業承継分野及び中小企業の経営課題解決支援のために、りそな銀行グループと業務提携を開始し、保険を売るだけでなく、中小企業の相続・事業継承にさらに力を入れている。

▼チャコット

チャコットは、トウシューズ、バレエ・シューズを製造販売する会社として、1950年に創業した。その後、1961年にレオタード、タイツなどの製造を開始し、後に世界最大のバレエ・ダンス用品メーカーになった。

1983年頃にジャズダンスやエアロビクスが流行し、従来のバレエ教室の生徒だけでなく、フィットネス志向の一般女性がレオタードを着用するようになる。これによって市場は急拡大し、それを機に、大手のワコール、ミズノ、デサント、ゴールドウィンなどが参入してきた。特にファッション性が高い派手なデザインでは、大手が優位だった。

しかし、ブームが去って落ち着くと、新たに参入した大手の多くは撤退し、老舗のチャコットが限られた市場ながらトップを維持し続けた。

素材面、デザイン面での優位性もあったが、同社の強みを支えたのが、全国に1万以上あるバレエ教室という〝チャネル〟だった。チャコットの営業は全国のバレエ教室を回り、カタログを置いてもらい、教室とのネットワークを築いてきた。同社は早い時期から教室の先生を対象に会員制度を設け、会員に対しては20〜30%の割引販売を行ってきた。先生は割引で買った用品を教室の生徒に販売でき、その差額は、事実上、〝チャネルの売買益〟となってきた。[*14]

商取引ではないことから、教室は商品を売る〝チャネル〟とは厳密には言えない。だが、新規入会者が初めてレオタードやシューズを購入するときは先生に相談することが多く、先生がカタログを見てチャコットをすすめてくれる確率が高かった。

また、教室が行う発表会では、衣裳をそろえる必要があり、ここでも先生のサポートが大きい。例えば、群舞を踊るダンサーの1人だけタイツの色が他と違っていたら、足並みはそろわない。舞台に立つダンサーの数は、主役級より圧倒的に群舞のほうが多く、先生の指定は絶対だった。

1987年には、念願の英国の老舗バレエ用品会社、フリード・オブ・ロンドンを買収したが、後継者問題や業績の伸び悩みもあり、1990年にオンワードホールディングスに全株式を譲渡した。オンワード傘下に入ってからは、チャコットのブランドでスポーツウェア分野に進出するなど、両社のシナジーを追求している。

これまで大手企業が競争をしかけてきたにもかかわらず、チャコットは、バレエ・ダンス用品市場で今でも圧倒的なトップを維持し続けている。

▼カミュ

やや古い事例になるが、かつては海外旅行に行くと、帰国時にお酒3本を免税で購入し、自分用だけでなく、おみやげなどに使うケースが多かった。1980年代当時、日本人に人気があったブランデーがカミュの「ナポレオン」だった。カミュはフランス・コニャック地方に拠点を置くブランデー・メーカーであり、カミュ一族が経営を行ってきた。カミュのナポレオンは、美しい瓶のデザインと高価格が特徴だった。

カミュが一番売れていたチャネルは免税店だった。国内でもかなり高い価格で販売されていたが、実は国内ではあまり売れていなかった。おみやげは、「高いものをわざわざ買ってきて差し上げる」ことに価値がある。カミュは、それに適していたのである。

国内での価格づけは、「売れること」を目指したものではなく、「高いものである」というイメージを作るためであり、免税店で価格を見たときに、購入者に「お得だ」と感じてもらうためだった。

チャネルとして、免税店大手のＤＦＳギャラリアと販売契約を結んだカミュの戦略も見事に当たり、他のブランデーをしのぐブランド・イメージを確立してきた。ＤＦＳギャラリアは香港で創業された免税店であり、創業以来、日本人観光客をメインターゲットとして成長してきた企業である。カミュの戦略にとって、ＤＦＳギャラリアは最適なチャネルだったのである。

世界のブランデー市場は、クルボアジェ（ビームサントリー）、ヘネシー（ＬＶＭＨ）、マーテル（ペルノ・リカール）、レミーマルタン（レミーコアントロー）の４社が大半を占めていたが、カミュはチャネル政策が当たり、日本では圧倒的な人気を誇ってきたのだった。

チャネル・ニッチの追求

チャネル・ニッチは、特定のセグメントに効率的にリーチできるチャネルを早期に押さえれば、後から大手企業が大量の経営資源をもって追撃しようとしても、揺るがない状況を作り出すことができる。こう考えると、組織化された団体を早期に押さえる戦略は有効である。

しかし、業界団体、経済団体、職業団体、文化団体、宗教団体、生活協同組合、カード会員、学校などはすでに開拓されつくしている可能性があるため、既存の組織とは違う新たなネットワークを探す必要があるだろう。

③ 特殊ニーズ・ニッチ

特殊ニーズ・ニッチとは、一般的ではない特殊なニーズに対応した技術・サービスにより、限定された市場を獲得する戦略である。

▼トーシンテック

1964年の東京オリンピック時に、東京の大手タクシーが新車に導入したのがタクシー用の自動ドアである。この分野で9割のシェアを握っているのがトーシンテックである。

トーシンテックは、自動ドアを事業化するために1959年に設立された。同社が主に採用している真空式エアドアは、運転手が手でレバーを引っ張ることによって開く〝手動式自動ドア〟である。仕組みとしては、運転席のレバーに接続された金属棒が後部ドアにつながっており、そのため、少しだけドアを開けたり、ゆっくり閉めたりという微妙な操作が可能である。

こうした単純な構造のため、維持費はかからず、故障も少なく、かつ短期間に取り付けができる。トーシンテックの製品には、車種ごとの特注品が少なくない。そのため、同社では内製化率を高め、納期、数量に対応している。

しかし、売上の拡大という視点から見れば、国内のすべてのタクシーに自動ドアが導入されれば、2台導入する車はない。また、タクシー業界は参入規制が厳しく、台数が一挙に2倍になることはありえず、市場は限られている。同社は国内では圧倒的なシェアを持っているが、これ以上売上が伸びないと考え、１９７３年に香港、１９９３年にはマカオにも進出した。

▼タカラベルモント

タカラベルモントは、理美容イスのトップメーカーであり、現在、日本市場では6割以上のシェアを占めている。理美容イスとは、理容室、美容院で顧客が座る椅子である。

同社は１９２１年に鋳物工場として創業され、米国コーケンの理美容イスを手本に、この分野に進出した。理美容イスやシャンプー台などを生産・販売していたが、１９３８年には美容師養成学校も設立した。そして、１９６７年にはイス、診察台、手術台などの歯科・医療分野にも進出した。その後、エステティック、ネイルなどにも進出したが、２０２０年3月期の売上は39・６％が理美容関連、39・７％が医療分野となり、医療分野が初めて理美容用分野を上回った。

同社は、理容室、美容院の顧客の座り心地はもちろんだが、理容師、美容師のニーズもくんだ商品開発をしてきた。例えば、以前、美容院では、洗髪の際に顧客が後ろ向きに寝て、美容師が斜めに立って洗髪をしていた。しかし、この姿勢は不自然に体をひねる状態が長く続くことから、美容師の腰痛の原因になっていた。

そこで、同社は、美容師が真後ろから洗髪ができるようなイス、シャンプー台を開発し、美容師の腰痛を減らすことに成功した。このイスは従来型に比べて高めの価格だったが、現場では好評だった。最近では、美容師の求人難から、こうしたイスが設置されていない美容院は、より良い労働環境を求める美容師から避けられる傾向も出ている。

同社は傘下にタカラ美容専門学校を持っており、そこの学生の声も商品開発に活かしている。

その後1993年には、移動式シャンプー台を販売した。当初は省スペースを打ち出したが、現在は高齢者の負担を軽減できることにも重点を置いている。また、カットやカラーをするイスと移動式シャンプー台を進化させている。シャンプーのたびに顧客が移動する負担がない「YUME OASIS（ユメオアシス）」は、移動式シャンプー台を取り外しできる構造である。シャンプー台と床の下の配管をつなげば、その場でシャワーができる。また、福祉施設向けに、車椅子に座ったままシャンプーができるシャンプー台も開発中である。

1993年に発売された自動シャンプー台も好調だ。若手を中心に理美容室の人手不足が深刻になる中、美容師の負担を軽くし、効率を高める機器として引き合いが増えている。

▼朝日印刷

朝日印刷は1872年に富山で創業し、「薬の富山」の立地を活かし、医薬品包材事業を展開してきた。2002年に東証2部に上場し、医薬品パッケージ、医薬品添付文書（説明書のこと）、ロールラベルなどに特化した印刷会社であり、国内で約4割のシェアを持っている。

医薬品といえども印刷技術は同じで、大日本印刷、凸版印刷をはじめ、どの企業でも参入可能なように見える。

しかし、医薬品の表示は、薬機法（医薬品、医療機器等の品質、有効性及び安全性の確保等に関する法律）によって、色や文字の大きさなどがかなり細かく決められている。例えば、使用説明書の文字の大きさは6ポイント以上、特に注意を要する禁忌（人体に悪影響を及ぼす危険のある使用法などの項目）は8ポイント以上の文字を使わなくてはならない。また、外箱の医薬品の種類表示は8ポイント以上で、色は黒か白でなくてはならない。さらに、サプリメントの服用量は、医薬品と違って「1回1錠服用」と書くことは禁じられ、「目安量」と書かなくてはならない。

こうした細かいルールが多く、制度改正にも迅速に細かく対応しなくてはならないため、大手の印刷会社は参入してこない。さらに、印刷ミスが命にかかわることもあり、安全性を重視した製品パッケージを自ら手掛け、製品のチェックにも最大の注意を払っている。

こうして、これまでニッチの座を保持してきた朝日印刷であるが、今後はＤＸの進展という脅威に立ち向かわなくてはならない。

２０２１年8月の薬機法の改正により、医療用医薬品に関しては、製品に同梱されていた添付文書は原則として廃止され、電子的な方法で閲覧することが基本となる。今後は医薬品などが入った箱につけられたバーコードや2次元コードをスマホやタブレットで読み込み、その情報を基にインターネット経由で最新の添付文書にアクセスし、電子的に閲覧することになる。
これによって、朝日印刷が守ってきたニッチ市場は大きく影響を受けることが予想される。なお、一般用医薬品は、引き続き紙の添付文書が同梱されることになっているが、市場がより大きい医療用医薬品でのＤＸの進展が、同社の事業を揺るがす可能性も出てきた。

▼レシップ

レシップは、バス・鉄道用電装機器、産業機器、自動車部品などの製造・販売・サービス企業である。中でもバス運行に必要なあらゆる電装機器をシステム連動する「バス用電装機器トータルサプライヤー」が同社の特長である。

バス・ロケーションシステム、運行支援システムのような大がかりなシステムから、バス車内にある行き先表示器、降車信号装置（押しボタン）、車内灯、運賃箱、ＩＣカードリーダー、整理券発行器、乗務員支援機器などのハードウェアを手掛けている。

同社は、バス内に搭載される運賃箱で、国内60％のシェアを持っている。バスの運賃箱は、食堂の発券機などと比べると、①スペースが限られている、②常に振動している、③多機能が必要、という制約があり、技術的にも難しい。精密機器を生産する会社は大手を含め多数あるが、振動しても故障しない精密機械となると、その技術を持った企業は限られてくる。また、バスによっては、硬貨と紙の整理券を分けて収納する必要もある。そこにも、人間の毛髪を使った同社ならではの技術が埋め込まれている。

運賃箱以外にも、乗り降りボタン、運賃表示器、行き先表示器などでも特殊なニーズに応えているニッチの典型企業と言えよう。

特殊ニーズ・ニッチの追求

特殊ニーズ・ニッチに関しては、プロダクト・アウトの発想ではなかなか市場を獲得できない。その業界の現場のニーズをいかにとらえるかが、大手が入って来られない参入障壁になる。

そのためには、営業員や技術者が現場を回るだけでなく、タカラベルモントのように、現場で働く美容師を自ら育成するなどの仕組みも必要であろう。そうやって初めて、真のニーズがつかめるようになる。

また、レシップのように、同一顧客に対して、連鎖的に商品を開発していく努力も必要だろう。

［2］量限定のニッチ戦略

①空間ニッチ

空間ニッチとは、限られたエリアだけを事業領域として資源集中することで、その地域に関しては大手企業であっても、シェアを取れない状況にしてしまう戦略である。

▼セイコーマート

セイコーマート（親会社の名称はセコマ）は1971年に酒販店から業態転換し、日本初のコンビニ1号店を開店した。1974年にコンビニ運営会社「セイコーマート」を設立し、町の酒屋さんをチェーン化して業態転換させてきた。

同社は北海道に特化したコンビニである（他に茨城県と埼玉県にも出店しているが、これらは、苦しくなった他社を買収したものである）。北海道における同社の店舗数は2021年2月末で1170店、人口カバー率は99・8%、道内シェアは大手コンビニを抑えて36・1%（2020年3月末）とトップである。

同社の特徴は、第1に他のコンビニと違い直営店が多く、第2に24時間営業を基本としていない点も大手コンビニと異なっている。第3に自社ブランドの食品工場を持ち、製販一体の体制をとっている。そして第4に、店内で調理するホットシェフという形態にも力を入れている。これはオーダーを受けてからカツ丼や豚丼を作る形態で、町の食堂の役割も果たしている。これは、地域の食堂が少なくなった北海道の地域特性から出てきたニーズである。

セイコーマートは、リーダー企業のセブン-イレブンに比べて、北海道内に高密度の店舗、物流ネットワークを持っており、簡単にはリーダーに追随されにくい仕組みになっている。また、製販一体の体制やホットシェフなども、セブン-イレブンは追随できていない。ホットシェフは手間がかかるため、フランチャイズ加盟店からは反発が多い。それゆえに、セイコーマートは直営化を進めている面もある。

一方で、北海道の面積が倍にならない限り、セイコーマートの売上が増え続けることは難しい。そのためセイコーマートは、出店は道内にとどめながらも、海外から直輸入したワインを、首都圏のスーパー、コンビニ、ホテルなどでも販売している。これは、同社が酒屋さんから発展してきた強みを活かしたものである。また、自社で生産したアイスクリームなどを関東のコンビニなどに卸している。

2015年春には、東京に物流拠点を置き、関東圏のイオングループなどに自社開発商品の販売を始めた。こうして北海道に軸足を置きながらも、見えないところでエリア外への外販も強化しつつある。

▼ヤマサちくわ

豊橋のちくわ・かまぼこメーカーのヤマサちくわは、1827年に創業され、現社長は「比叡山と箱根の山を越えて直営店を持たないこと」を標榜している。日本で有名なかまぼこと言えば、他に小田原、仙台などが挙げられるが、彼らの多くは全国展開を行っている。それではなぜ、ヤマサちくわはエリアを限定しているのだろうか。

1つには、企業規模が小田原のかまぼこメーカー、鈴廣ほど大きくないことから、経営資源を特定のエリアに集中する必要が挙げられる。ちなみに鈴廣の売上102億円（2019年8月期）に対して、ヤマサちくわの売上は41億円（2019年3月期）である。

実はもう1つ隠れた狙いがあり、同社はエリア外で店舗を展開していないからこそ、豊橋を訪れた人のおみやげ品になっている。おみやげ品は「そこでしか買えないこと」が価値を高める。また、おみやげ品は日常の財布ではなく、ハレの財布から支出されるため、定価でも売れ、利益率が良くなるのである。

▼崎陽軒

崎陽軒は1908年に創業され、「横浜に名物を作ろう」という動機からシウマイが開発された。1928年に、横浜駅の駅弁としてシウマイは商品化された。

東海道線のホームで「シウマイ娘」によってシウマイを販売するという画期的な方法で、崎陽軒は人気を集めた。ちなみに、現在日本で一番売れている駅弁は、同社のシウマイ弁当である。

シウマイは常温だと賞味期限が当日中と短いため（冷蔵保存で40時間）、１９６７年に崎陽軒は、真空パック（賞味期限５カ月）のシウマイを開発し、これを契機に全国展開を始めた。これによって商圏は一気に拡大した。

しかし、商圏は拡大したものの、真空パックではジューシーさのあるシウマイ本来のおいしさを伝えにくいというジレンマがあった。全国ブランドを目指すか、横浜（ローカル）ブランドを目指すか、崎陽軒の野並直文社長は重大な意思決定を迫られた。そして彼は、後者のローカル・ブランドを選択したのである。

結果的にこの選択が成功し、崎陽軒は横浜に根ざした企業として再出発した。さらに、商圏を絞ることによって、横浜でシウマイを買って地方に届けるおみやげ需要も生まれ、前述のヤマサちくわと同じような効果をもたらした。

空間ニッチの追求

空間ニッチは、もともと規制などによって、限られた地域で事業を行ってきた地方銀行、地方の放送局などのフラグメント（断片型）ビジネスでは常套手段である。

しかし、地域を越えた規模の経済性を活かすことが常識となっているような業界で、高級路線によって独自の地位を築く方法もある。例えば、首都圏に集中して展開している高級スーパーの紀ノ国屋がそれに該当する。

②時間ニッチ

時間ニッチとは、限られた時間だけに事業が集中するため、固定費が高い大企業は、需要の閑散期に固定費を回収できなくなることから、その事業に参入できなくなる戦略を指す。

▼LSIメディエンス

公的なスポーツ大会があると欠かせないのが、ドーピング検査である。ドーピングの手口は年々高度化しており、それに対応できる技術を持ち、24時間以内に検査結果を出す必要がある。

この分野で日本で圧倒的な地位を占めているのが、LSIメディエンス（旧：三菱化学メディエンス）だ。同社の前身は1988年に設立され、2021年3月期の売上高は877億円である。事業分野としては、臨床検査、診断薬・診断機器、治験、化学物質管理などである。同社は、世界アンチドーピング機構の認定（ISO／IEC17025）を取得している日本で唯一の検査機関である。

通常の年であれば、年間6000~7000件ほどの検体の検査をしているが、国際的なスポーツ大会があれば、開催期間中に万単位の検体を検査しなければならない。まさに、限られた時間にだけ需要が急増する〝時間ニッチ事業〟である。

これに対応するために、同社では分析機器を最新機に入れ替え、人員も海外からの応援をあおぐ体制を作る。ピーク、オフピークを乗り切るノウハウが、同社には蓄積されている。

▼少額短期保険

●少額短期保険の誕生

少額短期保険は2006年4月の保険業法の改正によって誕生し、2020年8月で105の事業者が登録されている。「一定の事業規模内で、保険金額が少額、保険期間が1年（損害保険は2年）以内の保険の保障性商品の引受のみを行う事業」を少額短期保険業と言う（日本少額保険協会）。通称「ミニ保険」と呼ばれている。

保険金については、死亡保険では300万円以下、医療保険では80万円以下、損害保険では1000万円以下と決められている。また、保険料は掛け捨てである。

取り扱う分野は、葬儀保険、女性特有の病気に手厚い保険、結婚式キャンセル保険、弁護士費用保険、レスキュー保険、スマホ保険など多岐にわたっている。

ユニークな商品としては、ペット保険が普及する中、高額のペット専用保険が登場し、旅行

［図表2－10］ **少額短期保険業者と一般の保険会社の違い**

	少額短期保険業者	一般の保険会社
事業許可	登録制（財務局）	免許制（金融庁）
資本金	1,000万円以上	10億円以上
収受保険料の規制	年間50億円以下	なし
生損保兼営	可能	禁止
保険期間・保険金額の制限	あり	なし
契約者保護	保護機構なし	保護機構に加入義務

出所：熊沢由弘（2019）「少額短期保険の動向」より筆者抜粋

中、雨天が続いたら旅行代金がキャッシュバックされるお天気保険もＨＩＳから発売された。さらに、痴漢冤罪事件が多発していることから、痴漢冤罪ヘルプコール付き弁護士費用保険も生まれている。また、バイク保険の中には、ハーレーダビッドソンのバイクに限定した保険もある。

　これらの領域は、従来の大手生保・損保の保険ではカバーできないニッチ領域だった。また、大手企業が参入するには市場が小さすぎ、ニーズが特殊すぎる。

　少額短期保険業者と一般の保険会社とでは、図表2－10のような違いがある。少額短期保険は、ニッチな保険ニーズを持つ人、短いスパンで保険の見直しをしたい人や、短期間の保障の上乗せをしたい一般の保険加入者、新たな保険を検討中につなぎの保険を求めている人に向いている。

●わりかん保険

　少額短期保険の中で特にユニークな保険として、justInCaseが発売している「わりかんがん保険」を挙げることができる。これは、当初の保険料は0円で、がんと診断されたときに一時金80万円を受け取れる保険である。その月にがんになった人に払う保険金を、保険契約者全員で割り、それに管理費を加えた金額を「後払い」で保険料として払う。なお、保険料は、年齢別に上限が決まっている。すなわち、契約者の中から新規がん患者が出なければ、当該月の保険料はゼロになる。

　従来の保険は、リスクをすべて保険会社が負っていたが、わりかん保険では、契約者もそのリスクを負担しているため、保険料が安くなる。契約者にとっては、保険料の使途が明確であり、かつ合理性もある。いわば、かつて日本にあった頼《たの》母《も》子《し》講《こう》[*15]の現代版である。

　わりかんがん保険は2020年1月に販売を開始した。米国、中国、ドイツなど海外では「P2P保険」（契約者〈Peer〉同士がお互いのリスクを支え合う保険）が広がり始めているが、日本では初めてである。

●市場の成長と大手の参入

　少額短期保険は2006年に登場したが、年率10%で成長を続け、2018年度には収入保険料が1000億円を超え、参入企業数も100社を超えた（日本少額短期保険協会調べ）。

このような成長をにらみ、大手保険会社も参入してきた。例えば、損害保険ジャパンは、自ら少額短期保険会社を設立するとともに、ＬＩＮＥと組んでＬＩＮＥほけんを共同開発し、住友生命は、２０１９年にアイアル少額短期保険を子会社化した。また、損保トップの東京海上ホールディングスは少額短期保険会社を自ら設立し、あいおいニッセイ同和損保は少額短期保険会社に出資した。

一方、生保トップの日本生命保険も、２０２１年１月に少額短期保険の会社を設立することを発表した。

大手保険会社は、企業規模も大きいことから、万人受けするオールインワン型の保険を提供してきた。これに加入していれば、「普通の人ならだいたいカバーできる」という保険である。ところが、４人家族の標準世帯が減ってきたり、苦しい家計状況から保険を見直す人が増え、必要な保険にピンポイントで加入したいというニーズが高まってきた。

ただ、少額短期保険の市場は小さく、単価も低く、保険期間が短い不確実性もある。低コストの企業が競争相手となることから、売上は増えても、利益率はレガシーの保険商品より下がる可能性がある。

しかし、日本の大企業は、利益率より規模拡大を求めることが多いため、利益率が下がっても参入してくる傾向がある。

時間ニッチの追求

時間ニッチは、一時期集中的に行われるイベント（例：オリンピック、ＦＩＦＡワールドカップ）、冠婚葬祭のような非日常的なイベントや、節目だけに発生する需要（例：パソコンＯＳの切り替え、消費税率の改定、改元）などで市場が開拓できる可能性がある。

時間ニッチの事業化にあたっては、固定費として自ら持つ資源と、変動費化させる資源の工夫にノウハウが必要とされる。

③ボリューム・ニッチ

ボリューム・ニッチとは、リーダー企業が参入するには市場規模が小さすぎ、それゆえにリーダー企業が参入してこない結果、ニッチ企業が利益を享受できる市場である。

▼タマス

「Butterfly（バタフライ）」というブランドは、卓球を本気でやった人の間では知らない人はいないが、タマスという社名はそれほど知られていない。タマスは１９５０年に創業された、年商60億円を超える卓球用品専門メーカーである。国際卓球連盟が主催する最も権威がある世界卓球選手権の出場選手の53・２％（２０１９年）がバタフライのラバーを使っており、世界シェア１位だ。創業者も卓球選手であり、社員の７割は元卓球選手という企業である。

［図表2－11］ **過去1年間に行った日本のスポーツ人口（10歳以上）**

（単位：千人）

ウォーキング・軽い体操	46,821
器具を使ったトレーニング	16,672
ボウリング	14,334
ジョギング・マラソン	13,667
水泳	12,430
登山・ハイキング	11,346
サイクリング	8,934
つり	9,814
ゴルフ	8,900
野球	8,143
卓球	7,664
バドミントン	7,559

出所：総務省『平成28年社会生活基本調査』より抜粋

他の卓球用品メーカーが低コストを求めて生産を外部に委託する中、タマスは自社一貫生産にこだわり、世界の100カ国以上に販売されている。

創業当時、タマスは後発であり、先発には10社ほどのメーカーがいた。同社が後発にもかかわらず逆転できたポイントは、顧客を一般の愛好家ではなく、トップ選手に絞ったことにある。そのため、年間3億円以上を研究開発に使ってきた（このやり方は、かつて、女子のトッププテニスプレーヤー、マルチナ・ナブラチロワにラケットを提供し、後発にもかかわらず、世界ブランドの仲間入りをしたヨネックスと同じである）。

また、卓球用品だけでなく、『卓球

レポート』という啓蒙雑誌を、赤字でも２０１８年まで出し続け、「卓球という小さな井戸を深く掘ること」を企業目標としている。

卓球は、図表２－11のように競技人口が少なく、アシックス、ミズノなどの大手が参入するには市場が小さすぎ、タマスの独壇場になっている。

▼スノーピーク

スノーピークは、１９５８年に創業された金物問屋を起源とし、新潟県燕三条をルーツとする会社である。創業者は登山家で、オリジナルの登山用品を開発してきた。１９６３年にスノーピークを商標登録した。２０１４年に東証マザーズに上場し、２０１５年には東証１部に指定された。

スノーピークが目指すのは「人間性の回復」で、同社の企業理念は「地球上の全てのものに良い影響を与える」である。

スノーピークは１９８６年頃からオートキャンプに注目して、日本人に新しいライフスタイルを提案し、頑丈なテント用ペグや地面に優しい焚火台などを販売してきた。生産は燕三条の地場の職人に任せた。燕三条には、高い技術を持つ職人が多数いたのである。

１９９６年に社名をスノーピークに変更する。その年、未曾有のキャンプブームが起き、１５８０万人というオートキャンプ人口が生まれた。しかし、その翌年から市場が急速にしぼみ、同社は6期連続減収となった。

起死回生をかけた同社は、スノーピーカー（熱烈なスノーピークファン）と直接会うキャンプイベント、「スノーピークウェイ」を1998年から始めた。イベントの中心は焚火を囲んで顧客と話し合う焚火トークで、役員・社員と顧客がテントで一晩過ごすことによって、顧客から本音を聞く。そこでは、「品ぞろえが悪い」「買いたいときに買えない」「値段が高すぎる」などの声が聞かれた。なおキャンプイベントでは、製品の販売は行わない。

スノーピークの製品は競合と比べると高い。購入者の所得水準も高く、30〜40代が中心である。スノーピークには平均購入額に応じた6種類の会員がある。最高ランクのサファイア会員は、累積購入金額が300万円を超えた顧客がなれる。

スノーピークは、「社員も自らユーザーである」という立場で商品・サービスを考え、事実、前述したタマスと同様、社員の多くがアウトドア用品の熱心なユーザーである（経営者がキャンプに行くことが稀な競合他社とは一線を画している）。

スノーピークの製品は永久保証のため、保証書が付いていない。原則、値引きはせず、頻繁なモデルチェンジを行わず、ロングセラーを目指している。

特徴的なのは、卸売り業者を介さない形で、スノーピークストアを中心に販売していることだ。同ストアには、スノーピークの社員が常駐しており、詳しい知識を持つ顧客に対しても、社員が丁寧に対応している。

▼ブロンプトン

日本の折り畳み自転車の市場は、一般の自転車に比べて極めて小さい。日本の自転車販売店の1店舗当たり年間販売台数が261台という中で、折り畳み自転車を含む小径車は、わずか7%である（自転車産業振興協会調査、2020年）。そのため、ブリヂストン、パナソニック、丸石サイクルという大手自転車メーカーがあまり力を入れてこなかったことも事実だ。

この折り畳み自転車市場の中で高い評価を獲得しているのが、英国の自転車メーカー、ブロンプトンである。多くの自転車メーカーがコストダウンのために外注や新興国での海外生産をしているのに対して、同社はすべて自社生産をポリシーとしている。

そうした自社開発の結果、16インチの自転車がわずか12kgで、小さく畳んで運べる商品が生まれた。この商品は、輪行（自転車を公共交通機関で運ぶこと）に適している。そのため同社の製品は、遠隔地に出向いてサイクリングを楽しむマニア垂涎《すいぜん》の商品となっている。

その後、新型コロナウイルス対策として、公共交通機関での通勤を避け、自転車を購入する人が増え、ブロンプトンの折り畳み自転車は世界中で人気が高まった。特に都市生活者のニーズに合い、注文が殺到している。

▼トビラシステムズ

トビラシステムズは、迷惑電話やSMS（ショートメッセージ）をブロックするサービスに特化した新興企業である。同社のシステムは、携帯大手3社の有料パックのアプリで提供されており、限られた分野でのニッチトップ企業である。あんしんセキュリティ（NTTドコモ）、迷惑メッセージ・電話ブロック（KDDI）、迷惑電話ブロック（ソフトバンク）と名前は違えども、同じような迷惑電話フィルタを提供している。売上の78％が携帯大手3社向けである。また、携帯電話にとどまらず、個人の固定電話やビジネス用にも迷惑電話フィルタを提供している。

同社は2006年に設立された。2010年に振り込め詐欺の撲滅を目的に迷惑電話フィルタ「トビラフォン」の開発を始め、2011年から販売を開始。2019年に東証マザーズに上場し、2020年には東証1部に指定された。

新型コロナにまつわる詐欺の急増で、警察庁から詐欺で使われた情報提供を受けるほどの信頼を勝ちえている。

ちなみに、隣接するパソコン業界では、最大の脅威はコンピュータウイルスである。ウイルスを防ぐために、世界には3大セキュリティソフト企業として、トレンドマイクロ（ウイルスバスター）、シマンテック（ノートン）、マカフィーがある。他にも追随するグローバル企業が数社ある。

彼らは、世界に拠点を設けて事業を行っている。新たに登場したウイルスに対して、早く正確に対応するためには、時差の異なる拠点を持ち、優秀な開発スタッフを各拠点に抱える必要があり、この分野に今から小さな企業が参入することは非常に難しい。

パソコンのセキュリティソフト企業は、同じく市場が大きいスマホのセキュリティソフトにも参入しているが、トビラシステムズが事業を行っている国内の迷惑電話やSMS市場は、彼らの主力事業と比べてあまりに小さい。

トビラシステムズの利用者は、2020年7月で1000万人を超えたところであり、同社の2020年10月期の売上高は12億円である（ちなみに世界のセキュリティソフト市場は、2019年で393億ドル〈米国IDC調べ〉となっている）。

ボリューム・ニッチの追求

ボリューム・ニッチは、比較的見つけやすい。総合メーカーが手薄になっている分野を探していけば可能性はある。

例えば、事例に挙げたスポーツの領域では、プレー人口が多く市場規模が大きい分野は、すでにアシックス、ミズノのような大手企業が注力しているが、バレーボールの公式球として有名なミカサ、運動機器に特化したセノー、卓球台の老舗企業の三英のように、選手に支持されてブランドを確立できれば、大手企業は簡単には追随できない。

④ 残存ニッチ

残存ニッチとは、製品ライフサイクルの衰退期に入って市場が縮小し、もはや利益が出なくなったため大手企業が撤退していった結果、残った企業が限られた規模の中で利益を追求する戦略を指す。例えば、韓国のサムスン電子の半導体は、最先端の半導体には手を出さず、周回遅れの半導体に特化してきた（伊丹・西野編　２００４）。

ただし、残存者利益を享受するためには、「単に残存し続けているだけでなく、縮小する市場の中で、生き残るためのビジネスモデルを構築することが必要」（手塚　２０１４）と言われている。

▼東洋化成

アナログ・レコードは、１９７９年のピーク時には年間1億９８８０万枚が国内生産されていた（日本レコード協会調べ）。

東洋化成は１９５９年に創立され、レコードを生産するためのカッティング（音源を基にカッティングマシンを使って「ラッカー盤」に溝を切る作業）からプレス、そしてパッケージングまでを行える国内唯一のレコード製造会社である。

カッティングされたラッカー盤の溝に銀皮膜処理を施し、両面に電鋳《でんちゅう》メッキされたものがマスター盤である。そのマスター盤にニッケルメッキの盤を剥離したものがマザー盤と言われ、この盤で音の確認をする。そして試聴検査を通ったマザー盤から、大量にプレスするためのスタンパー盤と呼ばれる盤を起こす。これを基にプレス機でプレスし、レコードが完成する。スタンパー盤１枚から、約２０００枚のレコードがプレスできる。

レコード全盛期には、大手レコード会社は自前のプレス工場を持っており、当時、東洋化成は中堅のインディーズ・レーベルの会社などから仕事を受けていた。その後ＣＤの登場によりレコードは激減したが、東洋化成は、「注文が最後の１枚になるまで続けよう」という創業者の強い意志から、レコードの生産を続けてきた。

現在、世界でレコードのプレス工場は20数社ほど残っていると言われるが、最近、ＣＤではカットされていた周波数22キロヘルツ以上の音がレコードには記録されていることから、音質にこだわるオーディオ・マニアを中心としてレコードの再ブームが起きている。

全米レコード協会の２０２０年上半期の調査では、１９８６年以来36年ぶりにレコードの売上がＣＤを上回った。日本でも２００９年の年間10万枚を底に、２０２０年には10倍以上に生産枚数が増えている。

東洋化成の売上も、市場の動向に合わせて増えてきている。

▼ナガオカトレーディング／フェーズメーション

１９８０年頃まで、ナガオカは日本を代表するレコード針メーカーだったが、１９８２年に登場したCDによって急速に売上を減らした。日本では、CDはLPを約5年間で代替した。同社はレンタルビデオの卸業などへの多角化を試みたが、将来性がないとして、1990年に会社を自主解散した。

しかし、レコード針に愛着を持つ社員らが、同年、ナガオカトレーディング（営業部門のみ）を設立し、事業を継承する。製造は、旧ナガオカの主力工場として設立された山形ナガオカ（現社名：ナガオカ）が引き続き担当した。

現在、ナガオカトレーディングは、レコード針を中心に、オーディオ関連のアクセサリーの製造、販売を行っている。

一方のフェーズメーションは、協同電子システムの子会社の協同電子エンジニアリングが生産しているオーディオ・ブランドである。製品としては、カートリッジ（レコードの音溝の振幅を電気信号に変換する機構、ピックアップを交換可能な形にしたもの）や管球式アンプがあり、ハイエンド・オーディオとして高い地位を守っている。

レコード針もカートリッジも、レコードの衰退によって市場が縮小したが、先に述べたLP復興の流れの中で再び注目されている。レコードには、ハイレゾに相当する音がカットされずに記録されていることから、CDよりも幅広い帯域の音楽を楽しむことができる。

▼日本エボナイト

日本で販売されているボウリング・ボールの多くは米国製だが、唯一、日本企業で生き残っているのが日本エボナイトである。同社は年商7億円の企業であり、主力は印刷用ロールのメーカーである。

米国製のボールは、大柄な欧米人の体格に合わせて作られており、日本人のプロやアマは、それをそのまま使うしかなかった。日本エボナイトがボウリング・ボールの製造を開始したのは1952年だ。以来、日本人に合うボールを目指して開発を続けてきた。日本エボナイトは、日本人の専属プロに試作品を使ってもらい、そこから得た意見を開発に活かしてきた。

日本では、1960年代半ばから1970年代初めにボウリング・ブームが起き、ボウリング場が多数開設され、国内にボウリング・ボールメーカーも10社ほど生まれた。しかし、ブームはあっという間に過ぎ去り、今や国内のボウリング・ボールのメーカーは同社だけになった。

同社の開発努力が実ったのは2018年のジャパンオープンで、同社のボールを使ったプロが、男女ともに優勝を果たした。同社のボールは、ストライクを出すために不可欠なボールの曲がり方に影響する外皮に関し、ウレタン樹脂を熱する時間を長く取り、原料をしっかり固めてレーンをとらえやすくした。

同社のボウリング・ボールの売上は1億円超[*16]だが、米国製を超えるための商品開発を続けている。また、同社はオーダーメイド球も作っていることから、後述するカスタマイズ・ニッチ企業にも該当すると言える。

▼富士フイルム

残存ニッチを製品レベルで見れば、富士フイルムのインスタント・カメラ、「チェキ（海外ではinstax）」が代表例と言えるだろう。チェキは、撮影した場でプリントできるフィルムを使うインスタント・カメラである。

チェキは1998年に発売され、当初はプリクラより手軽に撮れるということで女子高生に愛用され、誕生日や結婚式などの記念写真としても普及した。単に気軽に写真を撮るという機能だけで言えばスマホに軍配が上がるが、撮影したその場でプリントができ、余白に絵や字を書き込めることが、若年層の新たな「画像コミュニケーション・ツール」（沼上　2008）となった。また、「焼き増しができない」というデメリットが「複製されない」メリットになり、アイドルやメイド喫茶での撮影の必需品となった。「世の中に1枚しか存在しない写真」のニーズがあったのである。

その結果、2002年には年間最大売上100万台を達成した。しかし、それ以降販売は激減し、2005年には10万台に落ちた。一時は撤退寸前の状態だった。[*17]

そのような中、2007年以降、韓国の恋愛ドラマで使われたことも契機となり、チェキは

V字回復し、2011年には100万台、2015年度には500万台に達した。なお、チェキの売上の9割は海外だった。

インスタント・カメラは米国ポラロイドが事業化したが、同社が倒産した現在、世界ではチェキしか残っていない。フィルム、現像技術、カメラのメカ技術をあわせ持っているのは、世界で富士フイルム以外になく、競合もなく値崩れもせず、岩盤の参入障壁を持つ残存ニッチを享受している。消耗品を含め、すべて富士フイルムの純正品で構成されているため、利益率も高い。

2017年には、液晶モニターやマイクロSDカード・スロットを搭載した新モデルを発売した。この製品では、撮った画像を液晶モニターで確認しながら編集・加工ができる。また、マイクロSDカードに記録すれば、チェキで撮った写真をスマホなどに移すこともできる。写真の保存も複製も可能になるのである。

こうしたデジタルとの結合はチェキの新たな可能性を広げるが、逆に〝一品もの〟としてのチェキの良さを失う危険性も秘めている。

残存ニッチの追求

残存ニッチは、他にもそろばんのトモエ算盤、ギター用ピックの池田工業、石油ファンヒーターのダイニチ工業などが挙げられるが、残存市場は製品ライフサイクルが衰退期に入れば必ず生まれるものではない。衰退期でも「使い続けなくてはならない理由」がある場合に生まれる。

例えば、そろばんは、小学校3年生の算数の学習指導要領に含まれているため、今なお必需品である。また、レコードは文化遺産として残す必要があるため、レコード針やカートリッジの会社はなくならなかった。

古い例では、パソコンのデファクト・スタンダードがウィンドウズになって以降も、工場内のFAシステムの端末には、長い間NECの9800シリーズが使われていた。事務・営業部門はウィンドウズにシフトしたが、工場の機械を操作するシステムまでいっせいに更新する予算がなかったり、そのシステムが他との連携がないクローズドなシステムだったりする場合には、残存市場として残る可能性が高い。

逆に、ニッチ市場を形成しても、使い続けなくてはならない理由がない場合には、撤退もやむをえない。かつて電卓が登場する以前は、計算尺という手軽な計算ツールがあった。主に竹製のカーソルをスライドして計算するツールだ。小学校でも1965年頃までは、計算尺を使った授業があった。そこではヘンミという計算尺の名門メーカーが強みを発揮していたが、やがて学習指導要領から外れ、授業でも使われなくなった。

現在、ヘンミは、プリント回路基板、流体制御機器、半導体製造装置、分析・試験装置などの製造・販売を手掛けるメーカーに転身しており、計算尺はほぼ消滅した。

⑤ 限定量ニッチ

限定量ニッチとは、生産量・供給量を意図的に絞ることでプレミアム感を出し、利益を確保する戦略である。リーダー企業がやりにくいのは、仮に供給量を限定しても一定の固定費がかかるので、収益的には貢献しない可能性があるためだ。

ボリューム・ニッチと限定量ニッチの違いは、前者は市場規模自体が小さいケースを言うのに対して、後者は事業的には量産が可能であるにもかかわらず、あえて供給量をコントロールして市場規模を小さくとどめ、利益を獲得しようとするものである。

古くは老舗の菓子、日本酒などの分野でこの戦略がとられてきたが、最近は、嗜好性の強いフィギュア、コイン、万年筆、リトグラフなどでよくとられる方法である。しかし、量産のきく分野でも、ウィスキーのように、あえて数量を限定することによって希少ニーズを喚起できる。

▼ゴアテックス

●ゴアの沿革

部品や素材などのB to B企業は、自社のブランドを消費者にアピールするケースは少ない。村田製作所やクラレなどがテレビ広告で社名やブランドをアピールしているが、これは自社製品を売るためというより、社会的認知を高め、CSR（企業の社会的貢献）への取り組みを強めたり、良い人材をとったりしたいという狙いが強い（ちなみにインテルがパソコンに「Intel Inside」」のシールを貼り始めた理由は、日本で優秀な学生がとれないためであった）。

そのような中、生産財ブランドを消費者にアピールして消費者に選択してもらおうという企業が米国ゴア（W.L.Gore & Associates Inc.）である。

ゴアは新ポリマーであるポリテトラフルオロエチレン（PTFE）の活用を模索するために、1958年にゴア夫妻によって設立された。ゴアが発見した延伸多孔質PTFE（ePTFE）は汎用性に富むポリマー素材として、ファイバー、シート、フィルム、テープ、チューブなど様々な形で用途を広げていった。ePTFEは、化学的安定性（他の物質と反応しにくい性質）、生体適合性（生体組織・細胞に対して、炎症・免疫・血栓形成反応を起こさない性質）、強靭性、耐熱性、低摩擦係数、耐候性（紫外線などがある屋外で使用されたときに、変形、変色、劣化しない特性）など卓越した特性を持っていた。

ゴアはePTFEを核に、ファブリクス、医療、工業用製品などの分野に事業を拡大してきたが、ファブリクスに関しては「ゴアテックス」というブランドを服につけ、直接消費者に訴求してきた。

ファブリクス製品では、防風性、防水性、透湿性を特長として、ヘビーデューティー分野・アウトドア・ウェアなどで高い信頼を得てきた。特に、「透湿性」と「防水性」という一見矛盾する機能を両立させたことが、ゴアテックスの最大の特長だ。小売りの店頭では、衣料品にゴアテックスのタグが付けられ、単価も他のウェアより高めに設定された。

日本では、ゴアと潤工社（特殊電球の皮膜メーカー）との50対50の合弁企業として、1974年にジャパンゴアテックスが設立された。

●ゴアとアパレルのWIN-WIN

ゴアテックスの対消費者へのブランド訴求は世界共通であり、これはゴア社長の「真のお客様はエンドユーザーだ」という信念をベースにしている。

1982年頃に日本ではスキーブームが起き、ゴアテックスを採用したスキーウェアが爆発的に売れた。しかし、ジャパンゴアテックスではスキーブームは長く続かないと見て、早く他の分野に進出しなくてはならないと考えていた。同社は、「これだけ良い素材であれば、消費者にも訴求したほうが良い」と考え、消費者に訴求すると同時に、ファブリクス・メーカーと共同で商品開発にかかわった。

例えば、ゴアテックスは防水性をうたっているため、縫い目の目止めをどうするか、テープをどうするかまで商品開発に入り込み、防水性を高めた。また、縫製の機械をゴアがファブリクス・メーカーに貸与し、目止めのライセンス契約までした。これは、ゴアテックスが完全な形で消費者に届けられるようにという思いからだった。

ゴアが他の素材メーカーと違ったのは、ファブリクス・メーカーの上級製品だけにゴアテックスを採用してもらったことである。これによって消費者も、「上級製品に採用されているなら、良い素材なのだろう」と考えるようになり、「ゴアテックスを採用している衣料品なら高品質だろう」と考える消費者も出てきた。これが、ゴアの成功要因だ。同時期に類似の素材として登場したスリーエムの「シンサレート」が、幅広い製品ラインに供給していたのとは対照的だ。

ゴアは完成品の衣類にゴアテックスのロゴのラベルを付けているが、ファブリクス・メーカーには協賛金を渡していない。お互いＷＩＮ－ＷＩＮの関係から実現した施策だった。

上級製品は当然、価格も高いが、ゴアテックスを使用しており付加価値が高い衣料品と認識してくれるため、顧客は喜んでその対価を払う。その結果、巡り巡って、ゴアの高い収益性に結び付くのである。

ジャパンゴアテックスは、２００９年に合弁を解消してゴアの完全子会社になり、社名を日本ゴアに改称した。同時に、ゴアテックスというブランドは、ファブリクスだけに使用することになった。

▼山下達郎

企業のケースではないが、山下達郎という〝商品〟のマーケティング戦略を通じて、限定量ニッチ戦略の要諦を紹介しよう。

山下達郎（ワーナーミュージック・ジャパン所属）は日本のシンガー・ソングライターだが、やらないことを公言している。①テレビに出ない、②日本武道館（アリーナ）ライブはやらない、③本を書かない、の3つである。

ミュージシャンはCDを出し、テレビで顔を売り、ファンを増やし、大きな会場でライブをやることでスター街道を登っていく。過去にも、ニューミュージック系でテレビに出ないと宣言していた人たちも、テレビに出た途端、人気が高まって方針転換した人も少なくない。

しかし、山下達郎は、かたくなにテレビに出ないだけでなく、DVDも一切販売していない。顔を売ることより、歌を聴いてもらうことを大切にしている。

武道館やアリーナでライブをやれば山下達郎ファンの市場は拡大し、たった1日で巨額の収入を得られるが、山下達郎は武道館（アリーナ）ライブはやらない。[*18] 彼の信念は、ステージ上の音楽が会場にいるすべての観客に高いクオリティで届くことが優先であり、音楽ホールとして設計されていない武道館やアリーナでは、それを求めることが難しいからである。ライブでも、マイクを使わずに肉声を届ける曲を、毎回セットリストに加えている。

彼がホームグラウンドとしている中野サンプラザは収容人数がわずか2222人だが、一番後ろの観客にも演奏者にもきちんと音が聴こえるホールだと、彼は長年使い続けている（ちなみに武道館の最大収容人数は1万4471人）。

山下達郎のコンサートは休憩なしで3時間を超え、その間、一度たりとも彼はステージ上からいなくならない（前座がいたり、本人が数曲歌唱するとすぐにバンドの演奏が入り、衣裳替えと称してステージから消えてしまう歌手とは一線を画している）。

ある程度歌手が売れてくると、ファンクラブを作り、チケットの優先予約や機関誌の購読などの特典が得られる。ファンを固定化し、ファンクラブの人数を増やすことによって、ライブの動員の下支えができる。

しかし、山下達郎もファンクラブはあるが、長い間新規会員の募集を止め、増員よりも長年のロイヤル・カスタマーのほうを大切にしてきた。[*19] ファンクラブの人数を増やせば会費収入が増えるが、ただでさえ取りにくいライブのチケットがますます取りにくくなってしまい、ロイヤル・カスタマーの顧客満足度は下がってしまう。

最後の本を書かない理由は、あくまでミュージシャンとしてのポリシーからである。

山下達郎のライブはチケットが取れないことで有名だが、それでも安易な追加公演などはせず、ライブのDVDなども一切販売していない。そのため、彼が歌っている姿を見たければ、難関のライブチケットに当選するしかないのである。加えて、ダフ屋によるチケットの転売を防ぐため、日本で一番厳しいレベルの本人確認（チケットの購入者と来場者が同じであることの確認）を行っている。

このように、音楽のクオリティを追求し、量を追わず、職人的にニッチ路線をとってきた山下達郎は、活動開始から40年を超え、熱烈なファンに支えられ活動を続けている。

ちなみに山下達郎の「クリスマス・イブ」は、オリコン・ランキングの週間シングルトップ１００のランクインを１９８７年度以降２０２０年まで35年間続けており、週間シングルトップ１００入り連続年数も歴代１位である。すなわち、限定量ニッチ路線を続けながら、日本一のロングセラーを持っているのである。

▼アメリカン・エキスプレス

アメリカン・エキスプレス（以下アメックス）は、日本では１９８０年にゴールドカードを発行し、カード事業に参入した。参入以来、一貫して高所得層をターゲットに事業を行ってきた。ちなみに、ＪＣＢの一般カードの年会費が当時約１０００円だったのに対して、アメックスの一般カード（グリーンカード）は年会費約１万円、ゴールドカードは約２万円と１ケタ高かった。

しかし、１９８２年頃から銀行系クレジットカード会社を中心にゴールドカード（年会費約１万円）を発行し、クレジットカード業界の棲み分けは徐々に崩れてきた。

これによって、アメックスの特典だった各種のサービス（海外旅行保険、アンサリングサービス、ショッピング・プロテクション、携行品補償など）が次々とまねされ、カード間に差がなくなってきた。海外旅行保険では、アメックスがカードで航空券を購入した場合に限っていたのに対し、カードでの購入を義務づけず使い勝手で逆転したカードも出てきた。

こうした銀行系カードの攻勢に対して、アメックスも他社では当たり前だったポイント・サービスを1993年から開始した。「ポイントのためにアメックスを持っているような人はいない」と考えていたが、背に腹はかえられず追随に至ったのだった。

クレジットカードのサービスの同質化が進む中、アメックスはさらなる上級カードであるプラチナカード（年会費14万3000円）を発行して対抗しようとした。プラチナカードは「添えないサービスはない」カードとして、顧客のあらゆる要望に対応してきた。

さらに2003年には、「地球上でごく限られた人しか持つことができない」と呼ばれる究極のカード、「センチュリオン（通称：ブラック・カード）」を発行し、高級カード事業のフラッグシップを固めた。ブラック・カードは、アメックスからの招待（インビテーション）がないと会員になれない。ネット上では、いかにすれば招待が届くかというノウハウを解説するサイトもある。一律の利用限度額はなく、手厚いコンシェルジュ・サービスも提供している。同カードの年会費は38万5000円（推定。金額は非公開）で、アメックスのような高級イメージがないカード会社には追随できない戦略と言えよう。

アメックスは、「メンバーシップ　それが特権」をキャッチフレーズにしたマーケティング政策によって、プレステージ系市場において圧倒的な強みを誇ってきた。どんな要求に対しても「最初からできないとは決して言わない」ことを基本としてきた。

かつては、「アメックスを持っている」ことがステータス・シンボルであり、「アメックスが使える店」は信頼があり高級なイメージの店にしか許されていなかった。また、オペレーションに関しても、アメックスは十分に訓練されたオペレーターを社内に抱え、その対応への顧客満足度が高かった。特にカードの紛失時などイザというときの安心感や面倒見の良さは、他社の追随を許さなかった。

また、よく語られる挿話として、「ピラミッドが買いたい」というような顧客の無理難題にも、「ノーと言わないサービス」で対応している。すなわち、サービスの内容については完全オーダーメイドになっていると言える。

さらに、10時〜18時半の間は専属のテレフォン・コンシェルジュがつき、会員専用のフリーダイヤルで電話を受け付けている。サービス内容を会員以外には公開していないというのも、神秘性を高める仕掛けとなっている。ブラック・カードは通常のプラスチック製の他にチタン製のカードもあり、触感も異なっている。

本来クレジットカードは規模の経済性がきく事業であり、会員が少ないとコスト高になる性質を持っている。だが、アメックスはサービスに関する数々の神話を作り出し、保有者を限定することで、高い会費を払ってでも保有したくなる仕組みを作っている。

限定量ニッチの追求

限定量ニッチを狙う場合、量を限定するため、当該事業の売上だけで成長していくことは難しいので、ポートフォリオとして、企業の基盤を支える事業をあわせ持つ必要がある。

［3］質・量限定のニッチ戦略

①カスタマイズ・ニッチ

カスタマイズ・ニッチは、完全オーダーメイドに基づく製品・サービスを提供する戦略である。

▼Knot

「Knot」（会社名はMaker's Watch Knot Timepiece）は、2014年に東京・吉祥寺で創業したカスタマイズ・ウォッチの企業である。日本各地の伝統工芸や技術を用いて、メイド・イン・ジャパンの高品質でリーズナブルな価格の時計を、カスタム・オーダーで提供している。納期は、注文日の翌日に出荷する短納期となっている。

Knotでは、腕時計を「時刻を確認する道具」ではなく、「パーソナルを表現するリストウェア」と定義づけ、事業を行っている。時計本体とベルト（ストラップ）を自由に組み合わせられ、２万通り以上のカスタム・オーダーが可能になる。また、ストラップは、工具なしで交換できる仕組みにしており、その日の気分により取り替えることもできる。

オーダーメイドになると価格は高くならざるをえないが、Ｋｎｏｔではサプライチェーンを工夫している。一般的な海外ブランド・ウォッチの場合、部品メーカー→海外工場→商品→メーカー→ブランドホルダー→輸入代理店→小売り、という多段階のサプライチェーンを経ているが、Ｋｎｏｔでは、サプライチェーンを大幅にカットし、部品メーカー→日本工場→Ｋｎｏｔというシンプルな形にした。そのため、リーズナブルな価格に抑えられている。

▼POS（パナソニックオーダーシステム）

パナソニックと言えば、家電のリーダー企業として、量産量販によるコスト・リーダーシップ戦略をとってきた企業として有名である。そのパナソニックが、かつて量を追わないオーダーメイド事業をやっていたことはあまり知られていない。

かつて自転車は、既製品を買って通学・通勤に使うのが当たり前だったが、自分だけの自転車のオーダーメイドを可能にしたのがパナソニックだった。

パナソニックは、米国に比べて普及率が低かった単価が高いスポーツ・サイクルを拡大する戦略を考えた。従来のスポーツ車の平均単価が６万円程だったものを、10万円以上にすることを考えた。その過程で、自分だけのオーダー自転車のニーズがあることがわかった。

そこで、車種、シートサイズ、リーチ・サイズ、カラー、ネーム入れを組み合わせると、当初9万1470通りの組み合わせができる「POS」（パナソニックオーダーシステム）を作り上げた。自分に合った自転車を選ぶために、フィッティングスケールと呼ばれるフレーム、サドル、ペダルなどを一体とした測定機を作り、誰もが自分に合うサイズを測定できるようにした。

そして、注文を受けてから納品するまでを2週間と定めた。従来からプロ選手向けオーダー自転車は手掛けていたが、注文から納品までに2〜3カ月かかっていた。2週間という長さは、洋服のオーダーから導き出した日本人が待てる期間だった。

そのために、一番時間がかかっていた自転車販売店→代理店→販売会社→松下電器→工場というサプライチェーンにメスを入れた。パナソニックが採用したのが、自転車販売店で受注したものをFAXで直接工場に届ける仕組みだった。当時販売店にFAXは普及していなかったが、これを機に導入が進んだ。

1987年6月にPOSは始動し、開始前は月間100台注文が来ればよいと考えていたが、6月中に500台を超える注文が来た。

その後、同年9月にはレディスを追加し、翌年2月にはATBモデルも追加され、組み合わせは9万2940パターンになった。1989年には、月間平均1000台を超える販売実績となった。

ＰＯＳ事業においては、顧客から注文が多かった型、カラーの商品を、翌年のカタログから外すという施策をとった。「あなただけ」と言っているのに、注文の多い組み合わせの自転車を多数販売していくと、自分と同じ自転車とすれ違う確率が高くなり、ＰＯＳ事業の価値を減らしてしまうからであった。

カスタマイズ・ニッチの追求

カスタマイズ・ニッチは、事業面で言えば、いかに顧客側の選択肢を増やしながら企業側のコストを上げないかという工夫が必要である。カスタマイズに応じてコストが増えていけば、企業として収益を上げられなくなってしまうからである。

そのためには、ＫｎｏｔやＰＯＳのようにサプライチェーンを刷新したり、ハーフメイド（製品の途中部分まで作っておいて、最後の部分だけ顧客の要望に応える）体制を作ったり、さらにはモジュールの組み合わせで製品化が可能な仕組みを作ったりすることが考えられる。ハーフメイド生産は、デルやＮＥＣダイレクトなどのパソコンメーカーでも、今では当たり前の方法として取り入れられている。

② 切替コスト・ニッチ

製品・サービスの市場規模が小さいだけでなく、当該市場に参入するための壁があったり、既存顧客が後発企業の製品・サービスに切り替えてもらうコストが大きかったりする場合、リーダー企業は同質化をしかけにくい。

前者には、認可や指定業者として承認をもらうコストがかかり、後者は既存製品・サービスを切り替えるための顧客の切替コスト（スイッチング・コスト）がかかる。こうした戦略を、「切替コスト・ニッチ」と呼ぼう。

ここでは前者の例として、クオリカプス、ホギメディカル、後者の例としてツムラ、キングジムの例を挙げる。

▼クオリカプス

クオリカプスは、1965年に日本の塩野義製薬と米国イーライリリーの対等出資で創業されたが、1992年に塩野義製薬が完全子会社化した。その後、2005年に投資ファンドのカーライルが買収し、2013年には三菱ケミカルホールディングスが株主となった。

同社の事業は、医薬品カプセル及び製剤機械の製造である。カプセルの製造は世界で3社しか行っておらず、同社は世界で2位に位置している。[*20] カプセルのコストは、医薬品の製造コストの中ではそれほど大きくないが、同社は高い利益率を上げてきた。

利益率が高ければ大手企業が参入してきてもおかしくないが、その壁となっているのが認可である。医薬品を販売するためには、各国で規制当局（日本では厚生労働省）から認可を受ける必要がある。もしカプセルを別のものに変更すると認可の取り直しとなり、このコスト・時間がバカにならない。また、新規参入業者からカプセルを仕入れた場合に、万一その品質に問題があると、医薬品会社が負うべき被害者への賠償、訴訟リスク、風評リスク、回収コストはとても大きい。

そのため、切り替えを狙う新規参入業者もなく、あえて切り替えを行う医薬品企業も稀なことから、同社は寡占を享受し続けているのである。

ちなみに同社の営業は実に足が長く、10年前に試作品を納めた医薬品メーカーから、10年後に突然、量産のオーダーが入ることもあるという。

▼ホギメディカル

ホギメディカルの事例は、第4章の協調戦略でも詳しく述べるが、手術で使うメス、注射器、縫合糸、ガーゼなどを一式そろえ、それを完全滅菌した形でキット化し、手術室に納品する事業を行っている。ホギメディカルは、もとは医療用不織布のメーカーだったが、キット化に関しては、テルモやファイザー、ジョンソン・エンド・ジョンソンのような競合他社の製品も組み入れている。

滅菌してキット化するだけであれば、多くの製品ラインを持つ競合他社でもできそうだが、医療機器としての認可がキットごとに必要となるため、1つずつ認可を取らなくてはならない。この気の遠くなるようなコストを考えると、なかなか新規参入できない。

一方、病院側にとっても、いったんホギメディカルのキットに慣れてしまうと、わざわざ単品を集める手間をかけたり、使い勝手が不明な他社製品にスイッチしたりすることはコストがかかるので、リピート率が高い。

▼ツムラ[*21]

漢方薬は、日本の医療用医薬品市場では2・3％、一般用医薬品市場で4・7％しかなく、医薬品全体から見ると小さい市場である。医療用の漢方薬では、ツムラが8割以上の圧倒的なシェアを占めてきた。一方、薬局で買える一般用漢方薬では、ツムラは、クラシエ、小林製薬、ロート製薬に次ぐ4番手で、シェアは5％ほどとなっている。

国内の医薬品トップ、武田薬品工業の2021年3月期の連結売上高が3兆1978億円なのに対し、ツムラの連結売上高は1309億円であり、国内の医薬品市場の中では、ツムラはニッチ企業と言える。

漢方薬は、①市場自体が小さい、②薬価収載から長期間たっており、薬価が非常に安く抑えられている、③天然物由来のため、原料の生産地や栽培方法によって品質にバラツキが出やすいという問題があり、新規参入は限られている市場と言える（①②は、本章2節で述べたリーダー企業を参入させない戦略に該当する）。

ツムラの漢方薬には、薬の種類ごとに番号が振られており、「葛根湯《かっこんとう》は1番」というのは、薬剤師の頭の中に刷り込まれている（図表2－12）。

もともと漢方薬の名称には常用漢字以外も多く、正確に漢字で書くのが難しかった。以前、処方医から「製剤名が書けない」「書くのが面倒」という声があり、メーカーは漢方薬名のハンコを作って配布していた。番号を書くだけのほうが早いという医師が多かったことから、漢方製剤番号が使われるようになった。[*22] 日本で漢方薬が広く使われるようになった最大の要因として、漢方製剤番号を付けたことが挙げられている。[*23]

［図表2－12］ **主な漢方薬とツムラの番号**

番号	漢方製剤名
1	葛根湯
19	小青竜湯
23	当帰芍薬散
27	麻黄湯
68	芍薬甘草湯
107	牛車腎気丸

出所：筆者作成

当初は、メーカーごとに独自の番号を付けていたが、シェアを伸ばしていたツムラの番号に他社が合わせるようになり、ツムラの番号が業界のデファクト・スタンダードになった（ただし一部は、メーカーごとに違う番号も振られている）。

また、ツムラの漢方薬は識別しやすいように、番号の下1ケタの数字でパッケージの色が異なっている。薬は、他のものと間違えると、命にもかかわる大事故につながる。そのため、薬を間違えるリスクをなくすためには、使い慣れた番号で処方できることが重要である。ツムラは番号を付したオリジナル企業でもあり、医師・薬剤師が他社に切り替えにくい理由がここにある。

▼キングジム

キングジムは、連結売上高が335億円（2020年6月期）と、文具業界のリーダーであるコクヨ（連結売上高3006億円〈2020年12月期〉）と比べると1ケタ小さい企業である。だが、同社の看板商品であるキングファイルについては、多くの競合が類似商品を出しているにもかかわらず、トップブランドの地位を守っている。

実はファイルは、購入した瞬間に機能を果たすのではなく、書類を入れて棚に入ったときに初めて機能を果たす。仮に月別のファイルがあり、そのファイルの大きさや厚さ、デザインが月ごとに違っていると、探すときに不便である。そのため、キングジムを長年使ってきた顧客にとって、別メーカーのファイルに切り替えるコストは大きい。すなわち、ファイルは、消費財というよりも生産財に近いのである。

キングジムのファイルが、いかに切替コストが高いかに関しては、以下のエピソードからも理解できる。

文具通販のアスクルが事業を開始して間もない頃、当時の取り扱い商品はすべて親会社のプラス製であった。ところが、アスクルの口座を開いてくれた顧客から、「キングジムのファイルも扱ってほしい」という声がかなり入ってきた。

この声に応えて、アスクルが試験的に他社製品として初めてキングファイルをカタログに入れてみたところ、かなりの売上があった。しかし、品質はほぼ同等のプラス製のファイルのほうが安いため、アスクルは購入してくれた顧客に電話をし、お礼とともにその旨を伝えた。

ところが、電話をした企業の少なからぬ数が、アスクルの口座を廃止してしまった。

当初アスクルはその理由がわからなかったが、キングジムのファイルを購入した顧客は、〝キングファイル〟が必要だったから購入したのだった。そこに「アスクルのほうが安いです」と言われても、「アスクルは顧客のことをわかってない」「キングファイルを買うたびに電話をかけられてはたまらない」と思ったのかもしれない。

すなわち、ファイルには仕様・デザインの連続性が必要であり、ただ安いからといって「1月はキングジム、2月はプラス、3月はコクヨ」というわけにはいかないのだった。

切替コスト・ニッチの追求

ユーザーの切替コストを高くするためには、第1に顧客の〝慣れ〟を獲得することである。慣れを早く勝ち取るためには、無償配布などで本体を早く普及させる方法がある。一度慣れてしまえば、より機能に優れるものが後から出てきても簡単にはスイッチされなくなる。

その有名な例として、パソコンのキーボードの配列がある。これは、機械式タイプライターの時代に、速くタイプすると印字用のバーが重なってしまうため、続けて打つ確率の低い文字を並べるという機械の都合で設計されたものだ。しかし、パソコンの時代になり、より効率的に打てるキーボードが開発されたにもかかわらず、この配列に慣れたタイピストが多かったことから、普及しなかった（デビッド　1985）。このように、慣れは切り替えを阻止する大きな要因である。

第2には、サンクコスト（埋没費用）を大きくする方法もある。例えば、本体と互換性のある補完製品を多数購入したユーザーは、仮に他社品のほうが性能が優れていても、スイッチしにくい。切り替えると、補完製品に投じてきた費用が回収できなくなってしまうからである。例えば、マッキントッシュ用のソフトウェアをたくさん購入してきたユーザーはウィンドウズに切り替えにくいし、逆も同様である。そのため、早期に補完製品を充実させる戦略も考えられる。

5　ニッチ企業が成長する方法

〔1〕ニッチ戦略をとった企業の成長

ニッチ戦略は、限定された市場で利益を重視する戦略であるため、企業が成長していくために、ただ売上を大きくしていくというやり方はとれない。

「集中戦略（筆者注：ニッチ戦略と同義）では、あえて販売量を制限することになるが、対象セグメントを一度支配すると、自社が成功した理由を忘れ、つい販売量の拡大を目指して競争の範囲を広げてしまい、ついにはスタック・イン・ザ・ミドル（筆者注：複数の戦略を追求したことで業績が平均以下になってしまうこと）に陥る」（興那原・岩崎　２０１１）と言われている。

そのため、ニッチ戦略をとる企業が成長していくためには、①マルチ・ニッチ戦略、②チャレンジャーへの転換の２つの方法が考えられる。

［2］マルチ・ニッチ戦略

第1のマルチ・ニッチ戦略は、「競争を避ける棲み分け市場を複数有し、トータルな売上、シェア、利潤、名声を狙う方法」（嶋口　2000）である。米国のスリーエム、日本の小林製薬、日東電工、クラレ、ノーベルファーマなどがこの戦略をとっており、「小さな池の大きな魚」となる事業を複数持って、企業を大きくしていく方法である。

▼スリーエム

米国スリーエムは1902年に創業され、2020年には売上高322億ドル、売上高営業利益率22・3%の高収益企業である。

事業分野としては、セーフティ&インダストリアル、輸送・エレクトロニクス、ヘルスケア、コンシューマーの4分野を持ち、要素技術として40を超えるテクノロジー・プラットフォームを持っている。その技術の掛け算で、他社にはまねできない商品を作ることが開発の基本である。顧客から依頼されて作った商品よりも、自ら作り出した商品のほうが成功していると言われる。

国別には、各国の経済発展に合わせて事業分野を増やし、一気に複数の事業を展開することはしていない。また、巨額の投資を一気にするよりも、少しずつ投資し、うまくいったらまた

［図表2－13］ スリーエムの代表的な製品

1921年	耐水研磨材「ウェットオアドライ」
1925	粘着テープ（マスキングテープ）
1930	セロハンテープ「スコッチ」
1939	反射シート
1945	電気絶縁用ビニールテープ
1947	オーディオテープ「スコッチ」
1956	繊維保護剤「スコッチガード」
1979	吸音断熱素材「シンサレート」
1980	付箋「ポストイット」
1980	プラスチックギプス「スコッチキャスト」
1992	輝度上昇フィルム
1996	自動車用樹脂面ファスナー「デュアルロック」
1998	気泡を逃がすフィルム「スコッチカル」
2001	光ファイバーコネクタ用研磨フィルム「トライザクト」
2003	光ファイバー施工用システム「ファイバロック」
2009	遮断フィルム「スコッチティント」
2010	ペイントフィルム「スコッチカル」
2011	医療用シリコーンテープ
2013	歯冠「ESPE」
2013	保護めがね「セキュアフィット」
2014	フィルムタイプのポストイット
2014	空気清浄機フィルター「フィルタレット」
2015	後付けスマートロック「Akerun」
2016	造形物取り外しシート 「3Dプリンタープラットフォームシート」
2017	ステンレス専用フィルム「スコッチカルフィルム」
2018	橋梁・道路の砂目地抑制テープ 「コンクリート型枠ジョイント止水テープ」
2019	貼る防錆「さび止めテープ」
2019	カーラッピング用フィルム「ラップフィルム」
2020	タブレット型塩素系除菌剤

注：2013年以降はスリーエムジャパンのプレスリリースによる
出所：スリーエムジャパン・ホームページより抜粋

投資を増やすというスタイルをとっている。こうして「抑制された成長」を実践している。

スリーエムは「小さな池の大きな魚」を狙った企業と言われてきたが、社内的には当初からニッチを狙って事業をやっているわけではない。ただし、同社が競争に勝てるロジックを考えると、大きな海で大きな企業と競争をすることを得とは考えておらず、必然的に勝てる小さな池を狙っていることになる。

また、やらない事業も明確に定めており、例えばヘルスケア分野でも、「体の中に入るものはやらない」方針を守っている。

▼小林製薬

小林製薬は、眼科用薬、水虫薬などの大衆薬を扱っているが、売上の中心は芳香消臭剤などの日用雑貨である。1886年に雑貨や化粧品の店として創業し、1894年には自家製薬品を発売した。1940年に製剤部門を分離し、小林製薬を設立した。1969年、水洗トイレ用芳香消臭剤「ブルーレット」の発売を契機に、日用雑貨分野に参入した。1975年にはトイレ用芳香消臭剤「サワデー」、1996年には義歯洗浄剤「タフデント」、洗眼薬「アイボン」を発売した。さらに口内清涼食品「ブレスケア」(1997)、傷あと改善薬「アットノン」(2011)、鼻呼吸テープ「ナイトミン」(2017)などが続いた。

他社からの製品取得にも積極的であり、2003年には日立造船から「杜仲茶」を取得し、

［図表2－14］ **小林製薬の事業領域と商品例**

医薬品	目、肩こり、水虫、のど、お腹、カゼ、花粉ほか
健康食品・サプリメント	飲料、特保食品、サプリメント、機能性表示食品
口内ケア	歯間清掃具、ハミガキ、入れ歯用品
芳香・消臭・脱臭	トイレ用、部屋用、車用、冷蔵庫用、下駄箱用
掃除	台所、トイレ、風呂用
スキンケア	ニキビ、シミ、フットケア、傷、かゆみ、湿疹
日用雑貨	しみ抜き、熱冷却シート、メガネふき、マスク
女性の悩み	生理、更年期障害

出所：小林製薬ホームページより抜粋

健康食品事業を開始した。2005年には笹岡薬品の「命の母A」の独占販売権を取得する。2008年には石原薬品から「ビスラットゴールド」の商標権を取得した。2014年には大鵬製薬から「オードムーゲ」を、2017年には扶桑薬品から「ヘモリンド舌下錠」の販売権を取得した。

2017年には、「消臭元」が、液体タイプ芳香・消臭剤における世界最大売上としてギネス世界記録に認定された。同認定は、2014年のブルーレットの世界売上ナンバーワンに次いで2例目だった。

同社の製品開発の基本は、「〝あったらいいな〟を形にする」ことであり、毎年約30点の新製品が投入される。狙う市場としては、「小さな池の大きな魚」という考えから、ニッチ市場を専門に開拓している。ちなみに国内シェア1位のブランド数は全ブランドのうち43に上る「ニッチトップ企業」と言える。*24

ニッチ市場のため、競争相手が少なく、価格競争に

［図表2－15］ **小林製薬のトップ商品の例**

ジャンル（商品名）	シェア（%）
洗眼薬（アイボン）	67
水洗トイレ用芳香洗浄剤（ブルーレット）	75
冷却シート（熱さまシート）	58
芳香消臭剤（消臭元）	33
女性保護薬（命の母）	58

出所：小林製薬　アニュアルレポート　2016年12月

なりにくいことも特徴だが、市場を開拓するコストを1社で背負わなくてはならないため、広告宣伝費が多くかかる。逆に、「広告をしなければ売上高1億円の商品でも利益が出る」[*25]と小林製薬は述べている。

▼クラレ

クラレは1926年に倉敷絹織として創業された繊維の老舗企業であり、1949年には倉敷レイヨンに、1970年にはクラレに社名を変更した。現在は、化学業界の大手企業の1つとなっている。クラレは1950年代に世界で初めて合成繊維「ビニロン」を、1960年代には人工皮革「クラリーノ」を開発した。クラリーノは現在でも、世界の人工皮革でトップとなっている。

その後も自社開発やM&Aも利用しながら、世界シェアを見ると、高耐熱ポリアミド樹脂ジェネスタ及びビニロンのシェアの100%を先頭に、光学用ポバールフィルムがシェアが80%、最高レベルのプラスチック、エバールが60%、水に溶けるポバール樹脂が40％など、いずれもトップシェアを保持している。また、国内でも、一般名詞にもなったマジックテープの60％を筆頭に、歯科用接着剤35％、人工皮革クラリーノ30％など、トップシェア事業を持っている（2019年12月現在、クラレHPによる）。このように大企業ながら、マルチ・ニッチ戦略を意図的に進めている。

しかし、「化学企業として世界に存在感を持つには1兆円規模が必要」[*26]と社長は考えており、マルチ・ニッチ戦略を維持しながら、一方で規模を追求するという難しい課題に挑戦している。

▼ノーベルファーマ

ノーベルファーマの前身は、1870年に英国で設立され、その後総合化学メーカーICIの一部門になった。2002年に日本の稲畑産業が買収してノーベル・エンタープライセズ・インダストリーズとなり、開発型ベンチャー企業として生まれ変わった。

希少疾病用医薬品（オーファンドラッグ）、適応外使用の医薬品、小児用医薬品などアンメット・メディカル・ニーズ（強く望まれているにもかかわらず、いまだ有効な治療法が確立されていないため、医薬品などの開発が進んでいない医療ニーズ）の高い製品を中心に、開発・生産・販売を行っている。

同社のミッションは、「必要なのに顧みられない医薬品の提供を通して、医療に貢献する」

ことであり、ポリシーの中に「規模拡大が目的ではない」とうたい、上場は考えていない。同社の経営のやり方は、一般の製薬会社やバイオ・ベンチャーとは明らかに異なっている。同社の設立当時は、大手製薬会社は希少疾患の治療薬に消極的だった。

第1にバイオ・ベンチャーとは異なり、シーズから医薬品を開発するのではなく、アンメット・メディカル・ニーズから医薬品を開発するスタンスを明確にしている。したがって、開発領域は特定せず、医療ニーズが強い薬剤を中心に取り組んでいる。医療ニーズが強いと、認可までが早くなる傾向がある。

さらに、同社の医薬品は難病を対象としたものが多く、医療ニーズが強いため、大手より少ないMR（医薬情報担当者：医薬品の営業機能を担う）数ながら、訪問回数が少なくても医師から指定されるケースが多い。

第2に研究開発のうち、研究機能は持たず開発に特化している。研究を自前でやると研究設備、人員、研究費が必要となるため、大学などアカデミアとの連携や、他社からの導入を中心としている。

第3に、固定費を徹底的に低く抑えている。本社ビルを含む固定資産をなるべく持たず、臨床試験で労務変動が多い業務をCRO（医薬品開発業務受託機関）に委託し、生産も外部委託している。販売も自社だけでなく、ライセンス供与も進めている。社員はなるべく少なく（200名程度）し、開発計画と承認申請業務に人を割いている。

この結果、損益分岐点が低くなり、売上が少なくても利益が出る構造を作っている。

大企業は技術の有無にかかわらず損益分岐点が高いため、ノーベルファーマの領域に入ってこられないのが現状である。社員を多く抱える大手製薬会社では、売上がある程度の規模を超える薬でないと利益が出ない。そのため、年間数億〜数十億円程度の薬では、ニーズがあったとしても取り組むことができないのである。

その後、同社は、対象疾患の拡大が認められた亜鉛補充薬が伸び、２０１８年12月期の売上高は悲願の１００億円を超え、２０１９年には１３０億円を超えた。特に、既存の薬を、他の疾患に適用する適応拡大戦略が軌道に乗っている。２０２０年までに新たに7種類の承認（適応拡大含む）を想定し、２０２１年12月期には、売上高２１２億円を見込んでいる。

同社の注力分野は希少疾患向け治療薬の開発だったが、最近は政府の開発促進策によって、希少疾患向けの治療薬開発が大企業にも広がってきた。同社も戦略の転換を迫られているが、希少疾患以外の分野でも適応を拡大し、新たなニーズを発掘するという、より難易度が高い創薬手法への切り替えを進めている。そのため、増え続ける研究開発費の手当てが喫緊の課題である。

［3］チャレンジャーへの転換

第2のチャレンジャーへの転換は、ニッチ戦略によって利益を蓄積した後に、その経営資源を基に差別化戦略に移行し、リーダー企業と戦っていく戦略である（嶋口　1986）。リーダーと競争するという意味では、この戦略は本書の対象からは外れる。

過去の例では、オートバイから自動車に多角化したホンダは、当初はトヨタ自動車、日産自動車とは明らかに異なるデザインの車（当初のシビック、アコード）によるニッチ戦略を採用した。しかし、販売実績を上げるにつれて、車種や販売チャネルを拡充し、現在では自動車業界でのチャレンジャー企業になっている。

また、日本におけるスターバックスは、1996年参入当時は、ドトールに対してニッチャーの位置づけだった。当時は、男性の喫煙率が53％と高かった日本で、店内全面禁煙のポリシーを貫き、それだけでも日本の男性の約半分の市場を捨てたわけである。[*27] そして、ドトールより100円高いスペシャリティコーヒー分野に特化し、ニッチ戦略をとった。

しかし、スターバックスの躍進によりスペシャリティコーヒーの市場が急拡大し、ついにスターバックスはドトールの店舗数を抜いてしまった。[*28]

このように、ニッチ企業がリーダーを脅かすチャレンジャー企業に転身することも可能ではあるが、成長過程で資源が分散してV字カーブのボトムに転落し、そこから抜け出せずに凋落

[図表2－16] **V字カーブ**

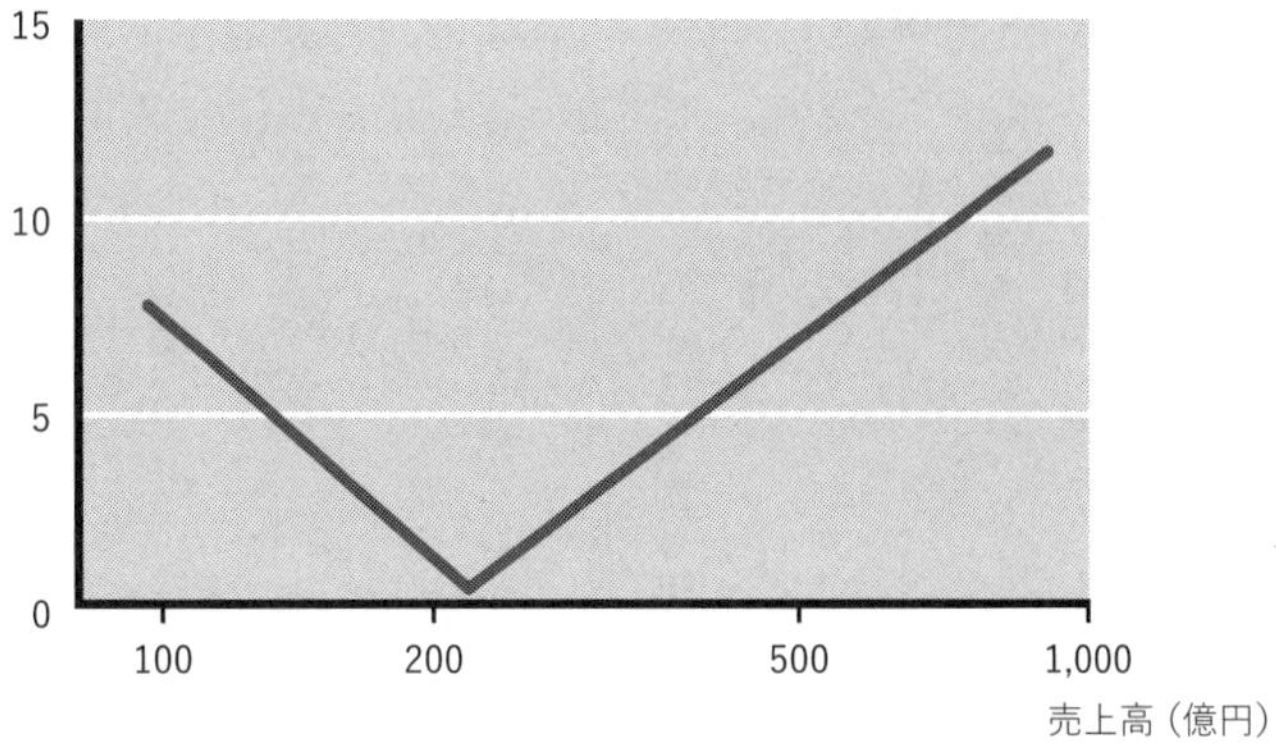

出所：御立尚資（2003）『戦略「脳」を鍛える』東洋経済新報社を修正。数字はファミレスの例

してしまうケースも少なくない。

当初のファッション・ブランドがヒットした後、日用品などの多くのアイテムにブランドを展開しすぎてブランド価値を下げていった事例は、その典型例である。ある有名な欧州のブランドは、当初は高価格のアパレルからスタートしたが、売上げ拡大のために、普段履きのスリッパにまでブランドを拡張し、アパレルの価値まで下げてしまった。

6

ニッチ戦略の事例から学べるもの

従来、箇条書きにしか列挙されなかったニッチ戦略は、本章で述べたように、質と量の2軸から探究できることがわかった。また、かつては「質的経営資源に優れる企業がニッチ企業」と認識されてきたが、市場規模を量的にコントロールすることによっても、ニッチ戦略が成り立つことがわかった。

さらに、本章では10のニッチ戦略を示したが、環境が変われば、これ以外のニッチ戦略も出てくる可能性がある。質と量の2軸は、そのようなときの発想の軸として利用できる。

また、ニッチ戦略は、小さくとどまるのではなく、技術ニッチの項で述べたように、「止まっているといつかは浸食される」宿命にあり、常に技術や資源を磨いていく必要がある。事例に挙げたマニーや根本特殊化学は、それを標榜している。ただし、技術や資源を磨くベクトルとしては、技術や資源の領域を拡大するのではなく、深掘りする方向が望ましい。

最後に、ビジネスに国境がなくなった現在、攻撃してくるリーダー企業も、グローバルの視点で考えていかなくてはならない。例えば、製薬、クレジットカードなどでは、国内ではリーダー企業の立場にあっても、グローバル市場ではニッチ戦略をとらざるをえない。そのため、武田薬品工業、JCBなど国内のリーダー企業も、ニッチ戦略の研究をしておくことはグローバル化が進む今日、意義があると言えよう。

〈注〉

1　マイボイス株式会社（2019）『掃除機に関するアンケート調査』
2　「氷菓と話題で売る」『日経トレンディ』2013年5月
3　「ガリガリ君に謝らせるわけにはいかない」『日経デジタルマーケティング』2016年7月
4　「老舗ブランド再点火」『日経ビジネス』2014年4月21日号
5　加登（1989）の調査（1985）によれば、回収期間法を用いている日本企業は、東証1部上場企業168社のうち83・6%、IRR法は15・7%、NPV法は14・5%（重複回答あり）だった。また、清水（2016）の調査（2011）によれば、東証1部上場企業65社において、最重視する投資評価技法は、1位が回収期間法（49・2%）、2位が割引回収期間法（10・8%）と内部収益率法（10・8%）となっていた。
6　「朝日新聞」2014年9月1日付朝刊
7　黒崎誠（2003）『世界を制した中小企業』講談社
8　「日経産業新聞」2017年8月3日付
9　「Rhodes, The Electric Piano」『キーボード・マガジン』367号、2010
10　『男の隠れ家』（2005）December
11　「朝日新聞」2002年6月19日付朝刊

12 定量的に性能の良い悪いが測れるものではなく、価値次元の可視性（製品の価値を少数の次元に基づいて把握できる程度）を意図的に下げた競争のこと。楠木建（２００６）「次元の見えない差別化」『一橋ビジネスレビュー』53巻4号を参照。

13 西谷洋介（２００７）『ポーターを読む』日経文庫

14 「バレエシューズで海外へステップ」『日経ビジネス』１９８８年11月7日号

15 構成員が支払った掛け金の中から、一定の期日に、当選者に所定の金額を融通する民間の互助的組織。鎌倉時代から江戸時代に流行した。

16 「ものつくるひと第１５１回　ボウリングボール　加藤　章」『週刊ダイヤモンド』２０１９年1月26日号

17 「デジカメを抜いたチェキ　富士フイルムの残存者利得」『週刊ダイヤモンド』２０１４年11月22日号

18 山下達郎は２０１０年のワーナーミュージック・ジャパン創立40周年ライブに、妻である竹内まりやとともに、一度だけ武道館に出演したことがある。

19 ファンクラブ会員数が1万人（推定）に達した頃から、長い間新規募集を中止していたが、２０２１年7月から入会受付を再開した。

20 「日本経済新聞」２０１５年1月3日付朝刊

21 本ケースは、辻拓史・山田英夫（２０２１）『ツムラの漢方薬事業』早稲田大学ビジネススクール・ケースをベースにしている。

22 「漢方薬の「製品番号」その意味は？」『漢方．ｊｐ』２０１９・２・16
https://kampo.jp/column/product-number-of-kampo-medicine-has-its-meaning/

23 「日本の漢方製剤産業の歴史」『薬史学雑誌』日本薬史学会、２０１５年、第50号、pp. １－６

24 「狙うは小さな池の大きな魚」『ＳＭＢＣマネジメント』２０２０年10月

25 「いまどきの最高益の秘密 ①小林製薬」『日経ビジネス』２００１年7月2日号

26 「日本経済新聞」２０１４年8月22日付朝刊

27 １９９５年の日本男性の喫煙率は平均で52・7％、女性は10・6％だった（厚生省調査）。なお、ＪＴの調査では、日本人の喫煙率のピークは１９６６年の49・4％だったが、２０１９年調査では16・7％になっている。

28 ２０２１年3月末でスターバックスは１６３７店舗、２０２１年5月末でドトールは１２８９店舗（両社ＨＰによる）。

第3章

不協和戦略

――資源不適合を引き起こす

1 資源を持つことによる不協和の発生

[1] 同質化と不協和

リーダー企業の戦略定石として、第1章で述べたように、①周辺需要拡大、②同質化政策、③非価格対応、④最適シェア維持の4つがある。経営資源が少ない下位企業からの攻撃に対して、リーダー企業が一番対抗しやすいのが同質化政策であることはすでに述べた。

逆に言えば、下位企業にとっては、保有する経営資源が劣るため、リーダー企業に同質化されない戦略をとる必要がある。

それでは、どのような場合にリーダー企業は同質化しにくいのだろうか。リーダー企業の同質化に関しては、図表3－1のように、canとwillの視点から4つの状況がありうる。このうち、同質化したいのにできない場合（will & can't）と、同質化できるのにしたくない場合（can & won't）に、リーダー企業の組織には不協和（ジレンマ）が生じる。

不協和とは、「2つの要素が何らかの理由によって相互に適合（fit）しない」（フェスティン

［図表３－１］　**同質化に関する４つの状況**

同質化	したい（will）	したくない（won't）
できる（can）	同質化をしかける	不協和の発生
できない（can't）	不協和の発生	対応せず

出所：山田英夫（2020）『逆転の競争戦略　第5版』生産性出版

ガー　１９５７）状況を指す。この不協和の発生が、リーダー企業と競争しないために重要なポイントとなる。

［２］なぜリーダー企業は同質化できないか

それでは、なぜリーダー企業に不協和が生じるのであろうか。それは、経営資源を「持っている優位性」が、逆に戦略遂行の足かせになるからである。

過去の研究からは、

- 「累積資産の大きなリーダー型企業の場合、失うものが大きいゆえに保守志向になる」（オールウェイズ研究会編　１９８９）
- 「競争のルールが変われば、長年築き上げた資産は、天恵というより、むしろ災いになりうる」（ゲマワット　１９９１）
- 「最大の資産は、しばしば最大の負債になりうる」（ヨッフィー＆クワック　２００１）

［図表3－2］　**リーダーが同質化できない4つの状況**

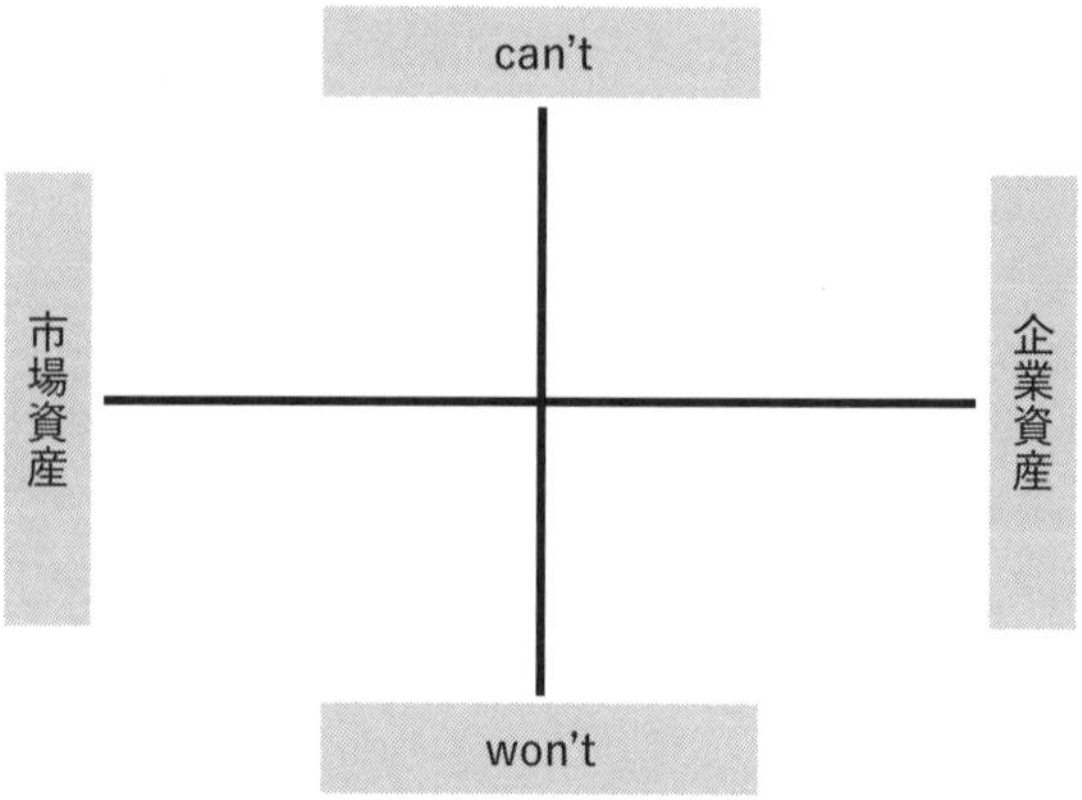

出所：山田英夫（2020）『逆転の競争戦略　第5版』

- 「既存製品との類似度が高い場合は、カニバリゼーションを原因として同質化が遅れる」（柴田・立本　２０１７）

などと言われている。

企業が持つ資産には、企業側に集積された「企業資産」と、顧客側に蓄積された「市場資産」（顧客基盤、販売済みの製品・交換部品・消耗品・ソフトウェア、企業イメージなど）の2種類がある。これらの資産を「持っている優位性」が戦略の足かせになる現象を、「資産の負債化」（山田　２０２０）と呼んでいる。

不協和が発生する理由と負債化される資産の種類の2つを組み合わせると、図表３－２のようになる。ただし、この図表は、リーダー企業が追随できない「理由」が表現されているものであり、下位企業がとるべき「戦

［図表３－３］ **不協和戦略の４類型**

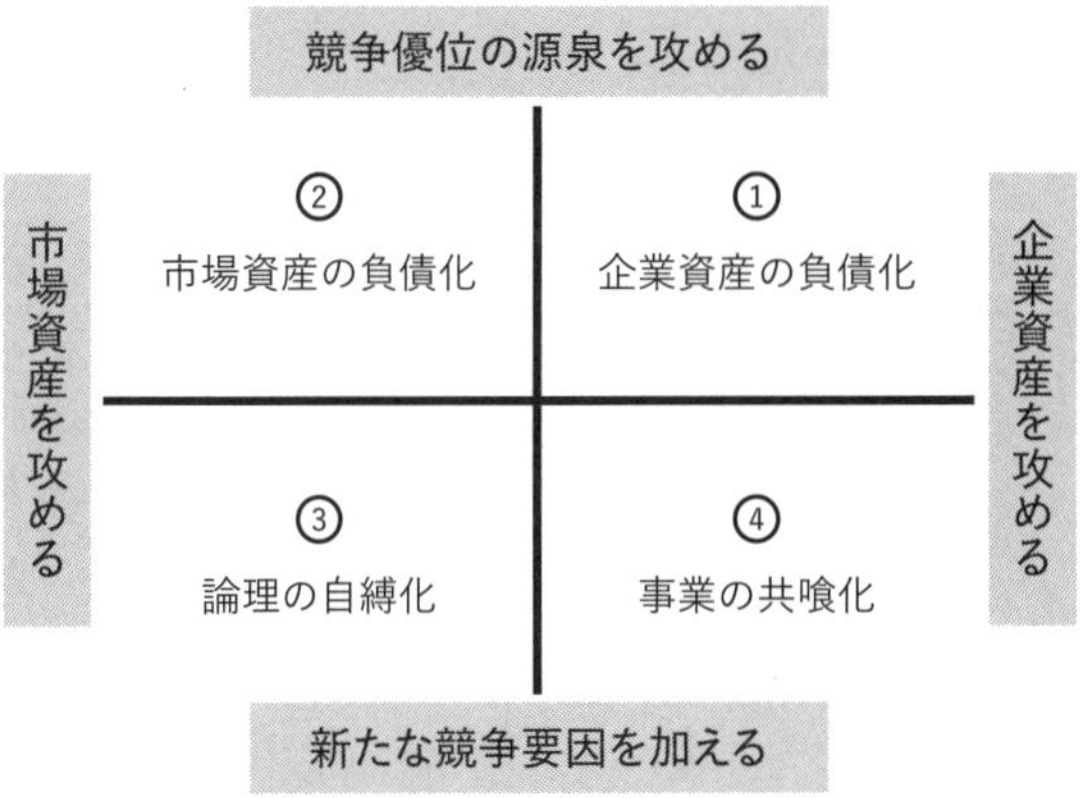

出所：山田英夫（2020）『逆転の競争戦略　第5版』

略」を示したものではない。

そこで、軸の両端の対称性は緩めなくてはならないが、主語を下位企業に変えて、下位企業がとるべき戦略を表現できるように、軸の表現を改めてみよう（ヨコ軸も、下位企業からの表現に改める）。

タテ軸上部の「can't」とは、リーダー企業が同質化したいが、ただちには同質化できない資源の組み替えが必要な状況を示している。組み替えが求められる資源は、競争上、重要な役割を果たしている資源であればあるほど、リーダーの不協和が大きくなる。そこで、タテ軸上部を、下位企業の視点から、「競争優位の源泉を攻める」に置き換えてみよう。

一方、タテ軸下部の「won't」とは、下位企業が新たな戦略をしかけてきた際、同質化は可能ではあるが、安易に同質化すると、リーダー企業のこれまでの戦略と矛盾が生じてしまう状況を示す。下位企業は、今までにない新たな競争要因を加えることによって、リーダー企業に不協和を生じさせることになる。そこで、タテ軸下部を、「新たな競争要因を加える」に置き換えてみよう。

このような新たな軸に基づいて図表を描き直すと、図表3－3のようになる。そして、各象限に当たる戦略を、①「企業資産の負債化」、②「市場資産の負債化」、③「論理の自縛化」、④「事業の共喰化」と呼び、リーダー企業に不協和を発生させる戦略について、以下、①②③④の順に述べていこう。

2 不協和戦略の4類型

［1］企業資産の負債化

企業資産の負債化は、組み替えの難しい企業資産（ヒト、モノ、カネ、情報）、及び企業グループが保有する資産（系列店、代理店、営業職員など）が、競争上、価値を持たなくなるような戦略を打ち出すことによって、リーダーが同質化できない状況に追い込む戦略である。

▼ライフネット生命保険

ライフネット生命保険は、2006年に創業されたインターネット専業生保である。過去の日本の生保は、営業職員を中心とする人的販売が中心だった。そもそも保険のニーズを感じていない消費者に対してニーズを喚起し、簡単には理解できない保険の仕組みを説明するためには、人的プッシュ戦略が必要だったのである。

そこに近年、ネット専業企業が参入してきた。ライフネット生命は、次の3つを特長としている。

第1は、ネット専業で営業職員を持たないことから、その人件費分だけ伝統的生保企業に比べて保険料を安くできる。

第2は、「保険をわかりやすく」というポリシーから、特約をすべて廃止した。契約者にとって、特に特約はわかりにくかったが、生保会社にとって特約は収益源だった。しかし、ライフネット生命は、特約を廃止して保険をわかりやすくした。

また、保険の種類も、相対的に保険料が安く、若い加入者でもわかりやすい定期死亡保険と就業不能保険を中心に置いた（大手が主力としている定期付き終身保険は、これらに比べると保険料が高い）。

第3は、生保の手数料の「付加保険料」と「原価の純保険料」の比率を公開した。従来、生保会社では、大量の営業職員を抱えコストをかけた営業体制をとっていたため、コストの公開はタブーであった。

こうしたライフネット生命の戦略に対して、営業職員を中心とする日本生命保険などの伝統的企業は以下のような理由で同質化をしかけられなかった。

第1は、人的販売からネット販売に追随すると、これまで企業資産だった営業職員が不要になってしまう。大量の営業職員を廃止してネットに転換するという戦略は、伝統的生保はとりにくい。

第2は、収益源である特約をみすみす廃止することはありえなかった。保険商品は複雑であるほうが、営業職員による人的販売の意義も高かったからである。

第3に、原価の内訳を公開すると、営業職員のコストが高いことがわかってしまうため、とても追随できなかった。

ライフネット生命は、このような大手が同質化しにくい戦略によって、ネット生保での基盤を築いたのである。

しかし、生保のネット販売は、順風満帆とは言えなかった。その理由の1つとして、一生の買い物の中で、住宅の次に高い生命保険という商品を、ネットだけで販売することの難しさが挙げられる。事実、ネット生保の市場規模は、2015年でも生保全体の1%未満だった。また、同じようなネット生保が多数登場したことも、もう1つの理由だった。

そこで、ライフネット生命は、2014年に保険ショップ最大手のほけんの窓口と代理店契約し、有人チャネルにも進出した。また、2015年にはKDDIと資本・業務提携し、企業としての信頼を高めると同時に、auユーザーの取り込みも図り、2016年に「auの生命ほけん」を発売した。さらに、2020年にはセブン&アイグループと提携し、「セブン・フィナンシャルサービスの生命ほけん」を、2021年にはマネーフォワードと提携し、「マネーフォワードの生命ほけん」を発売した。

このように、パートナー企業のブランド力と顧客基盤を活用し、メーカーで言うOEMのような形で、ライフネット生命は保険を販売するルートを拡充している。

さらに、2021年5月には、スタートアップのMILIZEと合弁で、オンラインを軸とした乗り合い代理店「ライフネットみらい」を設立した。そこでは、ライフネット生命以外の保険会社の製品も販売する。有人の相乗り代理店はすでにレッド・オーシャンになってきたが、オンラインでの相乗り代理店では同社が先行している。

▼iPod

デジタル音楽プレーヤーでは、国内ではソニーとアップルが激しい競争を繰り広げている。市場シェアでは現在ソニーが首位だが、「iPhone」は統計上、電話とカウントされているため、iPhoneで音楽を聴いている人を含めれば、アップルが逆転しているかもしれない。

デジタル音楽プレーヤーの原型は、「iPod」が作ったと思われているかもしれないが、実は先行したのはソニーだった。ソニーは1999年に、メモリースティックウォークマンを発売した。これは、圧縮した音楽データをメモリースティックに記録する携帯型ウォークマンだった。しかし、同機は、当時、音声圧縮方式でデファクト・スタンダードになっていたMP3方式には対応せず、ATRACと呼ばれるソニーが開発した圧縮方式しか対応していなかった。MP3は複製が容易であることから、人気を集めていた。

ATRACは、MD（ミニディスク）と同じ圧縮方式で、孫コピーができないなど厳しい著作権保護がなされていた。ソニーは、傘下にレコード会社（ソニー・ミュージックエンタテインメント）を擁しており、不正コピーによりCDの売上が落ちることは避けたかったのである。

しかし、2001年にアップルからiPodが発売され、状況は一変した。iPodは、デザイン・操作性と、アップルが提供する音楽サイト、「iTunes」の使い勝手の良さにより、たちまち市場を席巻した。

しかし、一般の人からは見えにくいところに、もう1つ競争のカギがあった。アップルはiTunesで自社の標準的な圧縮方式であるAAC方式だけでなく、普及していたMP3方式にも対応した。iPod登場以前に、「Rio」「iRiver」などのMP3規格のプレーヤー（通称MP3プレーヤー）が登場していたが、それらとも互換性をとったため、iPodは、それらのユーザーからの乗り換え需要も取り込むことができた。以前の機種で聴いていた音源を、そのままiPodでも聴けたのである（互換性がないと、新たに音源をネットやCDから取り込まなくてはならなかった）。

アップルがMP3にも対応できた理由として、グループ内にレコード会社を持っていなかったことが一因として挙げられている。

一方、ソニーは2004年になって、MP3にも対応するように仕様を変更したが、もし最初からMP3に対応していたら、まったく別の展開になっていたかもしれない。

▼コスモ石油

コスモ石油は、2010年から、ガソリンスタンドで車をリースできるコスモ・スマートビークル事業を始めた。メイン・ターゲットは地方在住の家族の2台目の車であり、運転者としては、女性やシニアが中心である。

主婦やシニアは一般に、車を購入するためにディーラーで価格交渉をすることが苦手であり、かつ車のメカニズムに関してもあまり詳しくない。こうした層に対し、コスモ石油は、近くのガソリンスタンドで気に入った車をリースできる仕組みを作り上げ、メンテナンスもガソリンスタンドで完結できるようにした。

コスモ・スマートビークルは、車は全メーカー、全車種から選べる。特定メーカーと手を組むと、味方も作るが敵も作ってしまう。全メーカーと組み、かつ地元のディーラーから車を仕入れることによって、ディーラーにとっては新しい販売チャネルが1つ増えたことになり、WIN－WINの関係になった。

日本のガソリンスタンド業界は、第1章の冒頭で述べたように、今日では3社寡占であり、1位はENEOS、2位は出光興産で、そこから大きく離されてコスモ石油となっている。シェアの差はガソリンスタンドの立地の差にも表れており、首位のENEOSが国道沿いの一等地にスタンドがあるのに対し、コスモ石油は生活道路に面するスタンドが多い。

そのため、コスモ石油はガソリンの販売量が少なく、従来、洗車、オイル交換、車検といったガソリン販売以外のサービスを強化してきた。販売スタッフの育成や車検工場などへの投資を行い、整備士の資格を持つガソリンスタンドの従業員も多い。

コスモ石油は業界3位というポジションを不利とせず、むしろコスモ石油だからできる仕組みを作り上げたのである。

コスモ・スマートビークルは開始から6年で、リース実績6万台と伸長を示したが、リーダーのENEOSはリース事業に追随していない。

ENEOSにとっては、規模の経済性がきくため、1リットルでも多くガソリンを販売するほうが利益は上がる。リース商談のような手間がかかるビジネスを行うと、ガソリンの販売に機会損失が生じるため、追随できない。ＥＮＥＯＳは、トップシェアゆえに、手間がかかるビジネスには同質化をしかけられないのである。

▼スタディサプリ

リクルートは、大学受験における経済格差と地域格差の問題を解決しようと考えていた。都市部に住む裕福な生徒は放課後に予備校に通うことができ、模擬試験も好きなだけ受けられる。一方、地方在住で経済的に恵まれない生徒は、周りに塾や予備校もなく、模擬試験を受けるためにも、多大な旅費・交通費と時間をかける必要があった。

こうした社会的課題を解決しようとリクルートが考えたのが、一流の予備校講師を先生役に、インターネットによって動画で受講できる仕組みである。当初月額５０００円で試行したが、期待したほど生徒が集まらず、その後月額９８０円で、何科目でも受講可能というシステムに変更した。９８０円という価格は原価から設定したものではなく、スマホでゲーム代に払う金額から導き出した。「スタディサプリ」は、こうして経済格差、地域格差を解決する手段として誕生したのである。

スタディサプリはまたたく間に普及し、開始3年で25万人の受講者を獲得した。

当初、スタディサプリは、高校の先生に反対されると考えていた。彼らの職域を侵すからである。しかし、生徒の学習レベルに応じて個別対応ができることが評価され、学校単位で加入するところも出てきた。すなわち、授業についていけない子どもには、より基礎的なレベルから学習を進め、授業が簡単すぎて退屈な子どもには、先取り学習も可能にしたのである。

中学・高校とスタディサプリを続けていくと、例えば、中学の数学のある単元ができなかった生徒は、高校の三角関数のところで挫折するといった「つまずき予測」ができるようになった。すると、個別の生徒ごとに、スタディサプリで中学の数学の補習をしてから高校の三角関数に入るような個別対応もできるようになってきた。

ＩＣＴ化の流れの中で予備校もそれに対応していかなくてはならないが、河合塾、駿台予備学校などの大手予備校は、大都市に多くの校舎を持ち、有名講師を多数抱えているため、校舎を捨ててオンラインにシフトすることは難しい。また、多くの会場を借りて行う模擬試験も、多くの受験生を集めて判定の信頼性を高め、実戦と同じ環境での試験を経験できるため、止めることはできない。

仮にスタディサプリと似たようなネット配信に進出したとしても、既存の校舎での受講料とのバランスを考えると、リクルートのような値づけは難しいと言えるだろう。

▼ワークマン

ワークマンは、工事現場などで働くプロの作業者向けに、仕事着や手袋などを販売する小売りチェーンとして誕生した。ターゲットを作業者に絞り、そのために必要な防風、防水、防寒などの機能に優れた商品を提供してきた。モデルチェンジせず、最低でも数年間は継続販売することから、大量調達による原価低減を可能にした。

ワークマンは、商品を廃番にするときと、端サイズの処分時以外には値引き販売せず、そのため高い利益率を確保していた。

その機能の高さが、プロ作業者ではない一般の消費者にも評価され、ワークマンはアウトドアウェアとして購入されるようになってきた。そうしたニーズに応えるためワークマンは、事業ドメインを「作業服」から「機能性ウェア」に転換した。

そのためにワークマンは、プロ顧客と一般消費者の両方にアピールできる「ワークマンプラス」という店舗を新設し、対応している。ここでは、機能性が高いウェアを安い価格で提供しており、プロ作業者だけではなく、従来ならワークマンに近寄ることもなかった女性客も急増し、ファミリー層にも拡大している。

一般のアウトドア・ファッション企業は、シーズン前に新製品を投入し、型落ち商品は値引きで在庫を一掃することを常としてきた。新製品が市場を刺激し、流通もそれを求めていたのである。

流行が激しいファッション業界にあって、ワークマンは機能と価格を両立させ[*1]、かつモデルチェンジしないことの価値もアピールし、大手ファッション企業に追随されない強さを誇っている。

ブランド名が知られてくると、高付加価値商品を出して商品単価を上げるのがアパレル業界の常識だったが、ワークマンでは、「ワークマンの神髄は低価格だから、付加価値商品を前面に出すことはしません」[*2]と語っており、従来のアパレル企業とは一線を画している。

▼トラスコ中山

トラスコ中山は、1959年に創業した、工場や作業場で使う備品、消耗品などの間接資材を提供する卸である。プロが使うツールをメーカーから仕入れ、機械工具商、ネット販売企業、ホームセンターなどに販売している。取り扱い商品は、切削工具、生産加工用品、工事・作業用品、ハンドツール（ドリルなど）など様々であり、在庫は44万アイテム以上にのぼっている。業界では最後発企業と言われており、間接資材で全国規模の企業はなかった。

従来、間接資材を販売してきたのは地元の機械工具商であり、顧客に足しげく通い、きめ細かい営業対応をするのが事業成功のカギだった。ただ、企業規模が小さかったことから、在庫できる数も限られ、購買頻度が高いナショナル・ブランドのものが中心で、在庫がない商品は、卸から調達し、納品していた。訪問営業が主体のため、地域分散の分散型事業として行われてきた。

一方、トラスコ中山は、他社が大口や高額商品を押さえている中、誰も手を出したがらない小ぶりで廉価、小ロットの商品もそろえた。「トラスコ・オレンジブック」というカタログを間接資材の販売業者に販売し、それに36万SKUを載せた。オレンジブックは10冊組みで1万6000円した。近年では、自社サイト「トラスコ オレンジブック．com」でも受注しており、ECでの受注割合は8割を超える。

同社の特徴は、「とことん在庫を持つ」ことである。同社のKPIは、他の卸のような在庫回転率ではなく、在庫ヒット率である。在庫ヒット率とは、全注文のうち在庫から出荷できた割合であり、現状は約9割となっている。同社では「即納」を最大のサービスと考えている。

同社はできるだけ多くの在庫を持ち、「トラスコ中山になら在庫がある」「トラスコ中山ならすぐに納品される」という顧客からの信頼を獲得し、それが企業を成長させ、全国規模の会社になった。

一般に「在庫は悪」とされるが、これは提供者側の論理であり、顧客にとっては、「在庫は少ないより多いほうが安心」なのである。トラスコ中山のビジネスモデルは、業界の常識ではなく顧客の常識に沿ったモデルとも言える。

競合他社は、顧客とのフェイス・トゥ・フェイスの関係で運営してきており、かつ、小資本のため在庫回転率を重視せざるをえず、売れ筋を中心に在庫する。そのため、トラスコ中山のようなロングテールを在庫するような戦略には、同質化をしかけることができない。

2020年1月からは、「MROストッカー」と呼ぶ「置き工具」ビジネスを開始した。富山の「置き薬」と同じように、顧客の工場内に必要となる工具や消耗品を常備しておく仕組みである。これによって、トラスコ中山は、確実に「即納」が実現できる。顧客側に求める条件は、①設置スペースの提供、②端末とアプリの利用、③顧客側での運用の3つである。

さらに、トラスコ中山は、顧客の設備の稼働状況や生産状況に環境要因を勘案した上でAI解析し、注文が入る前に顧客に届ける「先回り納品」を目指している。この仕組みによって、顧客にとっては、「注文してから入手」「常備品から入手」の段階を越えて、「必要になる前にすでにある」状況が実現される。

［2］市場資産の負債化

市場資産の負債化は、リーダー企業の製品・サービスを購入してきた顧客や、ユーザー側に蓄積されて組み替えの難しい資産（販売済みの製品・交換部品・消耗品・ソフトウェア、企業イメージなど）が競争上価値を持たなくなるような戦略を打ち出すことによって、リーダー企業が同質化できないようにする戦略である。

▼青山フラワーマーケット

「青山フラワーマーケット」（企業名はパーク・コーポレーション）は、人が集まる都市部の駅や大通り、病院内の小さな店舗で花を販売している。同社のビジネスモデルは、街にある一般の生花販売業者（花屋さん）とは、かなり違っている。

第1に同社は、B to B事業をやらず、B to C事業だけに特化している。街の花屋さんの多くは、B to Cだけでなく、定期的に冠婚葬祭業やホテルに花を納めるB to B事業も手掛けている。そのため、お祝いごとに使われる胡蝶蘭のような高価な花も在庫として持っておき、花のバリエーションを保つことが必要だった。かつ、セリで落としてきたつぼみの状態の花を店舗内の冷蔵庫に貯蔵し、それが開花しかけた頃に納品しなければならなかった。

対して青山フラワーマーケットは、家庭の普段使いの花を花束にして売るため、入荷後2〜3日で売り切ってしまい、冷蔵庫は不要で、店舗が狭くても成り立ち、固定費を低く抑えることができた。

第2に、花を2〜3日で売り切ってしまうため、開きかけた花も仕入れてくることが可能だった。つぼみの状態の花と開きかけた花とでは、後者のほうが仕入れ原価が安かった。また、生産者と直接契約することで、鮮度が高い花を安く仕入れることができた。こうしたコスト構造により、通常の生花販売業者より20〜30％安く販売しても、事業が成り立つようになった。

また、単品で売れ残った商品を茎切りしてブーケにして再販し、さらにはドライフラワー化することによって、破棄率が3％と業界平均の10％を大きく下回ることに成功した。

青山フラワーマーケットは成長を続けてきたが、既存の街の花屋さんは、このモデルに同質化をしかけられないでいる。

なぜなら第1に、地元の冠婚葬祭業やホテルとは長い取り引きがあり、かつ収入のベースにもなっているため、取り引きを止めることができない。冠婚葬祭業は、花屋さんにとって利幅が大きいため、みすみす利益率を落とす個人用だけに特化することは難しい。

第2に、非日常的に花を購入する幅広い顧客をターゲットにしているため、多くの種類の花を在庫として持たざるをえない（それにともなって、廃棄率も高くなってしまう）。

第3に、冷蔵庫や店舗に多大な設備投資をしており、今さら冷蔵庫を破棄するようなことはできない。

このような理由のため、青山フラワーマーケットのビジネスモデルには同質化をしかけられないのである。

▼**宝島社**
宝島社は1971年に設立された。当初は地方自治体向けのコンサルティング会社だった。その後、1974年に、晶文社から月刊誌『宝島』の版権を買い取り出版業界に参入し、1976年には『別冊宝島』でムック市場を開拓した。その後、『sweet』『GLOW』などの月刊誌で、女性誌発行部数ナンバーワンとなった。宝島社の女性誌の成功要因は豪華な付録にあると言われているが、実は出版業界の数々の〝常識〟をくつがえした点も見逃せない。

第1に、宝島社が他の出版社と違ったのは、「シェアを増やすためには、固定客である愛読者ではなく、読んでいない人に買ってもらうこと」を明確にした点だった。従来、出版社は、現在の読者、中でも愛読者を最重要顧客と見ており、愛読者の声に一喜一憂していた。

一方、宝島社は、「一番売れている雑誌にしか広告が集まらなくなる」という認識から、一番誌戦略を打ち出し、低迷していた各雑誌を、各ジャンルで一番にすることを目標とした。一番誌にするためには100万部売る必要があり、同じ読者が同じ雑誌を2冊買うことはありえないため、読んでいない人に買ってもらうしかなかった。

女性誌の付録も、固定客である愛読者に評価されるより、新しい読者を獲得するための商品が選ばれた。同じようなカバンが年に複数回登場することもあったが、それは新しい読者のためだ。大手出版社の常識だった「愛読者を一番大切にする」という考え方を、宝島社はとらなかったのである。

第2に、業界では、出版社の営業員が書店を回り、書棚を入れ替えるようなことは少なく、取次業者がそうした作業を行っていた。しかし、宝島社では、営業部員が書店に直接出向き、書店の店員と一緒に売り場作りを行った。そうした経験から、雑誌は棚に並べられると上部の12㎝しか顧客には見えないことを発見し、雑誌のタイトルの上に、特集テーマを書き込むようにした。出版業界では、雑誌のロゴが隠れることはタブーだったが、同社は現場での見え方を優先して断行した。また、書店の中に同社専用の書店を作る「ショップ・イン・ショップ」もしかけた。

同社は豪華な付録で有名になったが、流通できるものはすべて〝書籍〟と定義している。かつては、書店でカセットテープを売る先鞭をつけた。賞味期限がない物なら何でも売れると考えている。

同社は、前述のようにコンサルティング会社が発祥であり、他の出版社とはＤＮＡが違っている。社員も中途採用が半数以上で、異業種のビジネス経験を出版事業に活かすことを求めている。

▼ソニー損保のテレマティクス保険

●テレマティクス保険で先行

自動車保険の保険料はこれまで、免許取りたての若者には高く、中年には安く設定されてきた。それは、若者のほうが事故を起こす確率が高いという前提からだった。しかし、若者の中にも運転が上手な者もいるし、一方で乱暴な運転をする中年ドライバーもいる。年齢だけで保険料が決まるのは不公平だという声が増えてきた。

そうした中、米国で「テレマティクス保険」という保険が生まれた。テレマティクスとは、通信（telecommunication）と情報科学（informatics）の合成語であり、移動体と通信システムを組み合わせた情報に基づいた保険のことである。これは、運転の上手な人は事故率が低いため保険料を割安に、逆に下手な人は事故率が高いので割高に設定する保険である。

日本で最初にテレマティクス保険に本格的に取り組んだのがソニー損害保険（以下、ソニー損保）だ。ソニー損保は1998年秋に開業したが、開業当初から独自のリスク細分型自動車保険を販売してきた。

テレマティクス保険には、走行距離連動型（pay as you drive）と運動行動連動型（pay how you drive）の2種類がある。前者は、同社がすでに販売していた走る分だけ保険（後述）に相当するが、同社が2015年に発売したのは後者の保険だった。

同社では、「ドライブカウンタ」と呼ぶセンサー計測器を契約者に配り、180日以上ダッシュボードなどに設置し、運転のクセを測定してもらう。急発進、急加速、急ブレーキが多いと、ドライブカウンタに表示される点数が減る。その後、ドライブカウンタを同社に送ると、同社から運転計測評価結果レポートと保険料が通知される。100点満点中60点未満だとキャッシュバックされないが、60点以上だと点数に応じて保険料がキャッシュバックされる。なお、キャッシュバックの手続きは、同社のウェブサイトに必要項目を入力すれば完了する。本保険は特約として、「やさしい運転キャッシュバック型」と命名された。

消費者から考えれば、運転が下手で、通常の保険料より割高になる人は、わざわざ同社の保険には入らない。すなわち、同社には〝優良ドライバー〟だけが加入してくることになる。優良ドライバーの加入が多くなるほど保険料は下がるが、事故率が下がり、同社が支払う保険金は少なくなる。すなわち、加入者も同社もＷＩＮ－ＷＩＮなのである。

●大手損保の強みと弱み

それでは、東京海上日動などの大手損保は、なぜテレマティクス保険には本格的に参入しにくいのだろうか。

第1に、優良ドライバーの母集団は、一般ドライバーと比べて小さい。リーダー企業がターゲットとするには市場が小さすぎる。

第2に、募集コスト面からも、センサーで180日間計測するにはコストがかかり、加入者の属性だけですぐに加入できるほうがコストが安くすむ。

第3に、保険には大数の法則がはたらき、より多くの加入者がいるほうが、保険料収入と保険金のバランスからも好ましい。東京海上日動は、自動車保険で日本のトップクラスの大企業であり、非常に多くの加入者を誇っている。いわば、日本全体の運転者の縮図のような加入者を持っているのである。そうした同社が、加入者を優良ドライバーだけに限ると母数が少なくなり、保険料収入が激減してしまう。それゆえ、そうした選別はやりにくいのである。

他方、ソニー損保は後発企業であり、東京海上日動ほどの加入者数を獲得しなくてもやっていけるニッチ戦略がとれる。そのため、優良ドライバーだけを集める戦略は、企業経営的にも可能であり、かつ大手損保は追随しにくい戦略だと言える。

●後継のGOOD DRIVEへ

やさしい運転キャッシュバック型は、２０２０年に後継商品の「ＧＯＯＤ ＤＲＩＶＥ」に引き継がれた。ＧＯＯＤ ＤＲＩＶＥは、スマートフォンのアプリで運転データを測る。測定結果によって、保険料のキャッシュバック率が決まるのは、先行商品と同じである。

やさしい運転キャッシュバックとＧＯＯＤ ＤＲＩＶＥの違いは、デバイスの違いもあるが、ＧＯＯＤ ＤＲＩＶＥは、運転のたびに自分のスコアがスマホで確認でき、安全運転を心がける動機づけが続くメリットがある。

大手損保の中には、専用ドライブレコーダーを設置するテレマティクス保険を始めている企業もあるが、ソニー損保は、小さなデバイスと専用アプリを入れたスマホだけで測定できるのが特長である。

デバイスを車のアクセサリー・ソケットに挿入すると、車の運転中はスマホに向けてブルートゥースの電波を発信し、電波受信中は専用アプリが自動で計測を行う。そして、スマホに内蔵された加速センサー、ジャイロセンサー、ＧＰＳなどを利用して、アクセル、ブレーキ、ハンドル操作などを測定する。走行中の車の中なら、スマホはどこに置いてもかまわない。専用デバイスには、ソニー損保への連絡をスムーズにするための緊急ボタンも搭載されている。

計測されたデータによって事故リスクを定量化し、90点以上なら保険料の30％、80点で20％、70点で10％、60点で5％のキャッシュバックが得られ、59点以下はキャッシュバックがない。キャッシュバックは、運転者の年齢や等級には関係なく運転スコアだけで決まるため、従来の保険では割高になっていた若い人や、等級が進んでいない人でも保険料の節約ができる。

GOOD DRIVEは、ソニー損保の自動車保険の特約として、安全運転に自信があるドライバーに歓迎されている。

▼フェリカ

「スイカ」「パスモ」などの非接触型ICカードの方式は「フェリカ」と呼ばれ、ソニーが開発した技術である。

フェリカはわずか0・1秒でデータを読み込み、認証、処理、書き込み、送信が行える優れた技術を持っているにもかかわらず、ISO（国際標準化機構）の規格に採用されなかった。読み込み速度など技術的にはフェリカが優れている点が多いが、ISO規格になったのは、フィリップスが開発したタイプAと、モトローラが開発したタイプBだった（欧州勢がISOの議決の投票権を多数持っていることが背景にある）。

貿易を促進するためのWTO／TBT協定により、ISO規格になっていないと各国の公共事業体が使用するシステムには採用されないため、国内ではデファクト・スタンダードになったフェリカは、日本以外ではＩＳＯの決定前に採用された香港の地下鉄のみの採用となっている（ＪＲのフェリカ採用決定も、ＩＳＯ規格が決まる前だった）。

ソニーは、このままではグローバル展開ができないと考え、逆転の発想をとった。すなわち、非接触型ＩＣカードは、単体で使われるよりも、何かと通信して使われる用途が多くなると考え、ＩＣチップとカードリーダー／ライタとの間の通信の規格を、国際規格としてＩＳＯに承認させたのである。これがＮＦＣ（近距離無線通信規格）である。

ＮＦＣによって、競争の土俵はＩＣチップのレベルから一段上に上がった。すなわち、欧州勢がシェアを伸ばしてきたタイプＡ、タイプＢでなくても通信ができれば、海外でのシェアが少ないフェリカでも同じ競争の土俵に上ることができたのである。

［3］論理の自縛化

論理の自縛化は、これまでリーダー企業が顧客に対して発信していた論理と矛盾するような戦略を打ち出すことによって、安易に追随すると大きなイメージダウンを引き起こすのではないかと、リーダー企業内に不協和を引き起こす戦略である。

▼ミラーレス

カメラ市場は、長い間、一眼レフとレンズシャッター・カメラ（通称：コンパクト・カメラ）の2つのカテゴリーから成り立っていた。一眼レフではキヤノンとニコンが〝2強〟として君臨し、レンズシャッターは、多数のカメラ・メーカーがシェアを分け合っていた。

そこに新しいカテゴリー、ミラーレスが生まれたのが、日本では2008年のことだった。ミラーレスは文字通り、反射鏡のないカメラである。従来の一眼レフから反射鏡がなくなって部品点数が減り、小型軽量化が可能になった。ミラーレスは、CMOSイメージセンサーに光が入り、それを液晶や有機ELの画面に画像として映し、ファインダーで被写体を見る。ミラーレスでは、オートフォーカス・センサーがキー・デバイスとなる。

ミラーレスに一番力を入れたのが、かつてはカメラ・メーカーではなかったソニーだった。ソニーは、1981年に「マビカ」というアナログ式の電子スチルカメラを発表して世界を驚かせたが、カメラ市場で本格的にプレゼンスを示してきたのは、2006年にミノルタ（現：コニカミノルタ）からαマウントシステムを中心とするデジタルカメラ事業を継承してからだ。

ミノルタはかつて、世界初のオートフォーカス・カメラ「α－7000」を発売し、キヤノン、ニコンの2強に並ぶまでに成長を遂げたが、その後デジタルカメラの競争激化から、カメラ事業をソニーに売却することになったのである。

ソニーはαマウントシステムを武器に、同社のカメラ事業の中心をミラーレスに絞り、2010年にミラーレスカメラの発売に至った。ミラーレスは構造上、小型軽量化が容易であり、それがお家芸のソニーにとっては、もってこいの製品でもあった。

しかし、ミラーレスは、一眼レフメーカーにとっては、〝一眼レフモドキ〟であり、当初は性能面でも従来の一眼レフより劣っていた。一眼レフメーカーは、「美しい写真、高度な写真は、一眼レフでしか撮れない」と訴求してきたため、ミラーレスは「くだらない技術・製品」[*3]とみなされていた。ちなみにニコンでは、「(ミラーレスは)プロやハイアマチュアなど、岩盤層の顧客に受け入れられるか疑問だった」[*4]と述べている。

一方、ソニーは、カメラ事業に関して失うものはなく、ミラーレスに開発を集中した。その後、センサーや画像表示の性能が向上し、ミラーレスは一眼レフと遜色ないレベルに近づいてきた。

ミラーレスは当初、本格的な一眼レフには手が届かないライトユーザーや女性客が多く購入したが、機能が向上してきた今日においては、軽さを評価する高齢者やマニアも購入するようになってきた。

2021年、ソニーは、ミラーレスのフラッグシップモデル「α1」を発売し、型番名からもミラーレスのトップを確固たるものにしようという意気込みを示した。α1は約737gと、キヤノンのフラッグシップ一眼レフ「EOS-1D X Mark III」(約1440g)、ニコンの

「D6」（約1450g）の半分の重さになっている。

こうしたミラーレスの隆盛に対して、キヤノンは現在ミラーレスでソニーに次ぐ2位のシェアを占めているが、一方、一眼レフで世界的名声を獲得してきたニコンは、ミラーレスについては後塵を拝している。

ニコンは2011年にミラーレスに参入したが、2015年以降、新製品の投入を中断し、製品ラインナップの充実も遅れた。ニコンでは「一眼レフとの食い合いを恐れたというより、市場を冷静に見ていなかった面がある」[*5]と述べているが、潜在的にはカニバリゼーションの問題があったと思われる。

2020年上期のミラーレスのシェアは、ソニーが35%で首位、2位に30%のキヤノンがつけており[*6]、ニコンは富士フイルム、オリンパスの後塵を拝している。

▼リブセンス

2006年に創業したリブセンスは、求人、不動産、中古車の3領域において、インターネットを利用して情報提供をする企業である。創業5年で東証マザーズに上場した。

リブセンスの事業を見ると、業界最大手のリクルートと似ているが、両社のビジネスモデルはまったく違う。

リクルートが提供してきた情報には、求人、住宅、中古車、結婚式場などがあった。雑誌の多くは、当初の有料誌から無料誌化されたり、ウェブ化されたりしたが、広告出稿時に一定の広告出稿料をもらうスタイルは変わらなかった。

一方、リブセンスは、求人では、アルバイト求人情報と転職情報を提供しているが、ウェブへの掲載費は無料であり、採用できた段階で成功報酬として利用料が課金される。この仕組みは、企業にとっては、「効果があるかわからない広告に定額を払うのは不安だが、実際に成約したのであれば、それに手数料を払うのはリスクのない出費」と思われた。

また、就職できたユーザーに対して、採用決定時にお祝い金が出る。実は、このお祝い金システムによって、採用企業がリブセンスに成果を報告しなかったり、直接採用に切り換えたりするリスクを低減している。

不動産では、広告のウェブ掲載費は無料で、物件への問い合わせが入る都度、利用料が課金される。一方、消費者へは、入居が決まった段階でキャッシュバックがある。

このように、両社のビジネスモデルはまったく違う。リクルートが掲載課金型であるのに対し、同社は成功報酬型のビジネスモデルである。

リクルートに代表される従来の情報サイトは掲載課金型であり、採用できなくても、不動産に問い合わせがなくても、情報を掲載するだけで費用が発生する。万一成果ゼロの場合、その費用は掛け捨てとなる。

しかし、リブセンスのモデルは、成果ゼロなら費用ゼロ、成果に応じて利用料を課金する成功報酬型である。SEO（検索エンジン最適化）技術を駆使したサイトへの集客力を活かし、営業コストを抑え、その分利用料も安くなることから、企業側は低リスク、低費用で広告を掲載できる。

現在のところ、リクルートは、リブセンスの成功報酬型に同質化をしかけてきていない。その理由として、第1に、リクルートはこれまで、「効果があるから」と言って掲載料をもらってきたのに、「効果があったら成功報酬をください」ということになると、今までの事業の論理が崩れてしまうことが挙げられる。

第2に、もしリクルートが同質化をしかけると、掲載料収入がなくなり、成功報酬があったとしても、その収入は不確実なため、収入減になる可能性もある。

第3に、リクルートは数多くの営業パーソンを〝持っている〟ため、リブセンスよりも安いコストで情報を集めてくることが難しい。

その後のリブセンスは、多角化が裏目に出て、不動産情報サイトとブランド衣料の通販サイトではサービスの優位性を打ち出せず、費用をかけた割に集客が伸び悩んだ。そこで2017年、社運をかけて祖業のアルバイト情報サイトを刷新した。求職者が登録した希望職種やページの閲覧履歴から、最適な仕事を提案するシステムに磨きをかけている。

▼ドゥクラッセ

女性向け衣料・雑貨の通販では、実年齢よりも若めの商品として訴求することが業界の常識だった。「少しでも若くありたい」という読者のニーズをくすぐるためである。

この常識を破って売上を伸ばしているのが、ドゥクラッセ（DoCLASSE）だ。同社は2007年に創業され、創業翌年の売上高3億円からスタートし、今や200億円を超える企業になった。

同社の急成長の理由は、ターゲットを40～50代に絞ったことだ。同社のコンセプトとして、年齢を重ねてさらに輝く女性を応援し、「実年齢で輝く生き方」をモットーとしている。他の通販のようにサバを読んで若めに訴求するのではなく、ターゲット層の悩みに合った商品を提案してきた。例えば、首のたるみが気になる層には夏でもハイネックを用意し、更年期障害で体温調整が難しい層には、年間通じて羽織れる上着を開発した。この結果、初回利用者のリピート率は6割を超えており、大手通販の2倍以上となった。

「実年齢より若めに訴求する」という業界の常識で競争してきた大手通販企業にとっては、実年齢訴求に同質化をしかけられないでいる。

さらに、同社は創業以来、返品と交換は、どんな理由でも何回でも無制限に受け付けている。コールセンターのオペレーターが了解すれば、どのような場合でも返品・交換が認められる。こうした〝性善説〟の返品制度を設けたら、ずるい消費者に悪用される可能性があるが、実は返品率は他社と変わらない。[*7]

これは、オペレーターが「即答でノーと言わない」ポリシーの下、親身になって対応していることと、比較的モラル・リスクが低い40代以上をターゲットとしていることが関係していると考えられる。

逆に、幅広いターゲットを持ち、若年層も顧客としている大手通販がこのやり方に追随すると、返品率ははるかに大きくなると言える。

その後、2011年からは、獲得した約250万人のカタログ会員を競争力の源泉とし、今度は出店を強化した。カタログで商品を見た顧客の、実物を確かめたいというニーズに対応したのである。さらにその後、店舗展開による新たな顧客の獲得を目指し、都心の新宿アルタへの出店なども進めた。

ショッピングモールや百貨店を中心に店舗を拡大し、現在は全国に45店を展開する。創業以来、グループ売上高は右肩上がりで、2018年7月期には2010年の約10倍に当たる210億円に達した。

▼GMPインターナショナル[*8]

日本のベビーカーは、コンビとアップリカの2社寡占かつ成熟市場であった。また、従来、日本では4輪が中心であり、かつデザインも女の子向けには赤、男の子向けには黒というようにバリエーションがなかった。

ベビーカーに関する消費者調査（2008年、インターワイヤード：複数回答）によれば、ベビーカーに重視する点としては、①軽さ（64%）、②安全性（61%）、③価格（60%）の3つが上位となっており、色・デザインは4位（47%）だった。

そこに参入してきたのが2002年に設立されたGMPインターナショナルだ。GMPにとってベビーカーはファッションの1つであり、ライフスタイルに合ったものを選んでほしいという想いがあった。そのため、カラーバリエーションも当初から12色をそろえた。

さらに、差別化の最大のポイントが、車が3輪であることだ。従来、4輪のほうが3輪より安定感があるというのが常識だったが、実は3輪のほうが横転に対しては安定性が高く、かつ方向転換が楽である。GMPは日本のSGマークよりも厳しいドイツのTUV、英国のBS規格、米国のASTM規格をすべて満たしている日本で唯一のメーカーだった。

また、大手の車輪がゴムタイヤなのに対して、GMPのベビーカーはベアリング付きのエアタイヤであり、凹凸の道でも寝ている赤ちゃんに振動が伝わりにくい。

こうした製品面での差別化は、乗っている赤ちゃん、ベビーカーを押す親の双方にとって、大きなメリットがあった。

しかし、大手2社はなかなか3輪のベビーカーに同質化をしかけてこなかった。長い間4輪を販売し、安全をうたってきたメーカーが3輪を発売し、「3輪のほうが安全性が高い」という訴求はしにくかったのである。

3輪車が市場で認知されるにつれ、アップリカは2018年から3輪タイプのベビーカーも発売し始めた。一方、コンビは、3輪タイプを1種類だけ発売したが、現在ではラインナップから消えている。

▼寺田倉庫

●保存から保管に

倉庫業界は成熟産業であり、かつ景気の影響を受けやすい業界だ。BtoBがビジネスの中心であり、競争も激しく、価格の主導権を倉庫会社が取りにくい。新規顧客を開拓しようと思っても、地理的制約があり、倉庫の立地に無関係なエリアには進出しにくい。

こうした厳しい環境の中、業界中堅の寺田倉庫は、自らの事業を「保存」から「保管」に転換させた。顧客の荷物を一時的に預かるだけを「保存」とすれば、顧客が荷物を出庫後に使用・利用する価値を上げようというのが「保管」である。

寺田倉庫は、かつては他の倉庫会社と同様、トランクルーム、文書保管、運送、印刷などに多角化してきた。ちなみに、同社のトランクルーム事業は、関東運輸局から第1号の事業認定を受けたものである。しかし、どれもが価格競争に陥り、苦戦を続けていた。

そこで、１９７５年から美術品・貴重品の保管を開始した。１９９４年にはワインセラーも始めて高級ワインや美術品・コレクションの保管を強化し、付加価値の高い「保管」に重心を移した。ワインや絵画、貴重品では、厳重な温度・湿度管理及びセキュリティ管理を行っている。ソムリエや美術品を取り扱う専門スタッフも置き、２０１５年には楽器専用保管サービスも開始した。

ワインも保管することが目的ではなく、おいしくなるまで寝かして、「その後おいしく飲む」ことにこそ価値がある。すなわち、保管後の価値を上げるために、寺田倉庫はサービスを行っているのである。

●段ボールを開封する minikura

寺田倉庫は２０１２年から、ＢtoＣ向けに「minikura」を開始した。家庭からの預り品を段ボールに入れて寺田倉庫に送る仕組みである。基本プランの「minikura HAKO」の場合、段ボール（３辺合計１２０㎝）の保管料は月２５０円、箱の取り出し費用は、預けて１年未満の場合は１０００円だが、１年以上の場合は送料無料である。

次に始めたのが「minikura MONO」のサービスだった。minikura MONOの場合は、寺田倉庫側で段ボールをいったん開封し、中身を１点ずつ写真に撮る。月の保管料は３００円だが、顧客が必要な品が出てきたら、品物１点単位で送料８００円で送付されてくる。

従来、倉庫業では、「客の荷物は開封しない」というのが業界の常識だった。しかし、寺田倉庫は1品ずつ写真に撮り、顧客が何を預けているか明確にすると同時に、1品ごとの取り出しも可能にしたのである。倉庫業では画期的なことだった。

「保管」の価値を消費者に届けるためには、1品ずつ出庫できるこのサービスは、まさに消費者ニーズに応えたものだった。倉庫業界では、寺田倉庫のような小口ビジネスは非効率なため手を出さない大企業や、倉庫業の鉄則である「段ボールを開けない」という業界の慣習を守る企業が多い（トランクルームの業界では、寺田倉庫と同様のシステムをとる業者も多数登場している）。

▼カード上乗せ保険

海外旅行保険では、日本ではAIU保険会社（現：AIG損害保険会社）が長年トップを続けてきた。そこに新しいタイプの保険が登場してきた。

従来は、旅行のたびに保険に入るか、もしくはクレジットカードの付帯保険で間に合わせるか、の二者択一だった。しかし、毎回保険に入ると家族で旅行すると結構な金額になり、一方カードの付帯保険では、治療費などの保険金が少なく不安が残った。

そこに登場してきたのがカード上乗せ保険である。これは、クレジットカードの保険を前提とし、それに不足する部分だけを〝上乗せ〟するタイプの保険である。上乗せ保険は、海外旅行のリピーターで、保険に詳しい層に好評だ。

死亡保険金などはカードの付帯保険で十分だが、治療費用、救援費用などの保険をつけ足すケースが多い。北米で集中治療室（ICU）に入ると1日当たり100万～200万円かかり、手術費用が数百万円することもある。また、治療中に帰国するための航空機をチャーターする救援費用は1000万円かかると言われている。これでは一般カードの治療保険100万円、ゴールドカードの300万円では不足する。

上乗せ保険に先行したのは、損害保険ジャパンであり、2002年に「Off!」のオーダーメイドプランを発売した。これは治療費用以外の補償はまったく自由な保険である。また、2014年には、ジェイアイ傷害火災がカード会員を対象に「クレカプラス」を発売した。さらに2016年には、三井住友海上、あいおいニッセイ同和、東京海上日動なども続いている。

AIGの海外旅行保険は、確かに一日の長がある。例えば、カード付帯保険やカード上乗せ保険の多くは、現地で受診料をいったん立て替え払いし、帰国後に保険金を請求する必要があるが、AIGの保険は現地でただちに保険適用となり、立て替え払いが不要だ。

しかし、ニーズがあると知りながらも、AIGはカード上乗せ保険に同質化をしかけにくい。それをすると、顧客に最適な設計で作られたはずのAIGの海外旅行保険を自ら否定してしまうことになるからだ。

一方、クレジットカード会社にとっては、付帯保険の中で不足する治療費用などの保障額を引き上げると、現在の年会費では見合わなくなる。しかし、年会費の値上げをすると、カード会員が離脱する可能性もある。そのため保障額は不足しているが、カード会社も同質化をしかけにくい状況にある。

▼アキレス

アディダス、ナイキ、アシックスなどのスポーツシューズメーカーは、まずプロ選手に使ってもらい、その宣伝効果を利用して、廉価品を一般に普及させるやり方をとってきた。

しかし、子ども用スポーツシューズの分野で、2003年に発売して以来、発売10年間で累計4000万足を売った大ヒット商品がある（この業界では、年間100万足売れればヒットと言われている）。それは、アキレスが開発した「瞬足シリーズ」である。

瞬足は、「速い子はより速く、苦手な子には夢を」をコンセプトに、運動会で「速く走ること」に狙いを絞った商品だ。アキレスが運動会を調べたところ、左回りのトラックのコーナリングで転んでしまう子が多いことに気がついた。日本の小学校の校庭の狭さから、ほとんど直線がないコースも珍しくなかった。

そこで開発したのが、左側に体が傾いたときでも滑らずに、体をしっかり支える左右非対称のソールである。運動会で勝つことに特化した左右非対称のソールを備えた瞬足は、子どもたちゃ親の注目を集め、価格を２０００円以下に抑えたこともあり、大ヒットとなった。アキレスは長く業界３〜４位に位置していたが、発売から10年間で、瞬足は「累計４０００万足売れたロングセラー商品」[*9]となった。

それでは、アディダス、ナイキ、アシックスなどのスポーツ・メーカーは、なぜ瞬足に同質化をしかけられなかったのだろうか。

第１に、小学生の子どもだけをターゲットにしても市場規模が小さい。かつ、日本では少子化が進み、縮小する市場であることは間違いない。

第２に、「スポーツシューズは左右対称が当然」という思いがあったかもしれない。アスリートは自分の足の肌感覚を重視してシューズを選ぶと言われるが、そうした人たちにとって、ソールがいびつに付いているシューズは、長年のトレーニング効果を〝消去〟しなくてはならない〝禁断の靴〟だったのかもしれない。さらに、トラックを走るアスリートの中には、直線のみの１００メートル走を兼ねる者もいるため、種目ごとに靴を取り替えていたら肌感覚を維持できなくなってしまう。

このように、一流選手が使った靴を量産化するやり方に親しんできたスポーツ用品メーカーにとって、左右非対称の靴は弱いところを突かれた〝アキレス腱〟だったのかもしれない。

しかし、瞬足にも思わぬ〝アキレス腱〟があった。それは「10歳の壁」だった。小学校高学年に入ると、子どもたちはかっこいいブランドシューズにあこがれるようになる。クラブ活動でサッカー部に入れば、アディダスなどのシューズが圧倒的である。そのため、瞬足の効果は知っていながらも、子どもたちは瞬足離れしていくのである。低学年までの瞬足のシェアは8割であるのに、高学年になると2割に落ちてしまう。[*10]

アキレスもこれに対して市場を拡大すべく、2012年にはダンスの必修化をにらんで中学校の女子生徒向けに「瞬足ダンス」を発売した。これはソールの特殊な球体加工で「ターンしやすい」ことをウリとした。さらに、大人の運動会出場を狙い、子ども用と同様の左右非対称の「大人の瞬足」も発売している。

〔4〕事業の共喰化

事業の共喰化は、リーダーが強みとしてきた製品・サービスと共喰い(カニバリゼーション)関係にあるような製品・サービスを出すことによって、リーダー企業内に追随すべきか否かの不協和を引き起こす戦略である。

▼ソニー損保の走る分だけ保険

保険業法施行規則では、自動車保険料算出の根拠として、年齢・性別・運転歴・使用目的・使用状況・地域・車種・安全装置の有無・所有台数の9項目がリスク細分項目として認められている。

ソニー損害保険（以下、ソニー損保）は、このうち、使用状況、すなわち自動車の走行距離に応じて保険料が異なる料金体系を打ち出した。走行距離別料金体系は、ソニー損保が国内損保で初めてだった。「保険料は走る分だけ」という広告コピーとともに、年間走行距離が短ければ、大手損保の保険料より安くなると訴求した。

自動車保険は、これまで規制が厳しかったこともあり、料金が画一的なものが多かった。車の利用は休日だけで近所しか乗らないドライバーにとっては、画一的な料金体系は損をしている印象が強い。デフレ経済期が長く続いたこともあり、ドライバーの中には、「余分な保険料は払いたくない」と考える人も少なくなかった。そこに、ソニー損保の「走る分だけ保険」が登場した。

東京海上日動火災、損害保険ジャパンをはじめとする大手損保会社は、それまで走行距離に応じた料金設定を行っていなかった。もし追随した商品を出すと、商品設計が面倒になる上、既存商品より保険料が安い商品が出回ることになり、事業の共喰いを引き起こす可能性があった。

その後、東京海上日動は、２００９年にＮＴＴファイナンスと共同出資したイーデザイン損保で、走行距離に応じた保険に追随した（正確に言えば、イーデザイン損保は、実際に走った距離に応じる走行距離実績型であり、ソニー損保は走行距離の予測に基づく走行距離予測型である）。また、走る分だけ保険は、アクサダイレクト、チューリッヒ保険なども発売している。さらに、ソニー損保は、２００５年より、走らなかった分の保険料が翌年安くなる「くりこし割引」を開始した。これは、契約距離区分の上限km数より１０００km以上少なかった場合は、その差額保険料相当額を翌年の継続契約の保険料から割り引く仕組みである。これは、ドライバーの損した気持ちをさらに払拭する商品と言える。

▼カーブス

プールや風呂などの設備を持たない簡易型フィットネス・ジムが増えている。米国生まれのカーブスは、２００５年に日本に上陸した。

カーブスは、女性を対象に、12台のトレーニング・マシンを円形に配置し、30分ワンセットでトレーニングが終わる。会員の多くが毎日のように通ってくる。気軽に通ってもらうため住宅街に立地し、水周りの施設がいらないことから、雑居ビルや商店街のテナント跡地などにも出店している。そして、フランチャイズ展開によって店舗を増やしている。こうしたローコスト運営により、月会費も大手の半額強に抑えている。

カーブスのインストラクターは、会員の顔と名前をすべて覚え、来館すると下の名前で会員を呼び、しばらく来ないと電話で様子をうかがう。カーブスは主婦会員が大半のため、家計意識が強く、きちんと通えない場合には退会してしまう傾向が強いからである。

カーブスの会員数は、2012年には業界首位のコナミスポーツに次ぐ2位にまで成長したが、大手のスポーツ・クラブは簡易型フィットネス・ジムになかなか同質化をしかけることができない。

従来型クラブを簡易型に転換すれば、月会費が下がり、売上の減少を招いてしまう。また、プールや浴室などに投じた費用が回収できなくなってしまう。さらに、大手のスポーツ・クラブは、「高い会費を払いながらもあまり通わない会員」によって経営が支えられていた面があったが、カーブスのように高頻度に通うようになると、ジムが混雑してしまい、既存会員の顧客満足度が下がる可能性があるからである。

一方で、トレーニング・マシンだけを置き、最小限のスタッフで長時間営業している「エニタイムフィットネス」「JOYFIT24」などが登場している。しかし彼らは、主婦をターゲットとするカーブスとは異なるため、市場の喰い合いにはなっていない。

▼QBハウス

「QBハウス」(会社名はキュービーネット)は、1995年に医療機器の営業マンだった小西国義氏が創業した。10分1000円(現在は1200円)のカット専門店として人通りの多い立地に店舗を構え、急成長してきた。この業界は規制が多く、例えば美容師は理髪店で働けず、理容師は美容院で働けない。こうした規制があるために、新規参入業者がほとんどいなかったことがQBハウスにとっては幸いだった。2021年2月には、国内に585店舗、海外に138店舗を構えるまでになった。

同社はフランチャイズ展開で急成長したが、同業の理容業の大半は、同質化をしかけられなかった。それは、従来、顧客から4000円ほどもらっていた料金が1000円になると、大幅な収入減になってしまうからだ。また、カットだけでは、顔そりの技術などが活かせなくなってしまうという理由もあった。

QBハウスに客を奪われた理容業者は、価格で対抗するのではなく、ロビーイング活動をした。その成果が実り、全国29道県において洗髪台の設置が義務化された。従来の理容業では髪を洗うために洗髪台が設置されているが、QBハウスはカット専門なので、洗髪台は必要ない。しかしながら、条例違反になると営業できなくなるので、該当する県のQBハウスでは、〝使われない洗髪台〟が置かれている。洗髪台を置くと客席が1つ減り、売上が月間100万円減るという。[*11] このように、QBハウスは、既存業者がしかけてきた新たな規制と戦うことになったのである。

その後、2006年に、創業者の小西氏がキュービーネットの株式の74%をオリックスに売却した。さらに2010年には、オリックスは同社の発行済株式の78%をベンチャーキャピタルのジャフコに売却した。企業価値が高まったため売却に踏み切ったと見られている。そして、ジャフコは2014年に、投資ファンドのインテグラルにキュービーネットの株式を売却した。

事業展開では、２０１１年、ＱＢハウスの上位ブランドとして20～40代の男女をメインとした「ＦａＳＳ」を開店した。ＦａＳＳの料金は２２００円で、ＱＢハウスが〝クイック理髪店〟のイメージだとすると、〝クイック美容室〟のイメージに近い。立地も東京の二子玉川、自由が丘、中目黒などおしゃれな場所に構えている。これらの店は、ＱＢハウスに勤める美容師のスキル・アップ、モチベーション・アップにも貢献している。

▼ＳＲＥホールディングス

日本の中古の不動産取引は、売り手と買い手の間に仲介業者が入り、成約すると双方から手数料（成約価格×３％＋６万円が上限）をもらう「両手取引」が多い。そのため、仲介業者は成約すると、合計で成約価格の６％という高い手数料を得ることができる。

ところが、この両手取引は、先進国では一般的ではない。例えば米国では、売り手、買い手双方にとって両手取引が中立になることはありえず、利益相反が生じるとして、禁じている州も多い。米国では売り手、買い手各々にエージェント（代理人）が付き、価格交渉などはエージェント同士で行うのが普通である（訴訟の際に、双方に弁護士がつくのと同じである）。

また、両手取引によって、「囲い込み」が起きやすくなり、顧客の利益より業者の利益が優先される可能性もある。売り主から専任で物件を託された不動産会社は、業者間の不動産データベースであるＲＥＩＮＳ（不動産流通標準情報システム）に登録する義務があるが、別の業者から買い希望が入っても、「目下商談中」などの理由を付けて商談に応じず、当該業者が両手取引できる買い主を見つけるまで物件が「囲い込まれる」ことも起きる。

これによって、売り主は早期に売却する機会を逃し、買い主は早期に買えるはずの物件の選択肢を奪われる。ちなみに、米国で囲い込みをやると、不動産業の免許は剝奪される。

そうした中、ＳＲＥホールディングス（旧：ソニー不動産）は、「片手取引」を売り物に、不動産取引をよりオープンに、かつリーズナブルな手数料で行える仕組みを作って業界に参入した。片手取引のため依頼主のニーズを重視し、かつ、広告などの手数料があまり発生しない間に成約した場合は、手数料も安くするようにした。

ＳＲＥホールディングスは、不動産業者しか持ちえなかった成約価格のデータベースを使わなくても、売り手が値づけをできる不動産価格推定エンジンを提供した。これは、ソニーが持つディープ・ラーニング技術を核として作り上げたものであり、推定価格と成約価格との誤差は5％と、精度がかなり高い。

この片手取引は日本の不動産業界にとっては〝黒船〟であり、できれば流行ってほしくなかった。両手から片手に取引がシフトしてしまうと、単純に売上が半分になってしまうからだ。そのため、既存企業はＳＲＥホールディングスのやり方に同質化をしかけられなかった。

そして、同質化をしかけないだけでなく、「ＳＲＥホールディングスのやり方は日本に向いていない」と顧客に逆宣伝したり、不動産情報の提供をしぶったりするなど、嫌がらせとも言える手も打ってきた。

ＳＲＥホールディングスは、こうした業界ぐるみの反発に対して孤軍奮闘を続けているが、なかなか援軍が現れてこないのもこの業界の特徴かもしれない。

3 不協和戦略の事例から学べること

不協和戦略は、「資源を持っていない」ことを強みとして、リーダーと戦わない戦略である。従来、経営戦略を立案する際に企業でよく使われてきたのがＳＷＯＴ分析だった。そこでは、強み・弱み・機会・脅威をあわせて分析して戦略を立案してきたが、基本的には、自社の強みを活かし、弱みを補える戦略を立てることが暗黙の前提だった。

しかし、不協和戦略のためには、リーダー企業の「強み」としてあきらめていたものを一転「弱み」にすることを考え、逆に「弱み」としてあきらめていた自社の資源を「強み」に転化させていく逆転の発想が求められる。

不協和戦略は、ＩＴ業界のように技術革新のたびに首位が入れ替わる業界よりも、業界が成熟し、シェアが固定化してしまった業界でより有効である（ＩＴのような技術革新の激しい業界では、クリステンセン〈１９９７〉が言うように、破壊的イノベーションが起きたときには、新興企業が一気に主役に躍り出る可能性が高いからである）。

特にリーダー企業の「強み」は絶対的であるとあきらめてしまっているような業界では、１つだけでなく、複数の「強みが弱みに転化する要因」を見つけることが可能である。

例えば、先に紹介した日本生命の強みは、かつては営業職員の数にあると言われてきたが、ライフネット生命などは、まずこのチャネルをネット販売によって「負債化」することを考えた。また、リーダー企業ならではのフルライン政策（あらゆる種類の保険、特約）が強みであったところを、ライフネット生命は複雑な特約を廃止し、わかりやすい保険に特化した。保険がわかりにくいために営業職員による人的販売が必要だったのを、保険をシンプルにしたことによって、消費者がネットでも選べるようにしたのである。

さらに、ライフネット生命は、保険料の内訳を公開して保険を見える化した。これも、保険料の比較サイトなど保険に関する情報が豊富になるにつれて賢くなった消費者に、保険を選択する基準を見せてあげることになり、日本生命が同質化しにくいポイントとなった。

顧客が賢くない時代は、企業（供給者）が持つ情報・ノウハウのほうが多く、いわゆる「情報の非対称性」（当事者間で各々が持つ情報量に格差がある状態[*12]）が存在した。そうした時代には、企業側に多くの利益がもたらされてきた。

例えば、メインフレーム、オフィス・コンピュータの時代には、コンピュータ・メーカーは高い利益率を上げていたが、部品がモジュール化され、知識を持つ消費者であれば自らパソコンを組み立てられるような時代になると、利益率が下がってきた。

すなわち、情報の非対称性が大きい場合には、顧客に対する企業の優位性は崩れにくく、リーダー企業の安定に結びつくが、非対称性を小さくしていけば企業優位の構造は崩れていく。

このように考えると、不協和戦略を立てるにあたっては次の2点が重要である。

第1に、リーダー企業が強みとしていた競争の源泉を複数探していき、それを1つずつ負債化していくことが必要である。例えば、長年首位を続けているトヨタ自動車、コマツ、AGC、イオンなどの強みは決して1つではない。

第2に、顧客を教育して賢くし、同時にバリューチェーンやシステムをアンバンドリング（解体）していくことが求められる。これによって、顧客が商品・サービスを選択する基準を明確にし、顧客が自ら必要なものだけを購入できるような仕組みを作っていくことができる。

第1章でも触れたが、日本人の海外旅行の体験が乏しく、パッケージ旅行が主流だった時代には、JTBの「ルック」や日本航空の「JALパック」などが高収益商品として企業を支えていた。しかし、その後、日本人の海外旅行に関するリテラシーが高まるにつれ、エイチ・アイ・エスなどがエアオン（航空券の単品販売）、ホテル宿泊だけの販売などを始め、パッケージ商品の強みは割高感へと転化していったのである。

〈注〉

1　ワークマンはポーター賞を２０１９年度に受賞。同賞は、機能と価格というように一見トレードオフの要素を両立した企業に授与されるケースが多い。他にも、トラスコ中山、星野リゾート、スター・マイカ、カイハラ、ガリバー（現：ＩＤＯＭ）などが受賞している。

2　「ワークマンプラスの仕掛人　土屋専務のリーダー論　アメを先に渡せば責任を果たしてくれる」『日経トレンディ』２０２０年８月号

3　沼上幹（２０１６）『ゼロからの経営戦略』ミネルヴァ書房

4　「徹底解剖　三強メーカーの生存競争、カメラは生き残れるか」『週刊東洋経済』２０２１年２月20日号

5　4と同じ

6　「日経産業新聞」２０２１年２月３日付

7　「朝日新聞」２０１５年１月５日付夕刊

8　本ケースは、岡田泰範（２０１９）「成熟市場における中小企業のマーケティング施策」『早稲田大学ビジネススクール　ケースメソッド論』をベースにしている。

9　「ポイント　一過性で終わらせず、社内に定着させる」『日経デザイン』２０１４年５月号

10　『日経ＭＪ』２０１３年８月23日

11　「日本経済新聞」２０１３年９月13日付朝刊

12　原語では Asymmetric Information と言う。詳しくは、Akerlof G.（1970）The Market for 'Lemons' :Quality Uncertainty and the Market Mechanism, *Quarterly Journal of Economics*, Vol.84, No.3 を参照。

第4章

協調戦略

——競争不適合を引き起こす

1 協調とは何か

かつての競争戦略論では、同業他社は競合ととらえられていた（例えばポーター1980）[*1]。しかし、近年、他社とは競争するだけではなく、協調の面もあることが認識されるようになってきた（ハメル、ドーズ&プラハラッド　1989、ブランデンバーガー&ネイルバフ　1996、ヨッフィー&クワック　2001など）。

協調とは、「各社の強みの差が、結果に直接的な影響を及ぼすような無駄な争いを排除するもの」（グリーンワルド&カーン　2005）と定義される。協調戦略とは、競合企業とできるだけ競争をしないで共存を図る戦略と言える。

他社との協調を表す言葉としては、「コーペティション（Co-opetition：後述）、ネットワーキング（Networking）、ジョイント・ベンチャー（Joint Venture）、アライアンス（Alliance）、コンソーシアム（Consortia）[*2]、パートナーシップ（Partnership）などがあるが、これらは同義語として区別されずに用いられており、これらを総称するものとしてコラボレーション（Collaboration）という用語がある」（フィヤール&ガロッド　2005）とも言われる。日本でも、用語の定義は確立されていない。

協調戦略が最も頻繁に見られるのが、デファクト・スタンダード（事実上の標準）を獲得するための競争である。デファクト・スタンダードを取るためには、かつてのマイクロソフトやインテルのように圧倒的な競争力を持つ企業を除き、同じ規格を採用する企業が多いほうが、ネットワーク外部性がはたらくため、有利である。そのため、他社への特許の無償公開、技術供与、OEM供給、クロスライセンスなどのオープン政策をとり、競合他社と陣営を組むことが有効だ。

こうした協調戦略は規格のからまない分野でも起きており、自動車業界、映画産業、航空業界などにも見られる。

例えば、自動車業界では、製品ラインを維持しながらも効率を追求するために、相互OEMという方法がとられており、日産自動車と三菱自動車工業の間では、軽自動車の活発な相互OEMが行われてきた。また、トヨタ自動車は燃料電池車に関して、保有するすべての特許を無償公開し、競合の自動車会社や、エレクトロニクス、素材メーカーとパートナーシップを組むことにした。[*3] トヨタが異例とも言える特許の全面公開をしたのは、他社との協調により市場を拡大しないと、インフラの整備が進まず、燃料電池車が普及しないと考えたからと見られている。

一方、映画産業では、ヒットする確率がもともと非常に低いため、複数企業で製作委員会を組織し、少しずつ出資してリスクを分散している。さらに、航空業界では、世界の航空会社の大半が、スターアライアンス、ワンワールド、スカイチームの3グループに分かれ、共同運航便、マイルの相互乗り入れなどが行われている。これらのアライアンスによって、すべての航路を自社で運航しなくても、自社便名で世界中のかなりの航路を予約することができる。

2 競争と協調

競争と協調の問題を、ゲームの理論をベースにして取り上げたのがブランデンバーガー&ネイルバフ（1996）である。彼らは、ビジネスには競争と協調の両方が必要であることを強調し、競争と協調が同時に起こっている状況を「コーペティション（Co-opetition）」と呼んだ。これは、競争（competition）と協調（cooperation）を合成した造語である。

彼らは企業をめぐる競争の全体像を表すために、図表4－1のような価値相関図（Value Net）を示した。この図表の中に、競争戦略のフレームワークとして有名なポーター（1980）の「5つの競争要因」にはない「補完的生産者」を登場させた。「自社以外のプレイヤーの製品を顧客が所有したときに、それを所有していないときよりも自社の製品の顧客にとっての価値が増加する場合、そのプレイヤーのことを補完的生産者」と呼んだ。

［図表４－１］ **価値相関図（Value Net）**

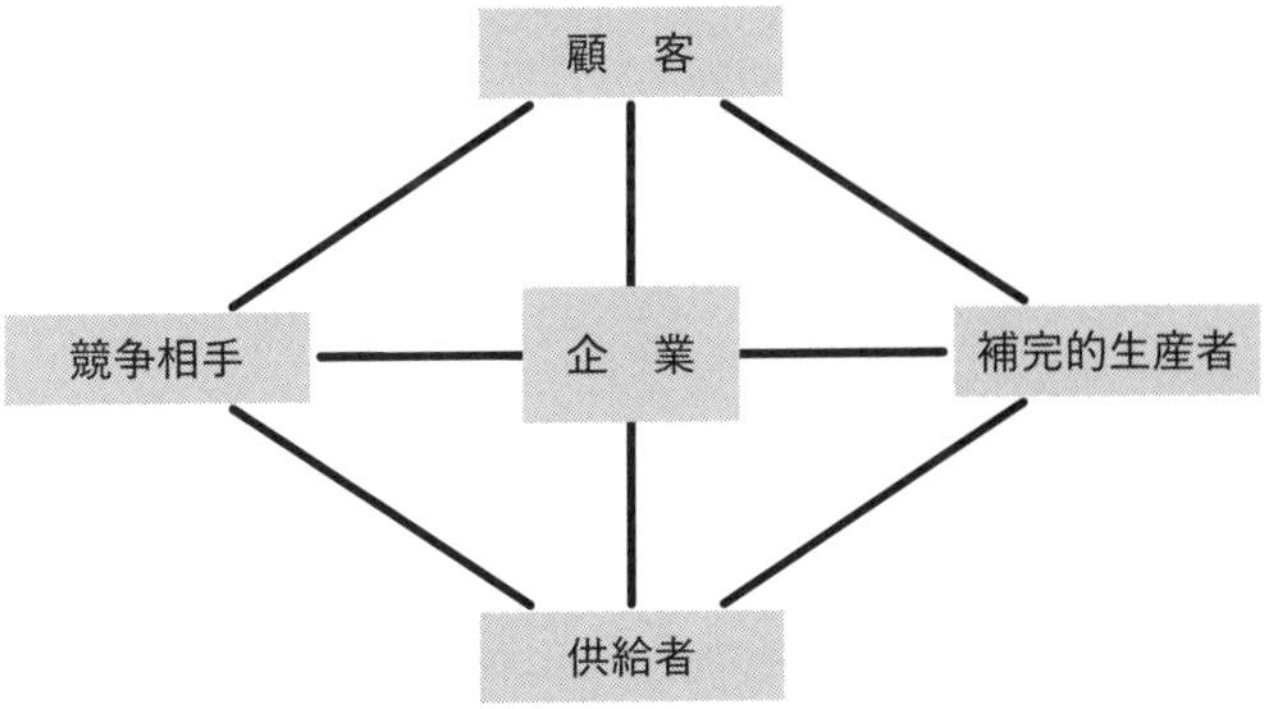

出所：ブランデンバーガー＆ネイルバフ著、嶋津祐一・東田啓作訳（1997）『コーペティション経営』日本経済新聞社

［図表４－２］ **５つの競争要因**

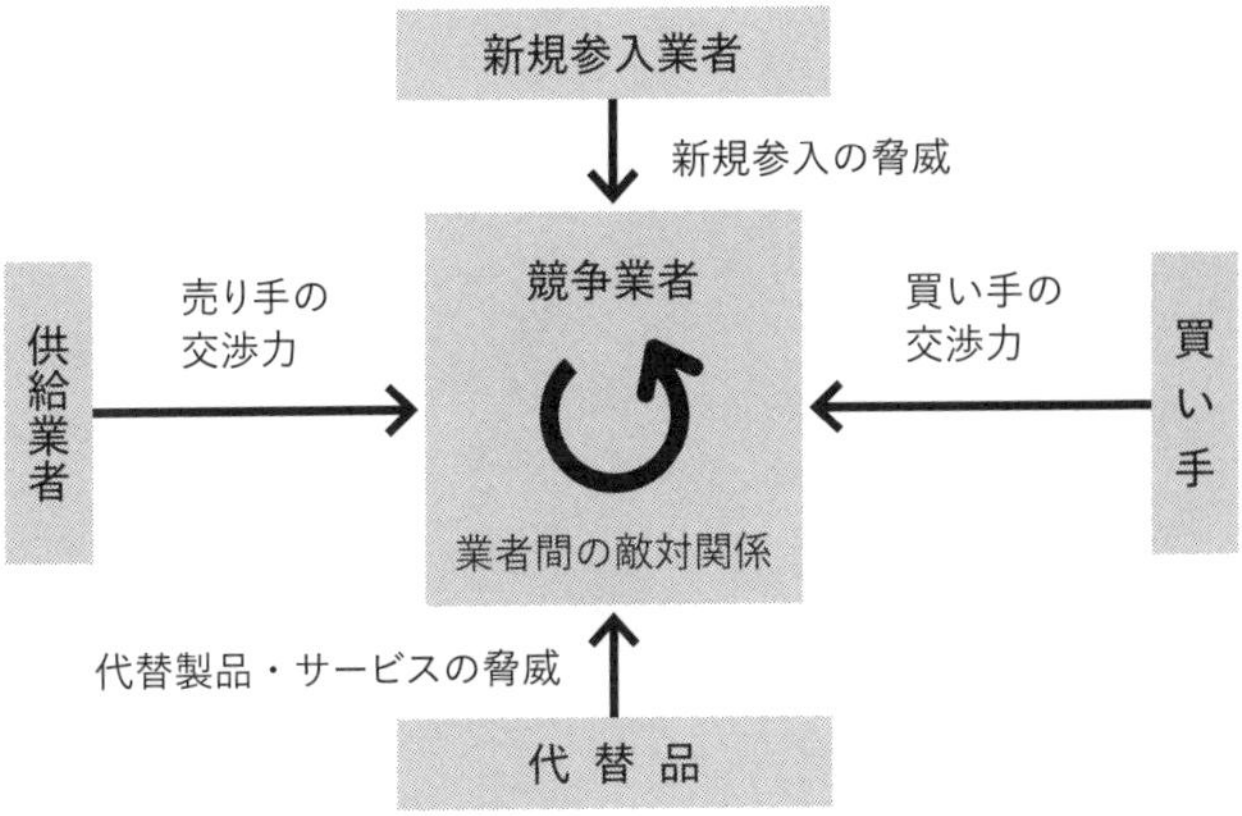

出所：ポーター著、土岐 坤、中辻萬治、服部照夫訳（1995）『新訂　競争の戦略』ダイヤモンド社

そしてパイを作り出すときには協力し、そのパイを分け合うときには競争するケースを多く示した。

例えば、アメリカン航空にとってデルタ航空は競争相手であると同時に、補完的生産者であると指摘した。乗客や空港設備をめぐって両社は競争しているが、ボーイングに新しい旅客機の開発を依頼するときには補完的な関係になる。さらには、アメリカン航空は他の航空会社へ「セイバー」と呼ばれるコンピュータ予約システム（CRS）[*4]を供給しており、CRSをめぐっては他の航空会社と協調、補完関係にある。

すなわち、補完的生産者は、図表4－1では競争相手とは独立した別の箱に入っているが、現実には競争相手が補完的生産者とダブることもあり、1プレイヤーが価値相関図の中でいくつかの役割を演じることはごく一般的と言える。

このように、現実の市場では、「100％の競争」も「100％の協調」もない。例えば、トヨタから日産自動車にハイブリッド車の心臓部分が供給され[*5]、富士ゼロックス（現：富士フイルムビジネスイノベーション）とキヤノンの間では複写機の心臓部分の部品の取引がある。逆に100％子会社でない限り、完全なる協調もありえない。

競争と協調はゼロ／イチではなく、程度の違いと考えるほうが妥当だろう。

3 協調戦略とバリューチェーン

[1] バリューチェーン――企業が生む価値

協調戦略を考えるにあたっては、相互OEMや部品の納入という関係もあるが、本書では、企業のバリューチェーン（価値連鎖）に注目する。バリューチェーンとは、「企業が生む価値を表すものであり、企業内の価値を作る活動とマージンとからなる」（ポーター 1985）。

その活動は、主活動と支援活動に分けられる。主活動は購買物流、製造、出荷物流、販売・マーケティング、サービスが含まれ、ライン業務に相当する。一方、支援活動は、全般管理、人事・労務管理、技術開発、調達活動が含まれ、スタッフ業務に相当する。企業が戦略を考えるためにバリューチェーン分析を行う場合は、このうち主活動の分析をすることが多い。

昔は、バリューチェーンは1つの企業内で完結しているケースが多かった。例えば、新薬メーカーで言えば、かつては研究、開発、生産、営業、アフターサービスなどのすべてを自社で行っていた。しかし、2005年の規制緩和後は、必ずしもすべてを自社で持つ必要がなくなった。これを機に、CRO（開発受託機関）、CMO（生産受託機関）、CSO（販売受託機

［図表4－3］ **バリューチェーン（価値連鎖）**

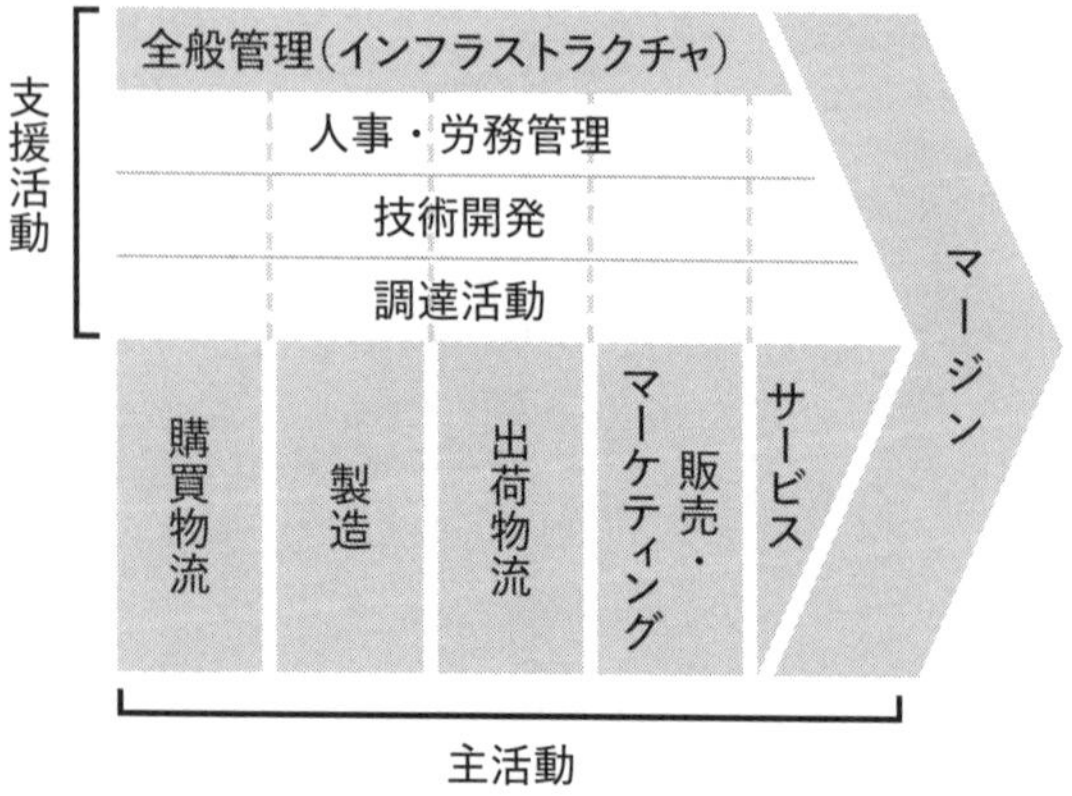

出所：ポーター著、土岐 坤、中辻萬治、小野寺武夫訳（1985）『競争優位の戦略』ダイヤモンド社

関）が成長してきた。こうして現在は、どの機能を持ち、どの機能を持たないかを選択する時代になった。

過去のアウトソーシングは、図表4－3の支援活動の部分から始まった。勤務形態、雇用形態が異なる業務からスタートし、その結果、セコム（警備）、シダックス（社員食堂）、CSK（情報処理）などの企業が生まれた。

その後、アウトソーシングは、物流、生産などの分野にも拡大し、次第に主活動分野に移ってきた。最近では、あらゆる分野でアウトソーシングが行われている。

［2］自社資源によって分かれる選択肢

他社と協調する場合、当該事業を進める上で、自社でバリューチェーンの機能がすべてそろっている場合とそうでない場合では協調の仕方が異なる。

必要とされるバリューチェーンの機能を自社がすべて持っている場合は、自社のバリューチェーンの中に競合企業の機能の一部を取り込み、競争しながら協調することが可能である。これは、自社の製品・サービスを販売しながら、競合企業の製品・サービスもあわせて販売する例が典型的である。

後述するアスクルは、もともとは親会社のプラス製品の拡販のために設立されたが、顧客志向を追求した結果、コクヨ、キングジムなどの競合他社の製品もカタログに掲載し、現在は他社品の売上のほうが多い。

一方、業界で必要とされるバリューチェーンの機能を自社ではすべて持っていない場合は、相手企業のバリューチェーンの中に入り込み、協調していく戦略が有効である。例えば、競合企業の機能の一部を代替するビジネスや、これまでなかった機能を追加するビジネスである。入り込める部分がわずかであっても、業界の大多数の企業の中に入り込み、その部分で寡占を作れれば利益を生み出すことができる。後述する医薬品の調査会社ＩＱＶＩＡなどがその典型例である。

なお、協調戦略においては、リーダー企業と協調できればその効果は大きいが、より多くの企業と協調することで、競争しない度合いが強まっていく傾向がある。

[3] バリューチェーンの機能を代替・追加する

他社と協調する戦略を考えるもう1つの選択肢として、競合企業のバリューチェーンの機能の一部を代替するのか、新たな機能を加えて入り込むのかという選択がある。

前者は、競合企業のバリューチェーンの形は変えずに、その一部を代替することである。かつては内製化することが当たり前だった機能を、最近ではアウトソーシングするケースも出てきた。例えば、銀行におけるＡＴＭ、クレジットカード会社におけるプロセシング業務やリゾート施設の運営などである。

一方、競合企業のバリューチェーンの中に新たな機能を加えて入り込む戦略では、新たな機能により、中小の企業を束ねたり、新しい顧客接点を作ったりすることが特徴である。

例えば、営業機能が弱い中小のバス会社が新たに高速バスの事業を始めた場合、切符を販売することは大変である。そこに楽天バスサービスというウェブ販売の機能を組み込むことによって、切符の販売が飛躍的に楽になった。もし中小のバス会社が自社で切符販売のウェブサイトを立ち上げようとしたら、膨大な投資の割にリターンが少なく、ペイしない可能性が高い。

中小のバス会社は、楽天バスサービスのウェブ販売の機能を自社のバリューチェーンに組み込むことによって、コストをあまり増やさずに売上増を狙えるようになったのである。

4 協調戦略の4類型

以上述べてきた2つの選択肢、すなわちバリューチェーンへの機能の組み込み方とバリューチェーンの機能の代替か追加かという軸を組み合わせると、図表4－4のようになる。各象限の意味を明確にするため名前をつけたが、②と③に関しては、ボストン・コンサルティング・グループ[*6]が同じような概念としてすでに命名していることから、本書でも、レイヤー・マスターとマーケット・メーカーという同じ名称を使うことにする。

まず、①のコンピタンス・プロバイダー（Competence Provider）とは、競合企業とは競争するバリューチェーンを持ちながらも、自社のコア・コンピタンスとなっている機能に関しては競合企業から積極的に受託し、そこで利益を上げていく戦略である。例えばGEは、航空機エンジンに関して競合2社と戦っているが、競合するロールス・ロイス、プラット&ホイットニーのメンテナンス事業も受けており、航空機エンジンのメンテナンス事業では寡占を作って

［図表4－4］ **協調戦略の4類型**

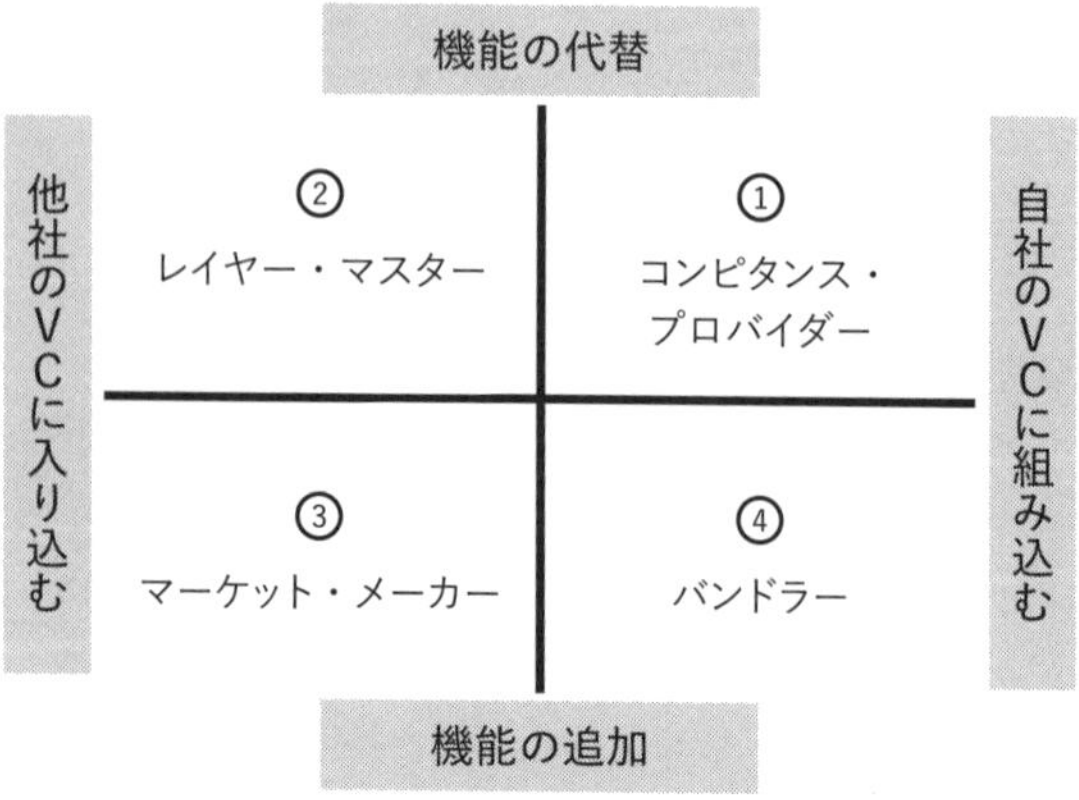

注：VCはバリューチェーン
出所：筆者作成

いる。

次に、②のレイヤー・マスター（Layer Master）とは、競合企業の一部の機能を代替し、そこで寡占を作ろうとする戦略である。例えば、セブン銀行はATMに特化した銀行であり、三菱UFJ、三井住友をはじめ、956社の金融機関とATMの提携を行い、他行のキャッシュカードで現金を引き出すときの手数料で売上を上げている。

なお、セブン銀行は、ATM管理会社ではなく、銀行としての免許を持ってこの業界に参入したことから、コンピタンス・プロバイダーと見られるかもしれない。しかし、普通の銀行が持つバリューチェーンの機能をすべては持っておらず、売上の9割が他行のキャッシュカードの引き出し手数料による（2021年3月期）ことから、免許上では

［図表４－５］　**協調戦略の４類型と企業事例**

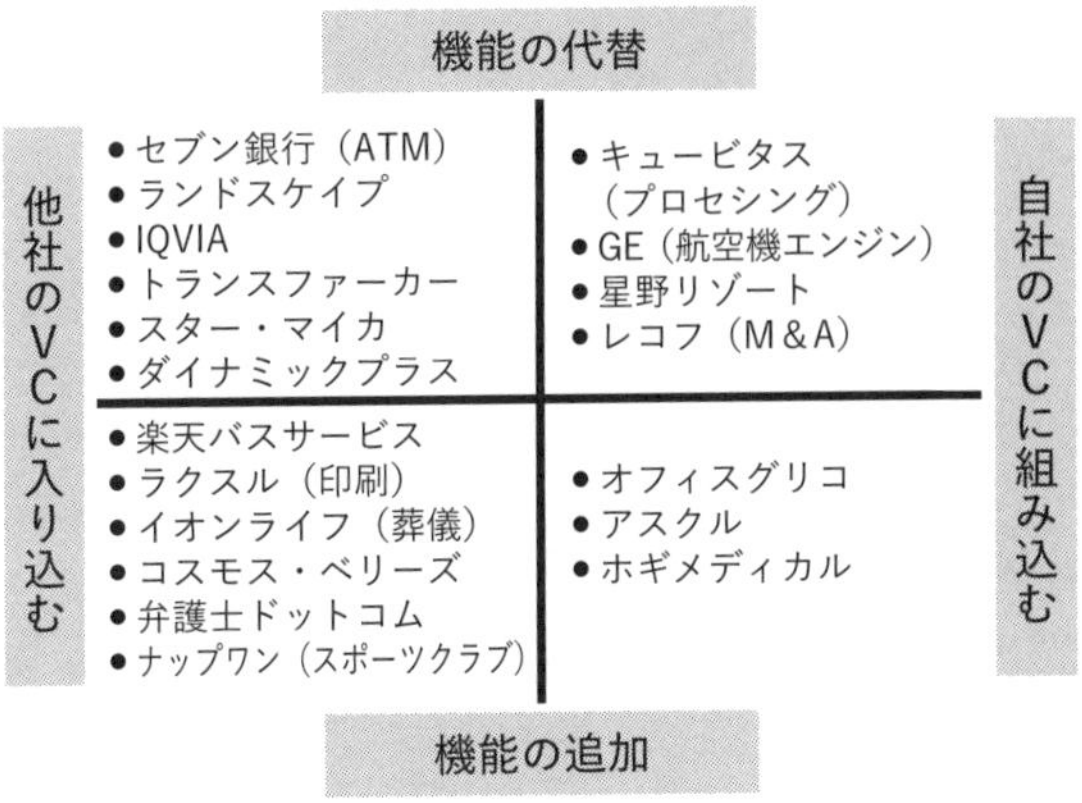

出所：筆者作成

銀行に当たるが、実質は他行のバリューチェーンに入り込んでいるので、レイヤー・マスターに位置づけた。

また、③のマーケット・メーカー（Market Maker）とは、相手企業のバリューチェーンの中に新たな機能で入り込み、相手企業と協調しながら市場を形成していくプラットフォームを作る戦略である。特に、中小企業は取引相手を見つけることが課題であり、そこに市場形成機能を持つ企業として参入するケースが多い（エバンス＆トーマス　１９９９）。

前述した楽天バスサービスは、高速バスの切符のネット販売という新たな機能を提供することによって、販売力が弱い中小のバス会社と、安価に移動したい消費者とを結び付けている。

最後に④のバンドラー（Bundler）とは、

新たな機能を追加する上で、競合品も自社の製品ラインに入れることによって顧客価値を高め、同時にそれによって同種の競合の参入障壁を高める戦略である。例えば、オフィスグリコは、他社品を自社の菓子ボックスに同梱することによって、いったんオフィスグリコを設置した企業が他メーカーの同種サービスにスイッチする必要性を減らしている。

以下①②③④の順に、具体的な事例を通じて各戦略の特徴を示していこう。

5 コンピタンス・プロバイダー――コア事業を受託

コンピタンス・プロバイダーとは、バリューチェーン全体では競合企業と競争しながらも、自社のコア・コンピタンス領域を積極的に競合企業から受託し、そこでは協調していく戦略である。「ある特定のコア・コンピタンス領域で、独占かもしくはできるだけ独占に近い状態を構築する」(ハメル&プラハラッド　1994)ことが目標となる。

以下、コンピタンス・プロバイダーの例を見てみよう。

［図表４－６］　**クレジットカードの流れ**

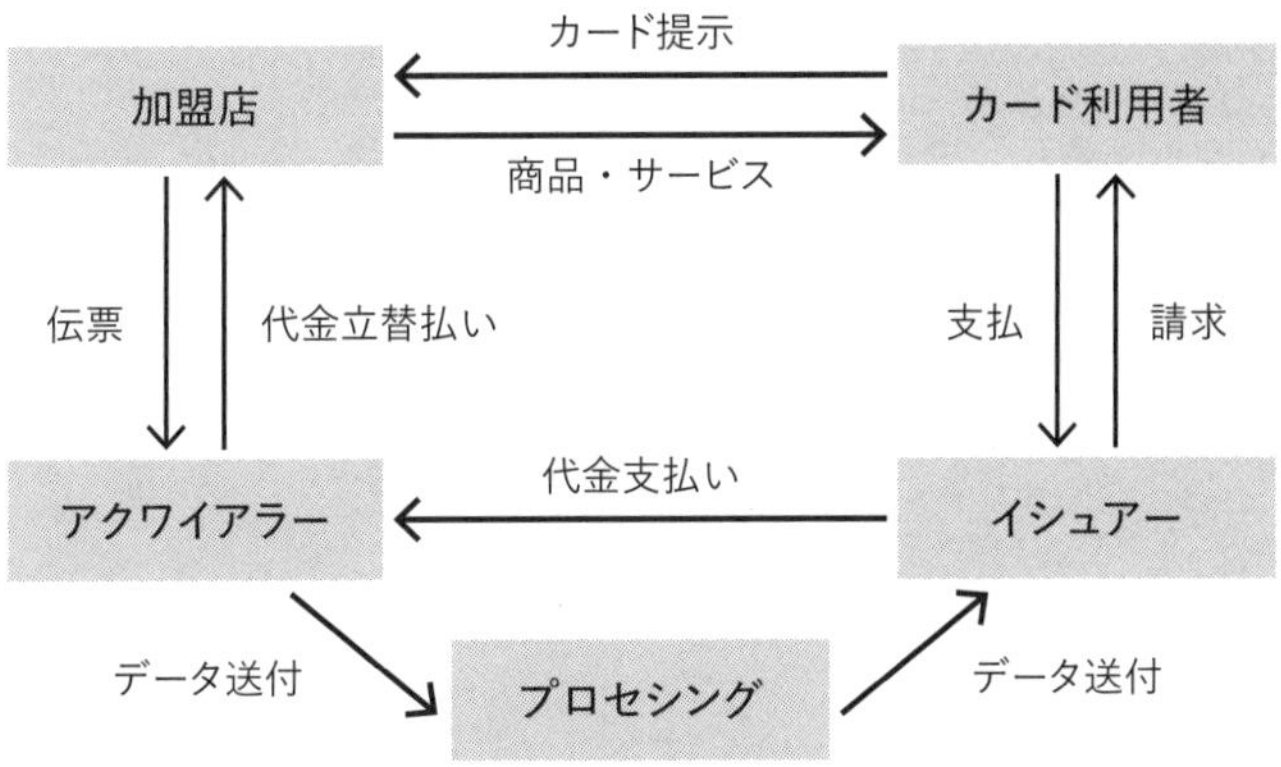

出所：平野敦士カール「スマートフォンを用いた決済市場の現状」『ビジネスブレークスルー』番組2014を一部修正

▼キュービタス

クレジットカード事業は、イシュアー（Issuer）業務、アクワイアラー（Acquirer）業務、プロセシング（Processing）業務の３つに大別される（１つの会社が複数の業務を兼ねることもある）。

イシュアー業務は、カードの発行主体で、会員の募集やカードの発行、利用促進のためのサービスを提供する。例えば、ビューカードのイシュアーはＪＲ東日本である。アクワイアラー業務は、カードが利用できる加盟店の開拓や管理を行う。最後のプロセシング業務は、カードの入退会手続き、監査業務、カードの決済、問い合わせ対応などを行う。

この中でアウトソーシングが進んでいるのが、消費者からは見えにくいプロセシング業務である。プロセシング業務を外部から積極的に受託している企業に、キュービタス、セディナ、三菱UFJニコスなどがある（JCBのように、クレジットカードのバリューチェーンのすべてを自社展開している企業もある）。

このうちの1つ、キュービタスは、2007年に創業された。「専業プロセッサー」を標榜し、クレディセゾン、UCカードから継承したプロセシング業務を統合して誕生したクレディセゾンの子会社である。

プロセシング業務は規模の経済性が働き、規模の小さなカード会社は自社でやってもペイしない。同社はそうした小規模のカード会社の業務を受託し、成長してきた。クレディセゾン、UCカードをはじめ、高島屋クレジット、りそな銀行、東武カードビジネス、オリエントコーポレーション、ビューカード、楽天銀行などが同社にプロセシング業務を委託している。

［図表4－7］ **見える差別化、見えない標準化**

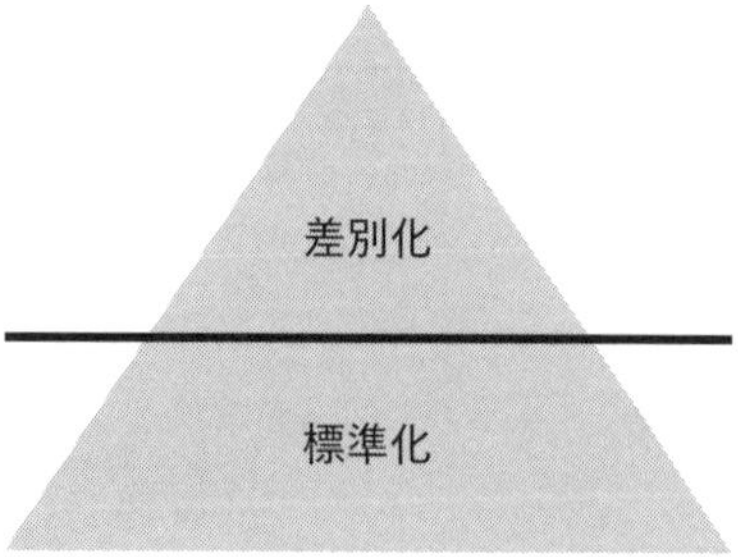

出所：筆者作成

プロセシング業務はカードにどのようなマークがついていても、行う業務はほとんど標準化されている。顧客からは見えず、効率化を追求すべき部分である。

クレジットカード業界では、「見える部分は差別化、見えない部分は標準化（効率化）」が進んでいる。キュービタスは見えない部分の標準化で規模を追求し、利益を上げようとしている。一方、規模の小さなカード会社にとっては、キュービタスに委託したほうがコスト面でも有利になっている。

▼GEの航空機エンジン

GEは1997年に「グローバル・サービス・カンパニー」をうたい、サービス型のビジネスモデルへの転換を図ってきた。例えば、航空機エンジンに関して、従来の「売り切り」スタイルからサービス中心のビジネスモデルに切り替えた。

1980年代初頭には、航空機エンジンは米国プラット&ホイットニーが7割近いシェアを持ち、GEのシェアはその4分の1にすぎなかった。それが2010年には、世界の航空機の半分以上がGE製のエンジンを搭載するようになり、競合のプラット&ホイットニーやロールス・ロイスを引き離すようになった。

GEは航空機のエンジン販売業から、まずリース契約に切り替えた。この契約は、実際に稼働している時間に対してのみ課金し、故障中は課金対象にならないという顧客本位の課金システムだった（エンジンは航空機の中で一番故障が多い）。

この契約によって、エンジンのどこが壊れやすいかという情報をGEが把握し、次のエンジン開発に反映させることができた。さらに、特定の部品は、一定の時間稼働すると故障の原因になりやすいということもわかってきたため、早めに部品交換するようになり、GEのエンジンの稼働時間が増え、リース収入も伸びる結果となった。

そして、次の段階では、競合企業のエンジンを含む航空機エンジンのメンテナンス業に進出した。自社製のエンジンには多数のセンサーと発信システムを組み込み、航空機の飛行中のデータをリアルタイムで地上に送れるようにした。不具合が検出された場合には、エンジンを搭載したままで対処ができる。航空会社は、航空機から取り外してオーバーホールする頻度が減り、大幅なコストダウンを実現した。さらに、航空機が着陸し次第メンテナンスに取りかかれるため、航空会社の定時運行率を劇的に改善した。

こうした地道なステップを経て、GEでは、エンジンの予防保全、補修、スペアパーツ管理サービスなどを総合して「グローバル・エンジン・マネジメント」というパッケージを航空会社に提供している。

GEはこのやり方を、MRI、CTのような医療機器に関しても適用している。さらに、GEはこれらの延長として、産業機器を取りまとめる共通プラットフォーム「Predix」を開発し、これをオープン化して他社にも提供する方針を明らかにした。重要なソフトをオープン化することは、一見〝敵に塩を送る〟ように見えるが、この戦略は、「ソフト開発を強化して、情報分析力を磨くことが、産業機器メーカーが生き残る唯一の道だ」[*7]（ジェフ・イメルト

CEO：当時）というGEのポリシーに沿ったものである。GEはコンピタンス・プロバイダーとして、さらに多くの産業の情報を蓄積し、競争の武器にしていくと考えられる。

GEの航空機エンジンは、2000年のGE内の売上順位では4番目のセグメントにすぎなかった。それが2019年にはGEの営業利益の8割を稼ぐようになり、2020年にはGEの最大の事業セグメントになっている。

▼星野リゾート

星野リゾートは、星野嘉助氏が軽井沢の開発に着手したことから始まった。軽井沢が開かれて16年後の1904年、中軽井沢に土地を購入した。1914年に星野温泉旅館を開業し、多くの文化人が宿泊した。1965年には3代目嘉助社長が軽井沢高原教会を改築し、ブライダル事業に進出する。リゾート・ウェディングの草分け的存在となり、軽井沢高原教会は一躍有名となった。1991年に自社の事業ドメインを「リゾートと運営」と定義し、1995年に星野リゾートに社名を変更した。

星野佳路現社長はコーネル大学大学院でホテル学を学び、帰国後、星野温泉に副社長として入社し、1991年に社長に就任した。星野氏はコーネル大で学んだ顧客満足の考え方を取り入れ、「リゾート運営の達人になる」ことを企業ビジョンとした。

星野リゾートは2005年にゴールドマン・サックスとアセット・マネジメントを行う会社を合弁で設立し、旅館・リゾートホテルの再生事業に本格参入した。星野リゾートはこれまでつちかってきた旅館やリゾートホテルの運営ノウハウを提供し、ゴールドマン・サックスは資金を提供した。アセット・マネジメント会社から総支配人を派遣し、既存の経営陣・社員と協同で再生に取り組むことを基本にしている。

星野リゾートによって行われる再生は、①財務上の修正、②コンセプトの設定、③戦略・仕組みの策定及び実行のプロセスを経て行われる。この中で、特にコンセプトの設定は重視される。リゾナーレ小淵沢、アルツ磐梯、アルファリゾート・トマムなどの破綻したリゾート施設の他、いづみ荘、白銀屋、有楽などの老舗旅館の再生事業を手掛けてきた。

星野氏がホテル学を学んだ米国では、ホテルやリゾート施設は、所有と運営が分離しているところが多く、日本でもいずれその時代が来ると考えた。バブル期にリゾート施設に参入した投資家や不動産会社は開発利益を求めることが多く、リゾート施設の運営にあまり興味がなかった。[*8] そこで、星野リゾートが運営受託事業に本格的に参入することによって、これまで星野リゾートの競合と位置づけられていた旅館・ホテルが、星野リゾートの顧客になったのである。これによって星野リゾートの顧客には、旅館に宿泊する消費者だけでなく、リゾート施設のオーナーも加わった。

星野リゾートは、今後も再生事業を増やしていく計画だが、旅館業においては専門職である料理人を採用するのが難しい。星野グループが再生業として入ると、特に料理人が辞めることが多く、女将も半分程辞めている。

料理人の問題に対応するために、千葉県にセントラル・キッチンを開設し、全国の星野グループのホテル・旅館に料理を冷凍して供給している。ファミリーレストランのセントラル・キッチンとは異なり、セントラル・キッチンで料理を100%供給するのではなく、2割は現地で作る。現地では、カニ、うなぎなどの特産品を出している。地元の食材にこだわったメインディッシュとデザートで、顧客の食事の評価は決まると考えている。

また、星野グループでは、女将に依存しない仕組みも作っている。通常の旅館では、女将は年中無休で働いており、旅館運営の中心である。しかし、星野リゾートでは、マルチタスク化（多能工化）によって対応しようとしている。従来、フロント、調理、清掃、レストランなどそれだけを担当する人が旅館・ホテルにはいたが、星野リゾートでは、1人で4つの仕事ができるようにしている。これによって、旅館・ホテルの時間帯別のピーク／オフピークをより少ない人数で対応できる。

こうして星野グループは、他の旅館・ホテルと競争しながらも、再生事業では他の旅館・ホテルの運営を受託するという2つの顔を持つようになったのである。

▼レコフ

レコフは、山一證券でM&A（企業の合併・買収）事業を立ち上げてきた吉田允昭氏が、1987年に設立した独立系のM&A専門業者である。野村證券が、米国のインベストメント・バンクのワッサースタイン・ペレラと合弁で野村企業情報を設立する1カ月前に設立された。同社は今やM&A専門業者としては世界最大規模になっている。なお、社名のレコフ（RECOF）は、Research and Corporate Finance の頭文字から取ったものである。

現在の業務内容は、M&A戦略立案、案件創出・実行、エグゼキューション支援、ポストマージャー支援、クロスボーダーM&A支援となっている。

世界のM&Aでは、売り手の代理人と買い手の代理人同士が交渉するスタイルが主流だが、レコフは双方の「仲介」という独自の手法に徹している。結婚で言う〝仲人〟と同じ役割であり、利益相反という批判を浴びることもある。しかし、両社の組織、企業文化などを踏まえて両社ともに納得するM&Aを目指すため、合併後のトラブルが少ないと言われている。[*9]

レコフを有名にしたのはM&Aの仲介だけでなく、事業の一環としてM&Aに関する情報を『MARR（マール）』という月刊誌を通じて発信し続けていることである。

上場会社の場合、M&Aを実施したらニュースリリースを開示する義務がある。レコフは競合のM&A仲介企業がからんだ案件も丹念に調査し、定期購読会員に毎月提供している。新聞・雑誌などでM&Aのマクロデータが引用されるときには、おおむね「出所：レコフ」と記されており、業界のデファクト・スタンダードになっている。『マール』の購読率は、M&A関連の業界ではほぼ100%と言われており、他のM&A仲介会社も、レコフのデータなくしてはM&Aの動向をつかめない状況だ。

すなわち、レコフは、M&Aのアドバイザー業務では競合企業と競争しながらも、M&Aのデータは競合他社にも販売するという競争と協調の戦略をとっている。

その後、レコフは、2008年にM&Aデータベース/M&A専門誌『マール』の事業部をレコフデータとして分離・独立させた。

そして2016年、M&Aキャピタルパートナーズはレコフとレコフデータを買収し、傘下に収めた。M&Aキャピタルパートナーズは中堅・中小企業の事業継承M&Aの助言・仲介に強く、レコフは業界再編M&Aに強みを持ち、統合のシナジーが期待された。M&Aを専門とする企業同士が経営統合したという興味深い事例と言えよう。

6

レイヤー・マスター――競合の中に入り込む

レイヤー・マスターとは、ある機能だけを提供して競合企業のバリューチェーンの中に入り込み、そこで寡占を作って利益を上げる戦略である。ここでは、コンピタンス・プロバイダーと同じように、できるだけ寡占に近い状態を作り上げることが目標となる。

なお、業界がそろって共同出資し会社を設立する場合には、こうした組織は外見上レイヤー・マスターの形をとることがある。しかし、企業努力によってレイヤーとなる事業を寡占化したわけではないので、本書ではこうしたケースは除くことにする。

そうした例として、第1に、自動車・火災・傷害・介護保険の参考純率及び自賠責・地震保険の基準純率を算出し、会員の保険会社に提供する損害保険料率算出機構が挙げられる。同機構は、東京海上日動火災保険、三井住友海上火災保険、損保ジャパンをはじめ、日本で損保を販売しているほとんどの会社が出資している。

第2に、個人に関する信用情報機関としてCIC、日本信用情報機構、全国銀行個人信用情報センターがある。例えばCICは、主要クレジット会社36社の共同出資で1984年に設立され（旧社名は信用情報センター）、割賦販売法、貸金業法に基づく指定信用情報機関として唯一指定を受けている。加盟会員数は900社（2021年2月時点）で、業種別には銀行系クレジット会社、信販会社、保証・保険・住宅ローン会社、流通系クレジット会社が大半を占めている。

こうした業界共同出資のケースは取り上げず、以下、レイヤー・マスターの企業事例を見てみよう。

▼セブン銀行

●ATMに特化した銀行

セブン－イレブンは、1987年から公共料金収納代行サービスを始めた。これが好評で、店舗内にATMを置けば顧客の利便性がもっと高まると考えた。そこで、当初は、銀行各社とATM共同運営会社を作る構想を考えた。しかし、各行と手数料で調整がつかず、また共同運営会社ではATMは銀行の出張所扱いとなり、セブン&アイ・ホールディングスがリーダーシップをとれないことがわかった。そのため、独自に銀行免許を取得することに戦略を転換した。

こうした経緯を経て、2001年にセブン&アイ・ホールディングスを出資母体としてアイワイバンク銀行が設立された。大株主には、三井住友銀行、三菱東京UFJ銀行も名を連ねた。同行はATM手数料を収益の柱に据え、基本的に融資などは行わない決済専門銀行という構想を掲げた。銀行業界では、「個人から預金を集め、それを融資して利益を上げる」のが銀行であり、「預金集めに力を入れず、融資を行わない銀行が成功するわけがない」「収益源がATMだけで成り立つはずがない[*10]」とささやかれていた。

しかし、設立3年目の2003年度には、経常利益、当期純利益ともに黒字となった（新設銀行は3年で単年度黒字になるよう、金融庁から指導されている）。2005年、同社はセブン銀行に改称した。
同社の収益源は、セブン－イレブンなどに置かれたＡＴＭで、他行のキャッシュカードで現金を引き出すときに発生する手数料収入が中心である。セブン銀行のＡＴＭは出金が8割であり、ここに手数料が発生する。

顧客が提携金融機関のカードでセブン銀行のＡＴＭを利用すると、1件につき150円ほどが提携金融機関からセブン銀行に入る。セブン銀行の経常収益1373億円（事業会社の売上高に相当）のうち90％（2021年3月期）が、他社のキャッシュカードを利用したＡＴＭ受入手数料である。設置ＡＴＭは2万5785台、提携金融機関数は613社となっている。

セブン銀行が黒字化した理由として、第1にＡＴＭを安く調達できたことが挙げられる。過去銀行が購入していたＡＴＭは1台1000万円ほどかかり、無人店舗のＡＴＭの場合には、より丈夫な構造にするため2000万円近くかかっていた。一方、セブン銀行のＡＴＭは、通帳なし、小銭なしと構造を単純にし、1台300万円ほどに抑えられた。これによって、1日の決済が70件未満でも採算がとれるようになった（銀行業界では1日100件を下回ると、そのＡＴＭは撤去と言われていた）。

第2に、自前でＡＴＭ店舗を持つコストが重荷になった金融機関が、セブン銀行と提携して自前のＡＴＭを撤去したり、また、セブン銀行のＡＴＭを利用して事業エリアを拡大してきた。例えば、新生銀行は、自前のＡＴＭを全廃してセブン銀行と提携し、自行店舗内にもセブン銀行のＡＴＭを設置している。

提携した金融機関は、セブン銀行に手数料を払えば、固定費となるＡＴＭを持たずに顧客サービスを向上できるため、セブン銀行とはＷＩＮ－ＷＩＮの関係にある（提携した金融機関にとって、固定費がかかる無人店舗やＡＴＭから撤退できたが、最近ではセブン銀行に払う手数料が高いことが頭の痛い問題になってきた）。

このように、セブン銀行は、一般の銀行が持つバリューチェーンの機能をすべては持たず、ＡＴＭに特化し、それを武器に他行のバリューチェーンの中に入り込むことによって利益を上げる、世界でも珍しいタイプの銀行になったのである。

●セブン銀行の今後

セブン銀行の強みは永遠だろうか。

第１に、セブン銀行のビジネスモデルは低金利時代には機能するが、高金利時代には大きな機会損失が発生する。ＡＴＭの中に眠っている現金は、融資していれば得られる金利収入が得られず、その分セブン銀行が金利負担することになる。現在のような低金利時代であれば影響は少ないが、高金利時代が来れば、このモデルは維持しにくくなる。

第２に現在の日本では、個人消費の決済に占める現金の比率が他の先進国に比べてまだ高いが、この高比率がいつまで続くかは不明である。政府は、サービス業の生産性向上、セキュリティの向上、インバウンド客への利便性向上などを理由に、キャッシュレス化を進める様々な施策を打ってきたが、小規模ビジネスでも導入容易なスマホ決済などが普及していけば、現金比率は下がっていくだろう。現金決済がゼロになることはありえないが、消費者がＡＴＭから現金を引き出す回数が減っていく可能性は高い。

こうした動きに対してセブン銀行はすでに対応を始めており、例えば銀行口座を持っていない人が、セブン銀行のＡＴＭで現金を受け取れる「現金受取サービス」を２０１８年から開始した。受け取る側は、銀行口座を持っていなくても、セブン銀行のＡＴＭで３６５日受け取れ、フリーターや外国人労働者などに好評である。

受け取り人は、メールで送られてきた受け取り情報をセブン銀行のＡＴＭに入力することで、ＡＴＭで紙幣を受け取れ、硬貨はセブン－イレブンのレジで受け取るか、電子マネーへのチャージもできる。

振り込む企業側にとっても、振込先の口座情報が不要となり、取得する個人情報が必要最小限で済み、手続きが簡単でタイムリーに送金できる。

もともとは、「ネット通販で不良品を返品したときの返金をどうしたらよいか」というセブン銀行社員の疑問から本プロジェクトは立ち上がった。法人から個人への送金には、従来は銀行振込、郵便為替、現金書留という面倒な手続きが必要だった。さらに、銀行口座確認の手間や個人情報を取得するリスクなどが多く、簡単に「法人から個人」への送金ができれば、便利になるのではないか、という発想がビジネスの起点だ。

今後広がる用途としては、ＥＣの返金やキャッシュバック、チケット解約の返金、保険解約・変更にともなう返金、前払い資金やクラウドソーシング、経費・交通費精算、ＣtoＣの報酬支払い、オークションやフリマサイトの売買代金の受け取りなどが想定されている。なお、１回の受領金額は10万円までとなっている。

さらに、２０１８年からは、キャッシュレス化に逆らうのではなく、セブン銀行のＡＴＭで電子マネーやスマホ決済にチャージできるようにした。

今後の脅威として、政府は２０２１年から給与のデジタル払いを解禁する計画である。給与は生活の土台であり、労働者保護の観点から、従来は現金手渡しが原則であり、例外的に銀行振込が認められてきた。しかし、消費者にとっては、手持ちのスマホ決済などに直接振り込まれれば、銀行からお金を引き出す手間がなくなり、利便性が増す。キャッシュレス決済を担う資金移動業者の信頼性の問題は残るが、世界的にもこの動きは加速するだろう。

セブン銀行は、既存の銀行が持つバリューチェーンを全部持ち合わせていないという点では銀行業界に対してはディスラプターと位置づけられるが、銀行認可とＡＴＭというハードウェアを持つという点では、レガシーの金融機関に位置づけられる。デジタル払いが普及してきたとき、セブン銀行は、金融業界へのディスラプター側に回るのか、認可を受けた銀行として防御側に回るのか、興味深いところである。

▼ランドスケイプ

●BtoCからBtoBビジネスへ

ランドスケイプは、1990年に設立されたデータベースマーケティング支援の会社である。創業当初は、個人向けのダイレクトメール、データベースマーケティングの会社だったが、テレマーケティングが普及するにつれ、テレマーケティング用のシステムを作るようになった。しかし、そのテレマーケティングもeコマースに代替されるようになり、また、個人情報保護に対する意識の高まりも受け、BtoCからBtoBにビジネスの舵を切った。

同社のコア・コンピタンスは顧客データベースだった。BtoBの顧客データベース業には、帝国データバンクと東京商工リサーチというガリバー企業がおり、彼らは多くの調査員を抱えて足でデータを集め、圧倒的な企業情報を蓄積していた。ただ、主な用途は企業の信用調査であるため、顧客は一定規模以上の民間企業が中心で、また、事業所名の「名寄せ」が十分ではないという弱点もあった。

そこでランドスケイプは、足で稼ぐのではなく、登記簿、電話帳、商工会データ、ウェブなどの公開情報からデータを集め、社名、住所、組織統廃合などを確認してデータをクリーニングし、さらに名寄せすることを考えた。CDI（Customer Data Integration：顧客データ一元化）と呼ばれる、データの信頼性を高める仕組みを武器にビジネスができるのではないかと考えたのである。

こうしてCDI事業を始め、同社の企業情報データベースは820万件と、日本最大となった。企業レベルだけでなく、事業所レベルのデータも持ち、企業名の「名寄せ」済みのデータであることが特長である。日本全国の拠点（本社と事業所）に付与した独自コードにより、帝国データバンクなどによる与信調査の依頼が少ない事業所、例えば営業所、官公庁、非営利組織までもカバーしている。

顧客企業は、ランドスケイプのデータベースを利用することで、社内で日々蓄積されながら散在している情報を、より効率的に活用できるようになる。マーケティング活動を通じて得られた顧客データは、社員がそれぞれ入力することが多く、全社で活用することは後回しになっていた。全社でデータを活用するためには、過去にどの部署の誰が、相手企業の誰にアプローチしているかを知る必要があり、そのためには企業名の名寄せが求められる。

例えばある営業担当者は、顧客名の欄に「日本電気」と入力したが、別の担当者は「NEC」と入力し、さらに別の部署では「ニッポンデンキ」もしくは「ニホンデンキ」と入力している。こうなると、データベース上には4つの会社が存在してしまう。これらをランドスケイプでは、自動的に名寄せする。

また、間違えやすい社名もある。キヤノン（誤：キャノン）、キユーピー（誤：キューピー）、ニッカウヰスキー（誤：ニッカウイスキー）、ブルドックソース（誤：ブルドッグソース）などだ。こうした誤りについても自動的に修正する仕組みを作り、さらに社名変更、合併、分社などにも迅速に対応できるのがランドスケイプの強みと言える。

同社のデータベースを通じて、既存の取引先と同じような属性を持つ未取引の企業の情報を提案する事業も行っている。これは企業の新規顧客開拓において、効果的なマーケティングツールとなっている。

２０１５年にランドスケイプは、クラウド型の法人顧客データ一元化ツールとして「uSonar（ユーソナー）」を発売した。ソナー（Sonar）は潜水艦の音波探知装置という意味で、文字通り水面下でデータを整備することで、営業やマーケティングを支援するツールを目指した。

●大手と競合するように

uSonar を発売してみると、活動履歴やスケジュールが管理できる簡易ＳＦＡ（営業支援システム）ツールが欲しいという希望が多く寄せられた。商談を進めていくと、それだけにとどまらず、案件管理、ＫＰＩ管理、モバイル対応などもプラスしてほしいと要求は増えていった。その結果、ランドスケイプは、本来はデータベースの会社であるにもかかわらず、本業でないところで競争しなくてはならなくなったのである。

簡易ＳＦＡとなった uSonar の競合企業としては、ＳＦＡベンダーやマーケティング・オートメーション（MA）企業としてのセールスフォース・ドットコム、マルケト、オラクルなどの世界的大企業だった。

●不得意領域で競争せざるをえない

ランドスケイプは、競合企業との相見積もりに時間がかかったり、カスタマイズ要求が相次いだことに頭を悩ませた。カスタマイズに対応するため、開発からサービスを提供するまで2年もかかったケースもある。また、販売のマンパワーも限られていた。その結果、同社は利益的に苦しい状況が続いた。営業もエンジニアも、顧客対応で疲弊していた。

ちなみに、競合の1つであるセールスフォース・ドットコムの日本国内の顧客企業数は1万社以上と言われている。顧客企業数が600社程度のランドスケイプが真正面から競争したら、資金力、営業力などでとてもかなわない。しかし、盤石だと見られているセールスフォース・ドットコムも、データの名寄せは不得意と言われていた。

ランドスケイプは、SFAを活用できていない企業が、何に不満を感じているかを調査した。そこで挙げられたのは次の3つだった。

①データ管理のために要する、営業担当者の入力負荷が大きい
②顧客データを一元化できていない
③顧客データが時間の経過とともに陳腐化する

●「競争しない競争戦略」への転換

こうした状況の中、同社は戦略を根本から見直すことにした。そこでとった戦略は、大手と「競争しない競争戦略」だった。簡易SFA事業から撤退し、他社のSFAやMAシステムに自社のデータベースを提供するという戦略に転換した。すなわち、レイヤー・マスターに戦略転換したのである。

こうした戦略転換に対し、すでに同社製品を購入していたクライアントからは猛反発を受け、営業担当者やエンジニアからも反対の声が上がった。しかし、社長は、この道しか生き残る方法はないと確信し、説得を続けた。

この戦略転換により、セールスフォース・ドットコムの製品にランドスケイプのデータベースを提供することによって、セールスフォースの名寄せの弱みが克服された。かつ、ランドスケイプも強力な競合と戦わず、WIN-WINの関係が築かれた。実は大手SFA、MA企業にとって、社名確認や名寄せという仕事は、手間だけがかかり、あまりやりたくない仕事だったのである。

一方、ランドスケイプにとっては、戦略転換によって、提携したSFAベンダーが営業もしてくれるようになった。

同社はこの戦略を「非競」の戦略と呼んでいる。非競とはパートナー企業とお互いの優れた部分を活かして補い合うことで、両社が新たな創造を目指すという共創の考え方である。

戦略転換による効果は明確に表れた。平均7カ月かかっていた受注までの期間は4カ月に短縮され、2014年に29社だった受注件数は2016年には45社に増えた。さらにカスタマイズが不要になることで、社内の工数も大幅に削減した。しかも、SFA部分がなくなったにもかかわらず、1社当たりの受注金額が増えた。同社のデータの価値が改めて顧客に理解されたからである。

現在は「ランチョン・フェア」という場を設け、セールスフォース・ドットコム、マルケト、マイクロソフト、オラクル、サイボウズ(グループウェア)などをはじめとする〝元競合企業〟とその他のSFA提供会社、そしてシステムを導入したいクライアントを一堂に集め、オープンでフェアな情報交換を行っている。非競の戦略の象徴とも言える場である。

競争しない戦略への転換によって、同社は再びメインの部分で勝負ができるようになり、顧客からも価値が認められるようになった。uSonarは、いったん海面に浮上してレッド・オーシャンでの戦いをしたが、今では再び海中に潜り、自社のコア・コンピタンスに特化していると言える。

●今後の展望

非競の戦略に転換したランドスケイプだが、今後も無敵で事業を進めていけるだろうか。従来は、足で稼ぐ帝国データバンクなどに対して、公開情報をベースに名寄せシステムを確立したことが優位性となった。

しかし、ビッグデータやＡＩが進展してきた今日においては、公開情報を瞬時に加工して名寄せしていくシステムは、電話帳を持つＮＴＴグループをはじめ、多くの大企業が参入可能である。

そのときに、中小事業所、官庁や非営利組織までをも網羅した同社のデータが、どこまで競争優位を保てるかが問われてくるだろう。もちろん、デジタルだけでなく、人によるノウハウも必要であるため、簡単には追随されないものと思われる。

しかし、短期間に追随されやすいフローのデータだけでは、データベース業も価格競争に陥る可能性があり、過去から蓄積してきたストックのデータをどうビジネスにつなげていくかが１つのカギになるかもしれない。

潜水艦のように水面下に潜りながら、業績は浮上していくという同社の戦略の今後が注目される。

▼IQVIAソリューションズジャパン（旧IMS）

かつて医薬品の分野では、研究開発から生産、販売、アフターサービスまでのバリューチェーンを自社で持つことが新薬メーカーの常識だった。

しかし、２００５年の規制緩和によって製造承認から製造販売承認へ移行したのを契機に、製造のアウトソーシングが容易になった。この頃から、バリューチェーンのある分野だけを担当する会社が急成長してきた。CRO（開発受託機関）、CMO（生産受託機関）、MR（医療情報担当者）の人材派遣会社、市販後調査を専門に行う会社などである。

そうした中にあって旧IMSは、1954年にドイツで創業した医薬品の市場データを調査、提供する会社である。現在、世界100カ国以上で事業を展開している。旧IMSジャパンは1964年に設立されたが、ほとんどの医薬品会社が、同社から毎年高額なデータを購入し、同社は長い間、高い利益率を誇ってきた。

2016年、米国の調査会社だったIMSヘルスと米国医薬品開発委託会社のクインタイルズが合併し、日本法人はデータ提供・コンサルティングなどを手掛けるIQVIAソリューションズジャパンと、CRO、CSO（医薬品販売受託業務）を手掛けるIQVIAサービシーズジャパンとなった（以下では、IQVIAソリューションズジャパンについて記述するが、IQVIAと略する）。

IQVIAが提供するデータは、医薬品の売上データ（全国、県、市区、町レベル）、MR（製薬メーカーの営業）やMS（卸の営業）の医療施設訪問状況データ、診断・薬剤の処方データ、調剤レセプトデータである。この中でも売上データは、各社が市場分析をしたり、自社のシェアを測るために必須であり、訪問データは各社の現状把握のみならず、複数社で共同販促を行っている場合、費用算出ベースとして欠かせない。

ＩＱＶＩＡの仕組みは、製薬会社、保険・調剤薬局、病院、医薬品卸、処方医など23万カ所からデータの提供を受け、データ・サプライヤーを経てＩＱＶＩＡに集められる。これによって、どのような医薬品が、いつ、どこで、どのように、なぜ処方されたのかを把握することができる。

ＩＱＶＩＡの顧客は、製薬企業、製薬卸企業などであるが、今日、製薬関連企業にとっては、「ＩＱＶＩＡのデータなくしては、戦略も立てられない」状況になっている。ほとんどの製薬関連企業がＩＱＶＩＡのデータを購入しており、ＩＱＶＩＡはデータの質・量ともに圧倒し、新規参入の余地がない寡占を作り上げている。

近年では、ＩＱＶＩＡは、蓄積された豊富なデータをベースに、コンサルティング事業も強化している。コンサルティング領域には上市時の販売政策や製品ポートフォリオの提言などが含まれており、他のコンサルティング会社にはできない「データに基づいたコンサルティング（エビデンス・ベースト・コンサルティング）」を強みとしている。

▼トランスファーカー

トランスファーカーは、ニュージーランドやオーストラリアを拠点とするレンタカー会社である。通常、レンタカーは消費者を顧客としているが、同社は他のレンタカー会社から収入を得るビジネスモデルを考え出した。それが「無料レンタカー」である。

消費者は、指定された日時、指定された起点地と目的地、指定された車種とニーズが合えば、無料でレンタカーが利用できる。実はこのモデルは、レンタカー会社の〝回送業務〟を消費者に代行してもらっているのである。回送とは、レンタカー会社の営業所から借り出され、別の場所で乗り捨てられた車を営業所に戻す作業だ。従来、レンタカー会社が自ら行っていた。

トランスファーカーは、この回送作業を消費者にやってもらい、少額の回送手数料を他のレンタカー会社からもらっている。レンタカー会社にとっても、自社で回送作業をするより、この手数料のほうが少なければ費用の削減になる。

トランスファーカーでは、多くのレンタカー会社の乗り捨て車のデータベースを持ち、最適な回送のシステムを組み、その上で回送作業を消費者に委ねている。レンタカー会社がやるべき仕事を消費者に委ね、そこで利益を上げるビジネスモデルと言える。

スター・マイカ

●スター・マイカの誕生

スター・マイカは、賃借人が住んでいるマンションを売買する「オーナーチェンジ」に特化した不動産業であり、２００６年に上場した。オーナーチェンジとは、分譲住宅の所有者（オーナー）が、賃借人に住宅を貸している状態で、物件を売却することである。不動産業界では、オーナーチェンジは価格が安くなり、賃借人に関するトラブルもあって敬遠されてきた。

同社の創業者・水永政志氏は、ゴールドマン・サックス証券に勤務後、独立し、2000年にREITビジネスに参入した。ところが、ネットバブルが崩壊し、同社を売却する。このときの経験から、〝つぶれない仕組み〟を持つことの重要性を悟った。

また、〝成長の速度〟の重要性も感じた。急成長すると、社内の管理体制がついていけず、また、一定規模を超えると大企業が参入してくる。ベンチャー企業の場合には、「抑制された成長」が必要であることを学んだ。

そして、ビジネスモデルを練り直し、2001年、スター・マイカを設立した。

●スター・マイカのビジネスモデル

スター・マイカのビジネスモデルは、「オーナーチェンジのマンションを割安で購入し、賃借人が退去した後にリフォームし、売却して利益を上げる」モデルである。

金融の経験がある水永氏から見ると、金融と不動産は似ていた。不動産には価格の歪みがあり、そこにビジネス・チャンスがあると考えた。すなわち、金融分野における「裁定取引（Arbitrage）」が、不動産の分野でも成り立つという考えである。裁定取引とは、市場間の価格差や金利差を利用して取引を行い、利ざやを稼ぐことである。本来、裁定取引は、瞬時に行われる取引に用いられるが、スター・マイカの場合には購入時から退去時という長期間を想定している。

賃貸中のマンションの価格は、空室マンションに比べると平均25%安くなる。賃貸中のマンションは購入してもすぐに住めず投資目的とされ、金利が安い住宅ローンが使えない。そのため購入者が極端に少なく、空室に比べると価格が安くなっていた。また、貸借人が望ましくない人であっても、日本では借地借家法で賃借人の権利が強く保障されており、追い出すことが難しい。

しかし、賃借人が退去すれば、そのマンションは空室のマンションと同価格に戻り、確実な25%の利ざやがあることになる。一方、マンションの賃借人がいつ退去するかはわからない。だが、世帯ごとの予測はできなくても、保有マンション数が多くなれば大数の法則がはたらき、毎年一定数の退去者を予測できる。このモデルが成り立つためには、一定の物件数と、売却するまで不動産を保持できる資金が必要だった。水永氏は元ゴールドマンという肩書を活かし、海外の投資ファンドにこのビジネスプランを説明し、短期間に資金を集めることができた。

こうして、賃貸中は家賃収入（インカムゲイン）を得て、退去後は売却益（キャピタルゲイン）を得るハイブリッドな戦略が生まれた。賃借人がすぐに退去すれば売却益が、なかなか退居しなくても家賃収入があるという、どちらにころんでもつぶれない仕組みが具現化された。

●ビジネスモデルが回る条件

スター・マイカのビジネスの成功のカギの1つは、良い物件が多数集まることである。これに関しては、三井不動産販売や東急不動産などと提携し、彼らから物件紹介を受けることにした。紹介により、彼らに物件価格の3%を支払うことになるが、彼らにとっては、これまで敬遠していた物件をスター・マイカに紹介することによって3%の収入を得られることになる。お互いWIN－WINと言えた。スター・マイカは、賃借人退去後の売却も同一の不動産業者に扱ってもらう方針であり、不動産会社は合計6%の収入を得られることになる。

第2には、買い取るマンションは、億ションのような高額物件は買わず、主に山手線の外側にある3000万～4000万円前後のファミリータイプの中古マンションを対象としている。これらは投資用ではなく、自ら住むために購入するマンションであり、実需が強い。

●具体的なビジネスの流れ

スター・マイカのビジネスの流れを説明すると、以下のようになる。

〈ステップ1〉多くの物件を購入

スター・マイカでは、多数の取引事例データベースを活用した独自の買い取りノウハウを持っている。買い取り物件はオーナーチェンジに限るが、様々なエリア、築年数、価格帯のマンションを買い取るようにしており、災害、価格変動、退去までの期間をポートフォリオ運用することで、リスクを分散させている。

また、多数の物件を買い取るためには膨大な資金が必要だが、金融出身である水永氏のネットワークによって、低利で多額の借り入れができている。

〈ステップ2〉大家さんになって管理

購入した物件を、スター・マイカが大家さんになって管理する。大数の法則が成り立つ物件数を持つ必要があり、現在は3000室以上を運用している。

〈ステップ3〉リフォームして売却

多数の物件を扱うことによって、賃借人は平均3年半で退去することがわかってきた。賃借人が退去した物件は、スター・マイカが一括リフォームした後に、空室のマンションの価格で売れる。すなわち、同社のビジネスモデルは、「75万円で預けた預金が3年半で100万円になる定期預金」と言えるのである。

なお、退去後のリフォームに関しては、品質・コストの定型化をしており、それを大量発注でコストダウンしている。

販売ルートは、大手仲介会社に委託するものと、販売子会社による直接販売の2つのルートがある。

●なぜ競合企業は同質化をしかけてこないか?

スター・マイカの戦略は、特許で守られているわけではなく、資金さえあれば模倣が可能なモデルである。不動産業界の企業であれば、業者間のネットワークや信用力もあり参入しやすいが、同じビジネスモデルで攻撃をしかけている企業はほとんどない。なぜなら、スター・マイカのビジネスモデルが、それまで不動産業界での「べからず集」に触れるものが多いからである。

大手の不動産企業にとっては、第1に、不動産業では売買の手間がほとんど同じなので、投資規模が大きいほうが好まれる。その究極がデベロッパー事業であり、不動産業の究極的な夢は、三井不動産のようなデベロッパーになることと考える経営者が少なくない。第2に、オーナーチェンジのような小さな市場に入ると、手間がかかる割に利益が小さく、ペイしない可能性が高い。

一方、中小の不動産企業にとっては、賃貸中の物件を数年間寝かせておくだけの資金力がない。特に大量の資金を低金利で調達するルートを持っていない。そのため、仲介もしくは手離れの良い物件が歓迎される。

以上のような点から、競合の不動産業はスター・マイカの事業に手を出せず、また、手を出さないのである。

●今後の戦略

不動産業界では過去、規模が大きくなるに従ってビジネスモデルを変えていくのが業界の常識であり、最終的には、先に触れたように三井不動産のようなデベロッパーになることが夢とされていた。

しかし、スター・マイカは、戦略として、「何をやらないか」を明確に定めた。第1に海外はやらない。賃借人の権利の弱い国では、同社のビジネスモデルは機能しないからである。第2にデベロッパー事業には手を出さない。そして第3に大規模集中投資はしない。

第4に、ベンチャー企業がある程度、軌道に乗ってくると多角化を進めるケースが多いが、同社ではそれも自制している。これは、〝抑制された成長〟が新興企業には必要であるという考え方によっている。

同社をまねた小さな企業も誕生しているが、同社では、「この市場で数社は食えるが、それ以上は食えない」と考えており、当面、現市場の周辺で着実な成長を目指す考えである。

同社のモデルは、不動産業界のレイヤー・マスターとして、他の不動産会社が扱いにくいオーナーチェンジに特化し、他の不動産会社にとっても提携する価値がある企業となっている。

▼ダイナミックプラス

ダイナミックプラスは、三井物産、ぴあなどが出資した、ダイナミック・プライシング業務を請け負う会社である。

ダイナミック・プライシングとは、需要を予測して価格を変化させながら、収入を極大化する手法のことであり、業界によっては、「レベニュー・マネジメント」「イールド・マネジメント」と呼ばれることもある。

ダイナミック・プライシングは、1970年代頃から米国航空業界で採用されるようになり、ホテル、レンタカーなどでも使われるようになってきた。特にインターネットでの販売が可能になってから、ダイナミック・プライシングは飛躍的に運用しやすくなった。

ダイナミックプラスを有名にしたのが、横浜F・マリノスのホーム、日産スタジアムのダイナミック・プライシングである。価格が固定だと、得られる売上が図表4－8のようになるところを、価格を需要に合わせて変動させることによって、図表4－9のように売上（面積）を拡大することができる。

ダイナミックプラスでは1つ1つの席に関して、過去の試合のチケットの時系列販売データや直近の売れ行き、天候などを加味しながら価格を決めている。

また、ダイナミック・プライシングの副産物として、転売も減らせる。固定した価格のままだと、購入価格と転売価格の差が大きくなって転売を誘発するが、ダイナミック・プライシングによってその差を小さくし、転売の動機づけを下げる効果がある。

現在、ダイナミックプラスでは、Jリーグやプロ野球の複数チームからダイナミック・プライシングの仕事を受託している。

ダイナミック・プライシングに関しては、はままつフラワーパーク[*11]のように自社で価格をコ

［図表4－8］ **固定価格の場合の売上高**

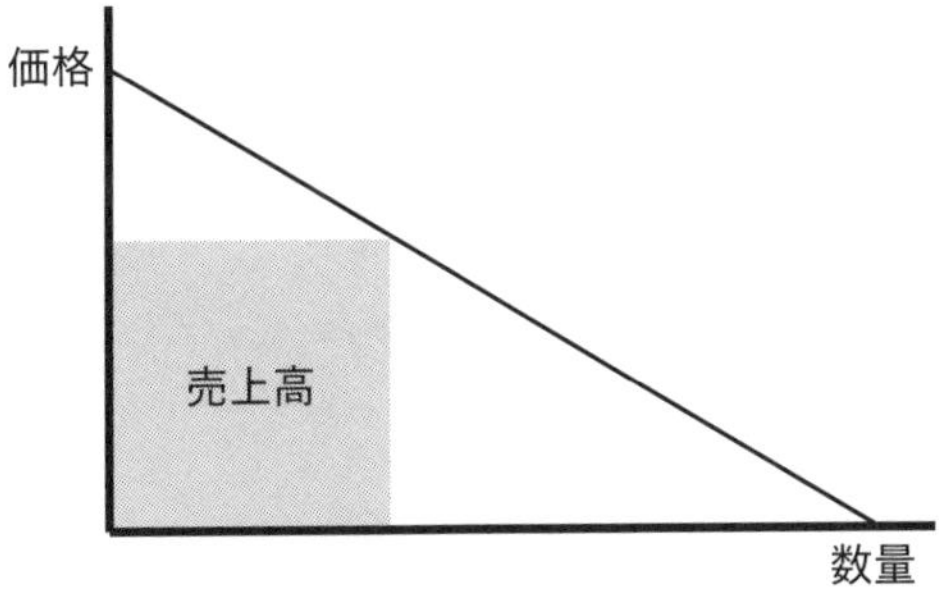

出所：筆者作成

［図表4－9］ **ダイナミック・プライシングの場合の売上高**

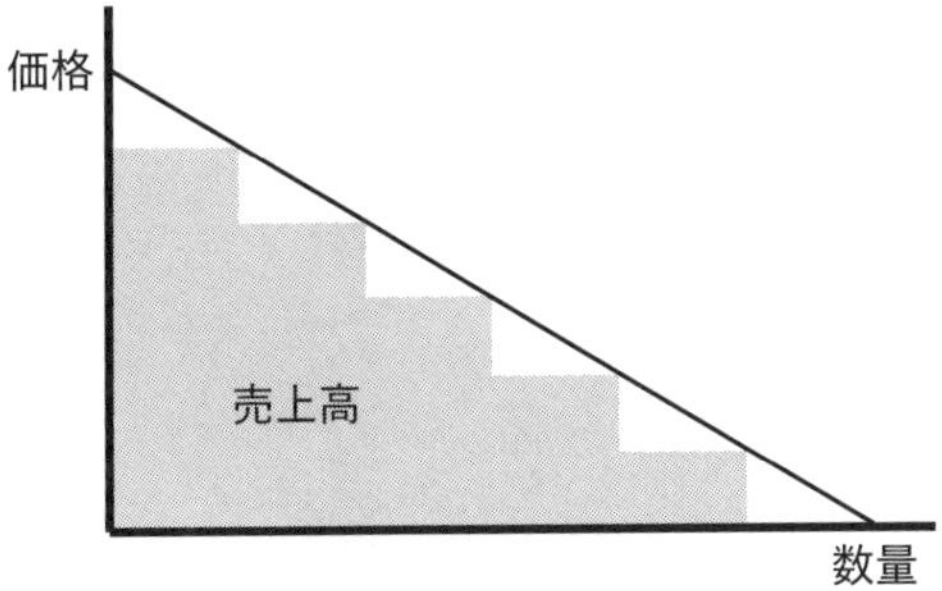

出所：筆者作成

ントロールしている企業も少なくないが、ダイナミックプラスは、価格設定の部分だけを企業から受託するレイヤー・マスターとなりえる。

7 マーケット・メーカー——新たな機能を付加

マーケット・メーカーとは、相手企業のバリューチェーンの中に新たな機能を追加することによって中小企業の市場形成に寄与し、顧客価値を高め、新たな市場を作る戦略である。

以下、マーケット・メーカーの事例を見てみよう。

▼楽天バスサービス

楽天バスサービスは、高速バスの切符をインターネットで販売するサイトである。このサイトができる前は、高速バスの切符は、各社の販売窓口で買わなくてはならなかった。

そこに楽天バスサービスが登場し、大手バス会社には競争を促し、中小バス会社には参入の機会を与えた。楽天バスサービスのサイトによって一覧性が高まったことから、従来A地点からB地点に顧客を輸送するだけの手段だった高速バスが、バスごとのコンセプトを打ち出すようになり、価格はもちろん、座席の快適さ、乗車・下車駅でのサービス（例：ドレスルーム、シャワー）などにも選択肢が出てきた。

さらに楽天バスサービスは、高速バスの切符の大半を扱うことから、日本全体の需要と供給の情報をつかめるようになり、需要が供給を上回るときには、稼働していない中小のバス会社に声をかけ、増便できる仕組みを作り上げた。実はバスは、繁忙期といえども、すべてのバスが稼働しているわけではない。すなわち、楽天バスサービスは、業界全体のレベニュー・マネジメントを始めたのである。

これにより、乗客は望んだ日のバスに乗れ、中小のバス会社は稼働率を上げられ、楽天バスサービスは手数料収入が得られるＷＩＮ－ＷＩＮ－ＷＩＮの関係が築かれたのである。

▼ラクスル

多重な下請け構造、仕事の変動量が多く、設備の平均稼働率が5〜6割程度という印刷業界に目をつけたのがラクスルである。同社は２００９年に創業された「インターネットを利用した印刷通販業」である。

企業が外部の業者に印刷を依頼する場合、なじみの業者に発注することが多く、案件ごとに適切な印刷会社に頼めていない状況だった。[*12] そこでラクスルは、印刷会社の見積もりをネット上で一覧比較できるサイトの運営を始めた。しかし、サイトの中から一番安い印刷会社に発注しても、品質が期待を下回るケースが相次いだ。一方、印刷会社側も、顧客からの入金が円滑でないことに不満があった。

そこで、2013年に戦略を転換し、ラクスルが決済業務を代行するとともに、品質に責任を持つ仕組みに改めた。

ラクスルは2万社以上の印刷会社を会員組織化し、発注者からの依頼を印刷の種類や納期などに応じて印刷会社に割り振る。これによって発注者は、早く安く印刷ができ、名刺は100枚から印刷可能で、価格は一般的な価格の3分の1程度である。また、印刷会社は手余りの設備を使って仕事を受けるため、稼働率が上がる。手余りの印刷会社は、粗利益がプラスであれば注文を取ったほうが得であり[*13]、ラクスルからの受注はありがたい。そして、ラクスルは仲介手数料を受け取るという、三方一両得の仕組みを作った。

チラシやカタログの印刷需要は、繁忙期と閑散期のギャップが大きく、印刷会社にとってもラクスルからの仕事は、設備稼働率を上げるために有効である。

印刷会社側は、手余り、手不足を繰り返しているが、一方で顧客が払う印刷料金は季節に関係なく一律とした。これは、複数の印刷会社を使い慣れていない顧客目線からの価格設定だ。

このようにしてラクスルは印刷業界に参入したが、自らは〝印刷機を持たない印刷会社〟である。これまで社内で複写をして印刷会社に依頼することを考えていなかった企業に、気軽に安く印刷会社を利用してもらい、印刷需要を拡大することを目指してテレビCMも打った。その後、ラクスルは、受発注だけでなく、印刷で使うインクの共同購買も行い、低価格で印刷会社に提供している。さらに、IT管理の一括サービスも行う。

国内の印刷市場は全体として縮小傾向にあるが、その中でオンライン印刷はいまだ3％（2019年）にすぎず、ドイツのオンライン印刷比率30％と比べると、まだ潜在市場は大きいと見ている。

ラクスルは、ラクスルと同様の仕組みで、ネットで受けた運送の注文を、手余りのトラック運転手に仕事を割り振る「ハコベル」事業を、2015年から始めた。ハコベルは、荷主とドライバーをつなぐマッチング・サービスと言える。現在では、全国2万4000台の輸送トラックと提携している。

トラックの輸送は、朝一番と夕方が忙しく、昼間は手余りのトラックがかなりあった。そこに目をつけたラクスルは、個人事業のようなトラックの運転手を組織化し、メールで荷物が出たことを知らせ、それを受けられる運転手が運び、荷主から手数料をもらうモデルを作り上げた。

2019年からは軽貨物を対象とした「ハコベルカーゴ」、一般貨物を対象とした「ハコベルコネクト」の2つのサービスを展開している。

さらに2020年には、テレビCM作成のプラットフォーム「ノバセル」も開始した。ノバセルは、初めてテレビ広告を打つ地方の中堅企業をターゲットにCMを作成するビジネスだが、当該企業が保有する動画や写真をうまく活用することによってコストを削減し、100万円ほどの費用でCMを作成できるのが特長である。

ノバセルは、新型コロナウイルス感染拡大による景気後退の中、売上高、営業利益ともに伸ばし、2020年7月期にはハコベルをしのぐようになった。

ラクスルとハコベル事業は、同社がマーケット・メーカーとなり、従来は稼働していなかった固定資産を稼働させることによって収益を増加させ、顧客、資産保有者、ラクスルの三方が得をする仕組みを作り上げたことが特徴と言えるだろう。

▼イオンライフ

●事業の契機

「イオンのお葬式」は、イオンライフが手掛けている葬儀である。同事業は、お中元・お歳暮などを扱っていたイオンリテールのギフト商品開発部が発案した。お中元や結婚式の件数は減少傾向にあるが、今後、高齢化が進む中で香典返しなどは増えると考えたためだ。

そこで、ある葬儀社と組み、返礼品としてイオンの商品を扱ってもらう事業を考案したが、合意に至らず実現しなかった。しかし、葬儀社と話をする過程で、葬儀社が持つ斎場の空きがかなり多いことに気づいた。葬儀社によれば、「3割埋まればペイする」ということだったので、「空いている7割についてイオンと一緒にやりませんか」という提案をしたところ、提携が実現した。

この提案をベースに、全国400社の葬儀社と特約店葬儀社契約を結び、イオンのお葬式事業は2009年9月にスタートした。

イオンが事業化に際して行ったことは、葬儀社を集め特約店契約をすることと、葬儀費用を全国一律にしたことだった。葬儀費用は、平均すると都市部は高く、地方は安い傾向があるが、地方の価格にできるだけ近いお手頃価格に統一した。全国統一価格は、「イオンのトップバリュ商品（プライベート・ブランド）は、北海道でも沖縄でも同じ価格で売っている」という発想から来ている。

従来、葬儀は、「葬儀一式でいくら」という価格設定がほとんどで、その一式に含まれる内容は葬儀社により異なっていた。また、料金の内訳もなく、不明瞭なものが多かった。しかし、イオンは1品ずつの価格を明確にし、顧客が必要なものだけを積み上げていけるようにした（モデルパターンの提案も行っている）。

こうした商談はイオンの店舗ではなく、コールセンターで集中して行うことにした。

●お布施の公表

イオンがお葬式事業を始めてみると、顧客から僧侶へのお布施に関する相談が多く寄せられた。イオンが1品ずつの価格を明確にした結果、いまだ不明瞭だったのがお布施だった。

イオンは2010年5月から葬儀に僧侶を紹介する「寺院紹介サービス」を始め、読経と戒名の組み合わせの料金目安をホームページで公開した。イオンは宗派が認めた寺院だけをお客様に紹介し、その料金の目安を提示した。しかし、すべての寺院を対象とするような誤解を生むと全日本仏教会が懸念を表明したため、イオンはホームページでの開示を止め、コールセンターで、お客様に個別に目安を案内するように変更した。

●特約店葬儀社との契約

特約店葬儀社の開拓は、都市部では競争が激しいことから比較的順調に進んだ。一方、地方では先祖代々葬儀社が決まっている家も多く、イオンと組む必要はないと考える葬儀社も少なくなかった。葬儀社を代理店として契約するには時間を要した。

イオンの特約店になると、第1にイオンの統一品質が求められる。例えば、見積書はイオンの統一書式となる。第2に、葬儀後の顧客アンケートによって評価を受ける。評価の悪い特約店は、研修を受けて改善に努める。

一方、葬儀社がイオンと組むメリットとして、第1に、自社で保有している葬儀場の稼働率の向上がある。第2に、イオンが実施する研修を通じて、サービス品質が向上する。そして第3に、「イオン特約店」を名乗ることができる。

●葬儀のプロセス

イオンのお葬式は、ネットだけでは完結しないところが特長でもある。

葬儀に関する情報はネットで公開しているが、基本的な流れとしては、顧客がイオンに電話し、そこでまず宗派や菩提寺の確認、そして、それに適した葬儀社を決める。次に担当する葬儀社の担当者がフェイス・トゥ・フェイスで顧客と打ち合わせをし、見積書を作る。この書式はイオンで統一されており、追加請求の心配はない。その見積書をイオンがチェックし、イオンから顧客に確認の電話が入る。

その後、葬儀を行い、葬儀社から顧客に請求書が渡る前に、イオンが請求書をチェックする。ダブルチェックにより、葬儀に多い「見積書の金額と請求書の金額が違う」という不満を解消している。顧客は、現金でもイオンカードでも支払いができる。イオンカードで支払った場合はポイントも貯まる。

この総額の一定割合が、紹介手数料として葬儀社からイオンに支払われるが、葬儀社にとっては、会場を空けておくよりは埋めたほうが経営上良い。

●イオングループとの相乗効果

潜在顧客へのアプローチ方法としては、ネット広告だけでなく、イオンの店舗で場所を変えながら、終活セミナー、各種相談、写真撮影から棺の体験会などの「終活フェア」を開催している。当初は「ショッピングセンター内で葬儀の話などとんでもない」という声が従業員にもあったが、今では毎回多くの顧客がフェアに参加している。

また、葬儀の事前登録制度も作っている。ネットや店舗で登録ができ、希望する葬儀スタイルや菩提寺の有無などを聞いている。事前登録した人の葬儀が6割を占めている。

●葬儀関連ビジネスの拡大

イオンは2014年9月に、イオンのお葬式専門の会社イオンライフを設立した。

イオンがお葬式事業を続けていくうちに、都内には納骨できない人が多くいることがわかってきた。そこでイオンが始めたのが、お寺と組んで納骨と永代供養をする合葬事業だ。これは、新しい市場を創造するものであり、誰のシェアを奪うものでもない。

さらに、葬儀関連ビジネスとして、葬儀保険（イオン保険による）、相続相談（専門の会社と提携）、遺品整理、ペット葬儀などの事業も展開しており、拡大の余地はまだ大きいと言えよう。

▼コスモス・ベリーズ

●コスモス・ベリーズの仕組み

家電販売のフランチャイズチェーン（FC）、ボランタリーチェーン（VC）運営のコスモス・ベリーズの加盟店及び拠点数は、2021年5月には1万1264店舗となった。

コスモス・ベリーズの前身は1971年に豊栄家電として創業され、2005年に事業分割方式により、コスモス・ベリーズが設立された。出資比率はヤマダ電機が51％、豊栄電機が49％だった。そして、2008年には、ヤマダ電機の完全子会社になった。

コスモス・ベリーズの理念は「量販店と地域店の共生」であり、仕組みは図表4－10に示す通りである。地域販売店はコスモス・ベリーズに加盟すると、ヤマダ電機の仕入れ価格にコスモス・ベリーズの本部経費を上乗せした価格で商品を調達でき、それを安い価格で顧客に販売することができる。

その価格は、地域店がメーカーから仕入れる価格より安い。また、価格は、仕入れ数量に関係なく同価格である。地域店はコスモス・ベリーズに加盟金10万円と月会費1万円（仕入額と関係なく定額制）の費用を払うだけでこの仕組みを利用できる。

すなわちコスモス・ベリーズは、ヤマダ電機のバイイングパワー、店舗網を利用して新しいビジネスモデルを作り上げたのである。なお、コスモス・ベリーズ自身は直営店を持っていな

［図表4－10］ **コスモス・ベリーズの仕組み**

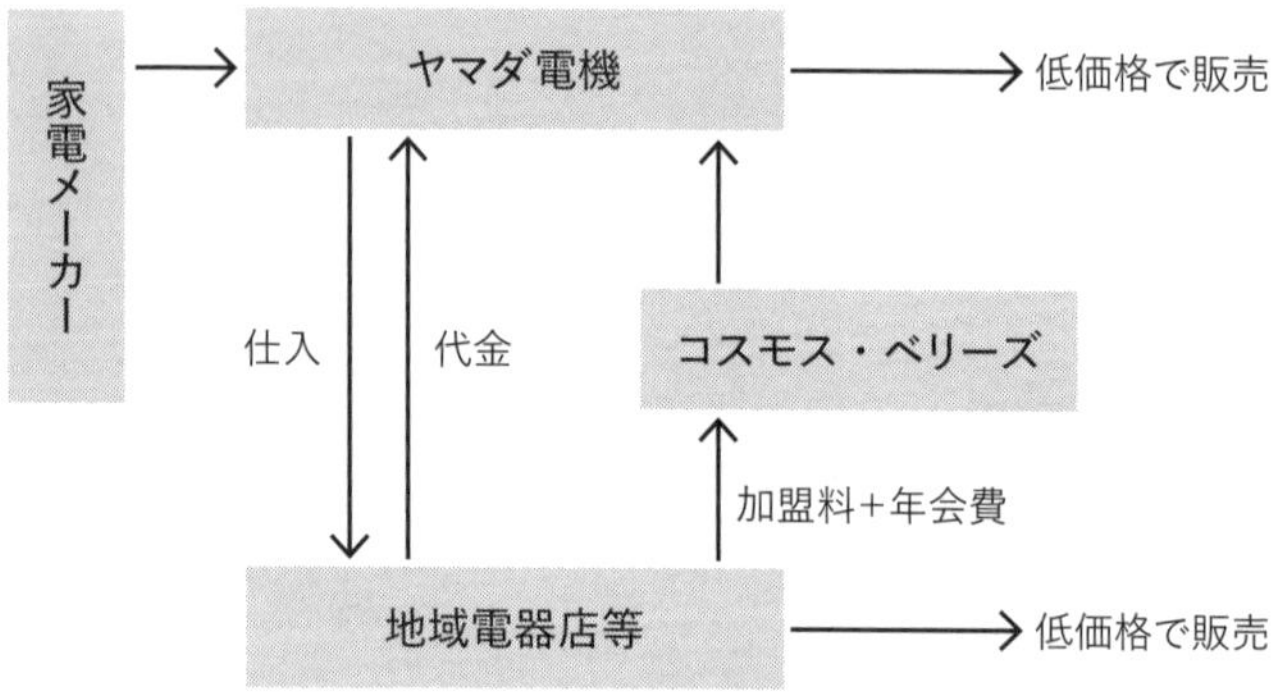

出所：筆者作成

い。

●地域電器店のメリット

地域電器店は、２０１４年には全国に約２万７０００店あったが、地方経済の衰退、事業継承問題を背景に、最盛期の半分に減少する見込みである。まさに、生き残り競争になってきている。コスモス・ベリーズと組む地域電器店のメリットとしては、以下のようなものが挙げられる。

第１に、自分の店に在庫を持たなくても、ヤマダ電機の店舗をショールーム兼在庫置場として利用できる。多くの地域電器店はメーカー系列であるため、品ぞろえが特定メーカーに偏るが、ヤマダ電機の品ぞろえは特定メーカーに縛られず幅広い。地域店は顧客に２時間以内で家電を配達することができる。冷蔵庫や炊飯器などの故障時に、この迅速さは差別化の武器となる。

第2に、コスモス・ベリーズが提供する「BFC.net」という仕組みを使えば、地域電器店はヤマダ電機の近隣3店舗の在庫を確認でき、顧客への返答の信頼性が高まる。

第3に、地域店はこれまでは、系列メーカーが休みに入るお盆や年末年始は商品調達が難しくなるため、多めに在庫を抱えたり、メーカーからの納品が遅くなったりするという問題を抱えていた。しかし、ヤマダ電機は、元日以外は営業しており、在庫とサービスの問題を同時に解決できた。

●ヤマダ電機のメリット

一方、ヤマダ電機が一見ライバルとも思える地域電器店と手を結ぶメリットは、第1に、すべての顧客がヤマダ電機のような大型量販店に家電商品を買いに来るわけではないため、そうした顧客を地域電器店にカバーしてもらうことができる。高齢者の中には、家電の商品知識に乏しく、大型店での値引き交渉などできない人も少なくない。

第2に、量販店ではできないきめ細かいサービスを提供できる。例えば、地域店は、地元の住民と長年の関係があり、修理や据え付けなどのサービスでは一日の長がある。

第3に、地域店への販売数量が伸びれば、ヤマダ電機のメーカーへのバイイングパワーを一層強化できる。

コスモス・ベリーズのFC、VC先は地域電器店にとどまらず、燃料店、工務店、工事店、電材企業、設備業、カタログ通販、引越し業など87業種に及んでいる（2021年5月）。また、取り扱い商品としては、家電だけでなく、スマートハウス、リフォーム、太陽光発電、電動アシスト自転車、日用雑貨まで幅広い分野に拡大している。

コスモス・ベリーズは、生業的な小売り店のバリューチェーンの中に入り込むことによって、地域店とも戦わず、ヤマダ電機にもメリットがある仕組みを作り上げたのである。

▼弁護士ドットコム

日本の法律トラブルの約8割は、弁護士に相談されていない。日本では弁護士に相談する敷居は高いものだった。

「弁護士ドットコム」は、「専門家をもっと身近に」を企業理念に、日本最大級の弁護士検索、法律相談のポータルサイトとして、弁護士のマーケティング活動を支援している。2020年10月には、弁護士ドットコムに登録する弁護士が2万人を超え、国内の弁護士の半数が登録するまでになった。

弁護士ドットコムをきっかけに仕事を受ける弁護士も少なくなく、弁護士が弁護士ドットコムに登録するには、無料もしくは月額2万〜5万円の有料となっている（有料の場合は、弁護士ドットコムから手厚い紹介がある）。

弁護士のプロフィールだけでなく、相談者の弁護士への評価（レビュー）も載っている。弁護士ドットコムで累計１００万件を超えて利用されているのが、「みんなの法律相談」である。みんなの法律相談は、悩みを抱える人が匿名で相談した内容に、当該分野を得意とする弁護士が、実名、顔写真、得意分野入りで回答してくれる（パソコンからの質問は無料。複数の弁護士が回答するケースもあるが、回答した弁護士には１円も支払われない）。

２００５年に弁護士の元榮太一郎氏が法律相談サイト「弁護士ドットコム」の運営を開始し、２００６年に「税理士ドットコム」も開始した。２０１４年に東証マザーズに上場し、２０１５年には脱ハンコを先取りした国内で最初のウェブ完結型のクラウド契約サービス「クラウドサイン」をリリースした。２０１６年には、弁護士・法務担当者向け人材紹介サービスを開始した。創業者は弁護士だったが、２０１７年からは、価格ドットコム出身の内田陽介氏がＣＥＯに就いている。

かつて弁護士は、公共的な奉仕者であり、個人的な利益追求は弁護士の職を冒瀆し、品位を下げるとして、日本弁護士連合会（日弁連）が広告宣伝を禁止していた（１９５５年制定の弁護士倫理第８条）。

しかし、その後、広告の解禁を求める声が高まり、１９８７年、原則禁止だが例外的に解禁され、２０００年に原則自由となった。そして、２０１２年に、「弁護士及び弁護士法人並びに外国特別会員の業務広告に関する指針」を遵守し、誇大な表示にならないよう注意する義務があるという運用指針が示された。

しかしながら、今日でもテレビ広告を行っているのは、カード利息の過払い金が戻る弁護士事務所の例など数少なく、弁護士の営業はとても難しいとされている。そこに弁護士ドットコムが登場したのである。

弁護士ドットコム経由で仕事を受ければ受けるほど、弁護士は同サイトへの依存度が高まる。弁護士ドットコムは、弁護士業務の最初に必要だった営業・マーケティング機能に特化したが、依存度が高くなるほど弁護士ドットコムなしには営業ができないようになるかもしれない。

従来、営業に手が回らない、営業にはなじまない業界に、弁護士ドットコムのモデルは有用だ。前者であれば、前述した印刷業のラクスルなどがそれに該当する。後者であれば、弁護士と同様の士業（例えば、会計士、中小企業診断士）や、非営利組織が多い病院・医師や教育機関でも応用できるだろう（ちなみに、いいお医者さんを紹介するサイトは複数誕生しており、中小企業診断士を紹介するサイトも複数ある）。

▼Nupp1

シェアリング・エコノミーの進展の中で、ハードウェアを持たない新規参入業者が増えている。ウーバー、エアビーアンドビー、akippa（駐車場のシェアリング）などが有名だが、フィットネスクラブにも新たな参入者が登場してきた。

日本の「Ｎｕｐｐ１」（会社名はロセオ）は、複数のフィットネスクラブと提携してシェアリングで使える仕組みを作った。[*14]Ｎｕｐｐ１は２０１９年から、国内初のフィットネスクラブ向けのシェアリング・サービス「Ｎｕｐｐ１　Ｆｉｔ」を始めた。

関東では45店（２０２０年3月現在）のクラブと提携し、１分単位でクラブを使える仕組みである。利用できるクラブには、ティップネス、ＮＡＳ、ルネサンス、東急スポーツオアシスなど大手企業が含まれている。

フィットネスクラブ側としては、設備は固定費であり、多くの人が利用してくれたほうが良い。すいている時間にＮｕｐｐ１で利用してもらえば一番助かる。利用客がＮｕｐｐ１に払った料金は、Ｎｕｐｐ１が手数料を取った上で利用したクラブに支払われる。ちなみに、提携ジムの月額会費以上に利用した場合には、そのジムの会員になることをすすめるメールが利用者に届く。

こうした仕組みは、手余り（閑散期）と手不足（繁忙期）が存在する業界への新しいビジネスとして新規参入の余地がある。先に紹介したラクスルと同様の仕組みである。

8

バンドラー――他社品も組み込む

バンドラーとは、新たな機能を追加する上で他社品も組み込み、顧客価値を上げると同時に、競合他社が同じ事業をやることに対して参入障壁を高くする方法である。

以下、バンドラーの事例を見てみよう。

▼グリコ[*15]

グリコはかつて、自社の菓子を入れた自動販売機を置く「ジョイモア」事業を行っていた。スイミングスクール、ボウリング場、高速道路のサービスエリアなどではうまくいったが、4000～5000人規模のオフィスでは成功せず、撤退に至った。

オフィスにおける菓子の購入の中心は、意外にも女性ではなく男性だった。特に30代、40代の男性に人気があった。菓子好きな女性社員は、コンビニまで行ってでも好きな菓子を購入してくるが、男性はわざわざコンビニまで出かけるケースが少ない。こうした男性社員にとって、手軽に買える社内の自販機は歓迎された。

しかし、自販機では「買える商品がいつも同じ」ことがネックとなった。菓子は必需品ではなく、毎日同じ物では飽きてしまい、その日の気分で好みも変わる。自販機による商品提供は、そのニーズと合わなかったのである。

そこで考案されたのが、プラスチックの3段ボックスに種類の違う菓子を入れ、毎週配達人が訪問して売れた菓子を補給し、1段分を別の菓子に入れ替えていくやり方だった。この方法であれば、3週間で菓子の種類が一新され、飽きの問題を解決できる。

問題は代金の回収だったが、これも固定費をかけずに、購入者がカエルの貯金箱に代金を入れる信頼関係に基づいたシステムをとった。この仕組みは、農家近くの道路脇にある野菜の無人販売スタンドを参考にしたという[*16]（オフィス内にあるためか回収率は高く、95％以上に上る）。このシステムは「オフィスグリコ」と名づけられ、2002年から始められた。

オフィスグリコの展開にあたって、1つの決断が下された。それはボックスの中に、競合企業の商品を入れたことである。ジョイモアではグリコの商品しか入っていなかったが、グリコの商品だけでは菓子のバラエティが乏しくなるためだ。グリコは菓子業界では有名だが、すべての種類の商品ラインをそろえているわけではない。例えば、豆菓子や珍味系はグリコが手薄なため、他社品を組み込んだ。

オフィスで菓子を食べる側のニーズとしては、同じ菓子ばかりでは飽きてしまい、選択肢が豊富なほうが顧客満足は高まる。そこでグリコは、別のチャネルでは競合している他社製品をボックスに入れるようにしたのである。

社内では、「敵の商品を売るのか」という声も出たが、この仕組みは「参入障壁の構築」という副産物を産んだ。すなわち、グリコのシステムがうまくいけば、より広い商品ラインを持つ大手菓子メーカーが同質化をしかける可能性は高い。ところが、オフィスグリコですでに競合企業の商品も買えることから、一度オフィスグリコを設置した企業は、もし他の菓子メーカーから同じような設置の提案を受けても、わざわざスイッチする必要性が低くなった。すなわち、他社商品の取り扱いがユーザーのスイッチング・コストを高くし、競合の参入障壁を高めたのだった。ここに「競争しない競争戦略」のポイントがあった。

このような戦略は、次項で述べる文具業界で4位に位置していたプラスが、通販のアスクルを設立し、早い段階で他社商品の取り扱いを始めたことから、後にコクヨや大塚商会に同質化をしかけられても、当初からのユーザーが他社にはあまりスイッチしなかったケースと似ている。

その後は、アイスクリームの入る冷凍冷蔵庫タイプも増やし、かつ「災害時の非常食」という訴求により新たな需要も開拓してきた。

しかし、オフィスグリコが全国に13万台設置され、53億円の売上[*17]を上げるのを見て、オフィスファミマ、Drink&Snack、Office Oasis、cubeshop、OYATOOLなどが、ほぼ同じビジネスモデルで参入してきた。しかし、大手菓子メーカーはいまだ参入してきていない。

▼アスクル

アスクルのビジネスモデルは、多くのビジネス書に紹介されているので周知かもしれない。しかし、文具業界のリーダー企業コクヨが同質化施策をとったにもかかわらず、逆転されなかった理由の1つとして、カタログに他社製品を入れた点を見逃すことはできない。

文具業界には、ガリバー的存在のコクヨがいる。プラスは、既存の流通構造のままでは棚が取れないと考え、カタログ通販のアスクルを1993年に始めた。今まで店舗に買い出しに行っていた従業員30人未満の事業所をターゲットとし、卸がからまない仕組みを作った。創業当初のカタログにはプラス製品しか掲載されておらず、厚さも今よりずっと薄かった。

しかし、第2章で説明した通り、アスクルを始めてみると、顧客から「キングジムのファイルも扱ってほしい」という声が入り、試験的にカタログに掲載したところ、かなりの受注が来た。カタログの中にはプラス製のファイルもあり、キングジムより低価格で販売していたので、キングジムを購入してくれた顧客に電話してプラス製ファイルの勧誘も行った。しかし、その電話の後、アスクルとの取り引きを止めてしまった顧客もいた。

こうした経緯から、「顧客は単にファイルが欲しいのではなく、キングジムのファイルが欲しかった」ということがわかった。ファイルは買った瞬間に機能を果たすのではなく、書類をはさみ、それが秩序良くキャビネットに並べられて初めて機能を果たすのだった。

キングジムのファイルがなぜ売れたのかという本質がわかり、アスクルは顧客志向を徹底するためには、プラス製品でカタログを固めるのではなく、定番となっている他社品もカタログに取り込むことが必要であると悟った。その後は積極的に他社品を取り込み、1997年にはアスクルの売上の75%が他社品となった。[*18]

アスクルは卸をスキップする仕組みを作ったが、コクヨはリアルのチャネルのリーダー企業のためすぐには同質化できなかった。しかし、アスクルが伸びるのを見て、2001年、卸を組み込んだ形でカタログ通販カウネットを開始した。実際には、物流や受発注に卸はからんでおらず、卸は小売店への与信機能を提供し、伝票が通るだけの仕組みだった。

コクヨは得意の営業力で系列小売店を使ってユーザーを開拓したが、売上ではアスクルに、そしてカタログ通販2位の大塚商会にも追いつけなかった。

カタログの中身自体は、アスクルとカウネットの差はほとんどない。品ぞろえも価格も違いはほとんどない。逆に言えば、アスクルが積極的に他社品をカタログに掲載したために、一度アスクルを利用したユーザーは、わざわざ切替コストを払ってまでコクヨに乗り換えるインセンティブがなかった。すなわち、売上の4分の3以上を占める他社品の取り扱いが、カウネットに対する参入障壁となったのである。

その後、アスクルは、プラスの子会社を外れ、2012年にヤフーが筆頭株主になった。これはEC（電子商取引）においてアマゾン、楽天に水を空けられていたヤフーが、〝手足〟を持ちたいという動機から実現したものである。

ヤフーが筆頭株主になり、ヤフーはアスクルが育ててきた個人向けネット通販の「LOHACO」事業を、ヤフーに譲渡するよう迫った。しかし、アスクルは「LOHACO」の保持を表明したため両社の関係は悪化し、2019年にヤフーはアスクルの経営陣を全員退任させるに至った。

▼ホギメディカル

●ホギメディカルの事業展開

ホギメディカルは、1961年に医療用記録紙の販売会社からスタートした。1964年には、その後の事業のベースとなる滅菌用包装袋「メッキンバッグ」を発売する。これは院内感染防止に貢献する商品だった。

そして次の事業として、1972年に医療用不織布を発売した。当時病院では、手術着などは手術後洗浄して再利用していたが、洗濯の手間と感染リスクがあった。そのため、同社はディスポーザブル（使い捨て）の手術用ガウン、キャップなどを開発し、感染防止を進めた（現在ではほとんどの手術がディスポーザブルで行われている）。

さらに事業を拡大させたのが、1994年からのキット製品である。これは手術で使うディスポーザブルの医療材料をセット化したもので、手術の準備の手間を大幅に減らし、人為ミス防止、感染防止、ひいては手術の収益改善にも寄与するものだった。それまで手術に必要な材料は、看護師がリストを見ながら集め、必要な材料の選択に関しては、経験とカンによるところが大きかった。この準備には、ベテランの看護師が数人で作業しても数時間かかっていた。

このキットの中にはホギメディカルの不織布だけでなく、テルモの注射器、ファイザーのメス、ジョンソン・エンド・ジョンソンの縫合糸など他社製品も含まれていた。

キット化というと、ただ各材料を集めてパッキングすればよいと思われるかもしれない。しかし、1品ごとに薬事法の認可を得ていても、キット化すると別商品とみなされて個別に認可を得なくてはならないため、簡単に参入できるものではなかった。

このキット化において、ホギメディカルの差別化の武器となったのが滅菌技術である。ホギメディカルが採用している滅菌方式は電子線滅菌と呼ばれるもので、設備投資に巨額の資金が必要である。しかし、従来の酸化エチレンガス滅菌方式に比べ、短時間で大量の滅菌が可能で、残留毒性や環境汚染もない。当時のホギメディカルの企業規模では、電子線滅菌への投資は社運をかけたものだったが、この意思決定が今日のホギメディカルの優位性を築いている。

さらに、キットを発展させたものとして、現在、同社が力を入れているのが、2004年から開始した「オペラマスター」である。オペラマスターは医療材料、物流、情報管理システムの3つから構成され、病院経営の効率化に貢献するものである。キット製品が主に看護師の手間を減らす目的だったのに対し、オペラマスターは、手術室の効率的運用を目指したものであ

［図表4－11］ **手術のバリューチェーン**

注：閉創とは、手術時に作られた切創を縫合等により閉じること。
出所：ホギメディカル

る。

キット化された製品を、発注から最短5日で手術の前日までに納入し、病院の在庫を減らす。そして、手術室の利用時間、材料の使用状況、スタッフの配置などを分析し、その情報を病院に提供することによって、手術室全体の収益改善に資するものである。

日本には病院は8255施設（2020年6月時点）あるが、オペラマスターのメインターゲットは、大手術が多く行われる上位1000病院である。

●手術のバリューチェーンと今後の展開

一般的な手術のバリューチェーンは、図表4－11のように表される。

従来、手術のバリューチェーンは看護師、医師の業務としてバラバラに担われてきたが、ホギメディカルは、キット化によって、手術の効率化、ヒューマンエラーの防止、そして滅菌の徹底を実現した。

さらに、オペラマスターによって、個々の手術の効率化だけでなく、従来ブラックボックスだった手術室の原価管理を行い、病院の経営サポートにまで踏み出した。

キットの時代、ホギメディカルは主に看護師に営業を行っていたが、オペラマスターでは、事務長や院長と話をする機会が多くなった。そのため、従来、材料の知識だけで営業していた営業員の中には、方針の転換についていけない者も出てきた。

さらに、出入り業者の立場である材料メーカーのホギメディカルが病院経営のアドバイスをするというのは、病院は受け入れにくいと考え、同社はあくまでも蓄積したデータを根拠に、より良い方法を提案するというスタンスをとっている。

将来的には、日本の大病院の手術室のデータをホギメディカルが蓄積していけば、そこから得られるノウハウはホギメディカルが握ることになる。先に述べた医薬品業界におけるＩＱＶＩＡのような存在になれる可能性も秘めている。

●競合企業の戦略

薬事法の認可の壁はあるものの、キット事業は特許で守られているものではない。直接の競合企業として、国内では日本メディカルプロダクツ、リブドゥーコーポレーション、外資系ではメドラインなどがあるが、彼らはホギメディカルよりも低価格で競争をしかけている。

これに対して、ホギメディカルは価格で対抗するのではなく、前述のオペラマスターによる情報で差別化している。

一方で、テルモやニプロなどの医療材料メーカーも、キット事業は参入可能である。テルモはカテーテルなど一部領域で「ソリューションパック」と呼ばれるキット売りをしているが、もともと材料メーカーとして、得意とする領域で優位性を持つことから、すべての診療領域には展開していない。逆にホギメディカルは、不織布という診療領域に特化しない事業からスタートしたため、全領域に展開できることが強みである。

また、他の医療材料メーカーにとっては、ホギメディカルのキットに組み込まれることは、個別に病院に営業に行かなくてすむことになる。特に営業力が強くない中堅材料メーカーにとっては、ホギメディカルとはWIN－WINの関係になっている。

しかし最近、こうした同業者とは異なる新たな敵も現れた。2021年、富士通が、新型コロナウイルスの蔓延にともない病院の手術室の稼働率が低迷しているのを見て、手術室の稼働率を見える化するシステムを開発した。富士通は、従来の競合サプライヤーとは異なる方法で、ホギメディカルの牙城を攻めてくる可能性がある。*19

9 協調戦略の事例から学べるもの

協調戦略は、バリューチェーンの一部の機能に特化して、競争しない戦略を構築するものである。しかし、売上の拡大を目指して機能を前後に広げていくと、前後の機能を提供している企業と食い合ったり、相手企業の付加価値を奪ったりするため、協調が成り立たなくなる可能性がある。

そのため、協調戦略による成長を目指すためには、機能の前後への拡張ではなく、バリューチェーンに入り込める企業数、自社のバリューチェーンに組み込む企業数を増やし、その部分において寡占を作っていくほうが望ましい。それをすでに実現しているのが、医薬品調査会社のＩＱＶＩＡであり、Ｍ＆Ａデータのレコフである。

そのためには、同種のビジネスモデルの企業がいる場合には（例えば、クレジットカードのプロセシング業務におけるキュービタス対セディナ）、その競争に勝ち、競合企業の数を減らしていくことが、「競争しない競争戦略」を安定させるためには必要である。これは、本書の冒頭に述べた「同一ビジネスモデル間においては、競争が必要である」ということの例である。

なお、本章の事例にサービス業が多いのは、協調戦略をバリューチェーンの視点から考えたからである。

エバンス&トーマス（1999）の考え方を日本で展開した水越（2003）は、レイヤー・マスターの例として、インテル、キーエンス、ローム、ヒロセ電機、マブチモーターなどのメーカーの事例を挙げている。これらの企業も、事実上、「競争しない競争戦略」に近いかもしれない。しかし、これらの企業の部品は、通常の商取引の一環として相手企業に納品されており、協調の結果、納品されているわけではないので、本書では取り上げなかった。

一方でメーカーの事例としてGEを挙げたが、このケースは競合企業に部品を納めているというより、「メンテナンス・サービス」を他社に提供していると言うほうが近いと言えるだろう。

〈注〉

1　ただしポーター（1985）も、自社の競争優位を高めてくれる競合企業を「良い競争業者」と呼び、徹底的に叩き潰すのではなく、少しシェアを取らせるほうが良いと述べている。
2　Consortium の複数形。
3　「日本経済新聞」2015年1月7日付朝刊
4　当初はコンピュータを利用した予約発券システムであり、CRS（Computer Reservation

System）と称していた。その後、ホテル、レンタカー、列車など多数の供給事業が参加するようになり、ＧＤＳ（Global Distribution System）に改称された。

5　一時期、トヨタ自動車のハイブリッドエンジンは、日産自動車やフォードへ外販されていた。

6　Evans P. and S.W.Thomas（1999）*Blown to Bits:How the New Economics of Information Tranforms Strategy,* Harvard Business School Press（ボストン・コンサルティング・グループ訳〈１９９９〉『ネット資本主義の企業戦略』ダイヤモンド社）、内田和成（１９９８）『デコンストラクション経営革命』日本能率協会マネジメントセンター、水越豊（２００３）『ＢＣＧ戦略コンセプト』ダイヤモンド社などを参照。

7　「ＧＥの破壊力」『日経ビジネス』２０１４年12月22日号

8　「ホテルの達人と震災」『日経ビジネス』２０１２年2月20日号

9　「Ｍ&Ａでも日本流があっていい」『日経ビジネス』２００８年3月17日号

10　鈴木敏文（２００８）『挑戦　我がロマン』日本経済新聞出版社

11　「難題に直面しても心の声を聞けば答えが分かる」『日経ビジネス』２０２１年4月19日号

12　「眠れる印刷機を叩き起こす」『日経ビジネス』２０１４年10月27日号

13　「手余り状態においては、粗利益がプラスであれば受注したほうが良い」というのが経済性分析の原則である。詳しくは千住鎮雄他（１９８６）『経済性分析　改訂版』日本規格協会を参照。

14　Ｎｕｐｐ１の原型とも言える企業として、米国にクラスパス（ClassPass）がある。クラスパスは、月額定額固定料金を払うことで、加盟している８０００以上のジムを利用することができる。詳しくは、ロックス他（２０１７）『対デジタル・ディスラプター戦略』日本経済新聞出版を参照。

15 本ケースは早稲田大学山田英夫研究室＋博報堂コンサルティング『ビジネスモデル研究会』をベースにしている。
16 「オフィスグリコ、ヒントは富山の薬売りじゃないです～「カエルの集金箱」の秘密」『日経ビジネスオンライン』2012年7月3日
17 https://shashokuservice-hikaku.info/ranking/officeglico/
18 『プラスのアスクル事業』慶應義塾大学ビジネススクール・ケース
19 「日本経済新聞」2021年7月2日付朝刊

第5章

「競争しない競争戦略」の未来

最後に、「競争しない競争戦略」の今後の課題についてまとめておこう。

1 競争しない企業同士の競争

まず短期的な課題として、競争しない企業同士の競争の激化を挙げることができる。

「競争しない競争戦略」は、〝既存業界のリーダー企業〟に対して、競争しないポジションを築くものである。しかし、「競争しない競争戦略」をとる企業が1社だけであれば競争がない状態は維持されるが、同じ戦略をとる企業が複数出てくると、それらの企業間での競争が生まれてくる。これが昨今増えている「競争しない企業同士の競争」である。

ニッチ戦略の場合は、そもそも市場規模が小さいことから、新規参入企業が無限に増えることは考えにくい。仮に何十社もが共存できるのであれば、その市場はそもそもニッチ市場ではない。

競争しない戦略をとる企業同士の競争が激しくなるのは、不協和戦略と協調戦略をとる場合である。とりわけ、第1章7節で述べたように、事業のアンバンドリングが進む中、協調戦略をとる企業同士での競争が懸念される。

[図表5－1]　**主な料理宅配サービス業**

企業名	創業地	日本での開始年月
出前館	日本	2000年10月
楽天デリバリー	日本	2002年2月
dデリバリー	日本	2002年2月（2021年6月撤退）
ウーバーイーツ	米国	2016年9月
ウォルト	フィンランド	2020年3月
ディディフード	中国	2020年4月
メニュー	日本	2020年4月
フードパンダ	ドイツ	2020年9月
フードネコ	韓国	2020年12月

出所：『日経ビジネス』2021年3月22日号を一部加筆

以下、料理宅配サービス、来店型保険ショップの事例を見てみよう。

▼料理宅配サービス

料理宅配サービスは、当初は飲食業の料理配達機能を担う企業として誕生した。本書の分類で言えば、協調戦略をとるレイヤー・マスターだった。

そして、事業拡大の過程で、従来は店内飲食だけで配達を行っていなかった外食産業も顧客となった。日本では新型コロナウイルスの蔓延を機に、料理宅配サービスに配達を頼むことによって、外食産業が売上減を補おうという動きが出てきた。

しかし、料理宅配サービスの市場が拡大する中で、日本でも老舗の出前館、ウーバーイーツなどと同じビジネスモデルの競合企業が多く生まれている（図表5－1）。

料理宅配サービスは、レイヤー・マスターから、外食産業が新しい市場を開拓するマーケット・メーカーに変身したが、今日では料理宅配業者間での激しい競争に直面している。料理宅配サービスは、極論すれば「運ぶだけ」であるため、他社と差別化しにくく価格競争に向かわざるをえず、早くもレッド・オーシャン化しており、撤退企業も出ている。

▼来店型保険ショップ

少し前の事例で言えば、専属の営業職員が顧客を訪問しながら販売していた生命保険を、小売り店の店先で、かつ複数の保険会社の保険を扱う来店型保険ショップも、競争しない戦略の1つとして誕生した。複数社の営業機能を束ねるレイヤー・マスターだった。

1995年に「ほけんの窓口」が誕生し、現在では生損保40社以上の保険を取り扱っている。保険ショップは、中立的立場で各社の保険を比較したい層に受け入れられ、店舗数を増やしてきた。

しかし、保険ショップの人気が高まるにつれ、「保険見直し本舗」「保険ほっとライン」「保険クリニック」など同じビジネスモデルの企業が多数参入してきた。

一方で2013年には、それまで営業職員によって保険を販売してきた住友生命保険が、ほけんの窓口の第三者割当増資を引き受けて第3位の株主になった。さらに、2015年に日本生命保険は、ほけんの窓口の子会社「ライフプラザパートナーズ」を買収し、２０１７年には「ほけんの１１０番」も買収した（住友生命も「保険デザイン」を買収した）。

このように、新たなレイヤー・マスターだったはずの保険ショップは、同じビジネスモデル同士の競争が激しくなると同時に、営業職員を持つ伝統的な生保会社が資本を入れるようになり、当初の「中立性」も揺らぐようになってきたのである。

以上のように、せっかく作り上げた競争しない戦略が、新規参入業者間で同質的な競争を行い、すぐにレッド・オーシャン化してしまう現象が多発している。

『新版　ブルー・オーシャン戦略』（２０１５）においても、ブルー・オーシャン企業への模倣があることが指摘されている。そして、模倣を防ぐための壁として、次の４つを挙げている。

①整合性の壁：価値提案、利益提案、人材提案を差別化と低コストを軸にして整合させると、戦略の持続性が高まる

②意識や組織の壁：模倣するためには、既存の事業慣習や組織を大幅に変えなくてはならない（本書の不協和戦略に当たる）

③ブランドの壁：模倣すると既存のブランド・イメージを損なう場合（不協和戦略に当たる）

④経済や法規制の壁：市場が小さく2社は並存できない場合。また、ネットワーク外部性がは

たらく場合や、特許・免許などがある場合。

ただし、こうした壁があっても、模倣者は現れる可能性がある。そのためには、まず第1に、可能な限り模倣者の反撃を遅らせることである。「他社の同質化の遅れは、自社のパフォーマンスにプラスにはたらく」（カラヤナラム他　1995）、「先行者への追随が遅れる程、自社（筆者注：追随者）のパフォーマンスは悪化する」（リー他　2000）という実証研究もあり、追随を遅らせることは業績にも直結する。

具体的戦略としては、顧客に対してスイッチング・コストを高め、自社としては製品の隙間を埋め、規模の経済を高めることも有効である。さらに、競合に対しては、追随者がチャネルを利用するのを阻止することや、代替技術やノウハウの占有、供給業者との提携などが有効と言われている（ポーター　1985）。

いずれにしても、追随者の同質化を遅らせ、先発優位の期間を長く保持することが重要である。

また、第2には、守りを固めるだけでなく、自社の事業や事業ポートフォリオを進化させていくことも必要である。

単一のブルー・オーシャン事業の場合には、次なるブルー・オーシャンの創造を目指すことが必要である。競合企業の価値曲線が自社に似てきたら（すなわち、競合他社の模倣の程度が高くなったら）、新たなバリューイノベーション、すなわち、買い手や自社の価値を大幅に高め、競争がない未知の市場空間を開拓することが重要としている。

一方、多角化企業の場合には、複数の事業に対して、パイオニア（かつてない大きな価値を提供する事業）、移行者（パイオニアと安住者の中間）、安住者（レッド・オーシャンでくすぶる事業）というバランスがとれたポートフォリオに、常に改めていくことが必要と言われている（キム＆モボルニュ　２０１５）。

2 「競争しない競争戦略」の課題

次に、競争しない競争戦略の中・長期的課題を見ていこう。

【1】積極的にしかける必要性

第1章で示したように、「競争しない競争戦略」のエキスは、「分けること（棲み分け）」と「和すること（共生）」にある。そしてその具体的戦略として、ニッチ戦略、不協和戦略、協調戦略の３つを挙げた。

［図表5－2］ **「競争しない競争戦略」の類型（再掲）**

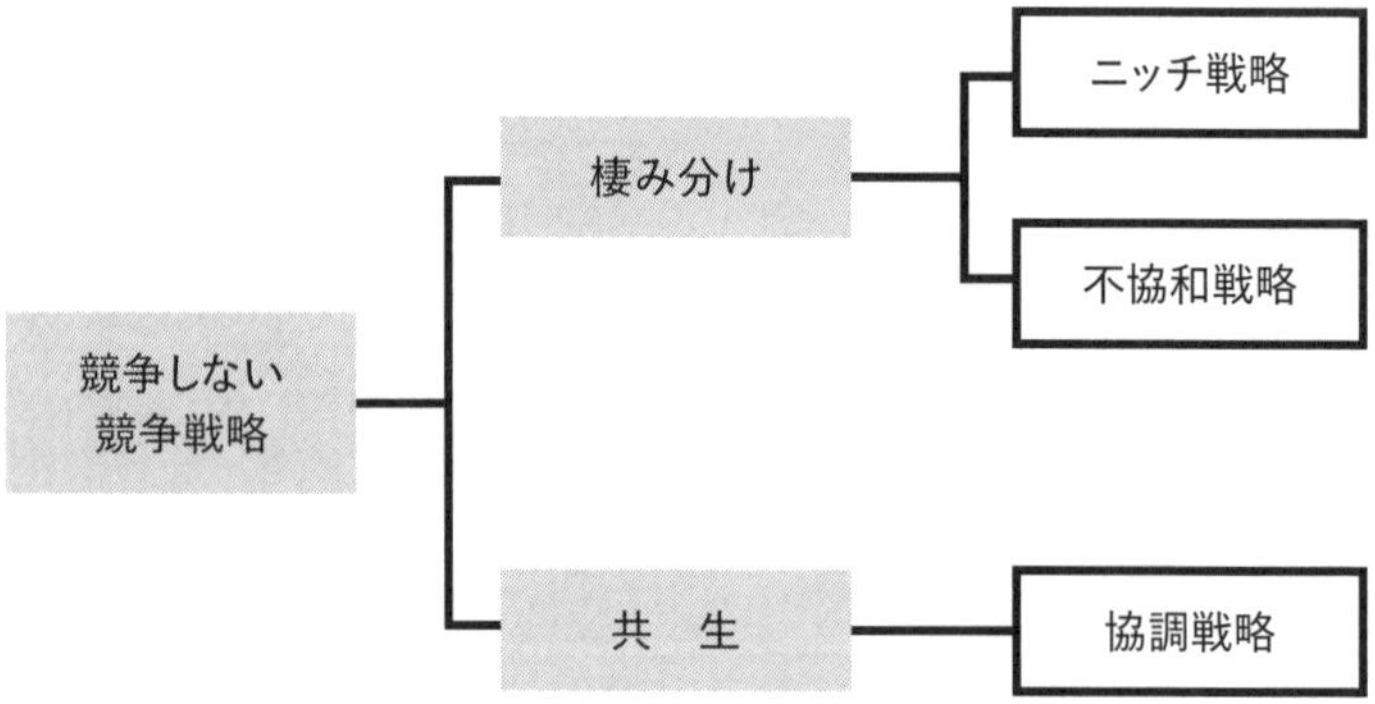

出所：筆者作成

「競争しない競争戦略」と言うと、激しい競争から逃げ出す消極的な戦略をイメージするかもしれない。しかし、本書を通して、競争しない戦略は、自らしかけていく積極的な戦略であることが理解していただけたと思う。

最初に示したニッチ戦略では、リーダー企業に追随（同質化）されないように、技術を常に磨き、かつリーダーが参入しないように、市場規模をコントロールしながら成長させるという微妙な〝さじ加減〟が求められる。リーダーと競争しないために小さな市場に逃げ込むだけでは、長い期間、持続可能なニッチ戦略にはならない。

2番目の不協和戦略においては、リーダーの強みを弱みに転化させる要因を探し出し、常に先手を打ってしかけていくことが重要である。リーダー企業に自社のカニバリゼーション（事業の共喰い）を克服した戦略を打たれると、不協和戦略は効果がなくなってしまうからである。

例えば、かつて紙の情報誌でトップだったリクルートは、自ら進んでネット事業に転換し、カニバリゼーションという不協和を克服した。そうなると、リクルートと競争しない戦略を志向する企業は、紙媒体の負債化に代わる、次の「資産の負債化戦略」に先手を打っていかなくてはならない。

最後の協調戦略は、相手企業のバリューチェーンに入り込んだり、自社のバリューチェーンの中に他社の機能や製品を取り込んだりするなど、他社に働きかけていかないと成り立たない。

さらにニッチ戦略では、徹底したクローズド戦略が求められるが、協調戦略では、すべてをオープンにするのではなく、オープン（競合企業を誘引する部分）とクローズド（自社が儲ける部分）を組み合わせた「オープン・アンド・クローズド戦略」（柴田　１９９２、山田　１９９７、ベンセン＆ファレル　１９９４、グリンドレイ　１９９５、淺羽　１９９８、シャピロ＆バリアン　１９９９、小川　２０１５など）を実行していかなくてはならない。

こうしたオープン・アンド・クローズド戦略は、従来、日本企業が得意としてきた「走りながら考えるやり方」では構築できず、ビジネスを立ち上げる時点で、明確なビジネスモデルを確立しておくことが求められる。

［2］3つの戦略の課題

最後に3つの「競争しない競争戦略」を実行するにあたっての課題とその克服方法をまとめ、本書を締めくくりたい。

①ニッチ戦略の課題

第1のニッチ戦略に関しては、成功の復讐と評価尺度に留意する必要がある。ニッチ戦略で成功を収めると、企業は売り上げを拡大するために〝ニッチ度〟を緩めて経営資源を拡散させ、利益率を下げていく傾向がある。この危惧は第2章でも指摘した。

自動車のホンダやコーヒーショップのスターバックスのように、一気に資源を蓄積してニッチャーからチャレンジャーに短期間に転身できれば、そのまま生きていく道もあるが、資源蓄積が不十分なまま戦線を広げていくと、ニッチャーは経営資源の量も質も弱いフォロワーに転落してしまう危険性がある。

例えば、かつて東海地区で、サークルKは空間ニッチ企業として東海地区に出店を限り、優良企業だった。しかし、サークルKは2004年にサンクスと合併してサークルK・サンクスとなり、全国規模の企業となった。しかし、全国規模の企業としては、セブン－イレブン、ローソン、ファミリーマートの3強から大きく引き離されており、フォロワーになってしまった。すなわち、ポーターの言う中途半端な規模（スタック・イン・ザ・ミドル）に陥ってしまったのである。

その後、２０１６年に親会社のユニーグループ・ホールディングスがファミリーマートと経営統合したことにより、サークルＫ・サンクスは、ファミリーマートへの看板替えや店舗閉鎖が進められた。

事業の成功とともにニッチ度を緩めていく傾向は、経営者のマインドだけでなく、社内の評価尺度がそれを仕向けている面もある。そのため、「自社のニッチ戦略を正しく評価する尺度は何か」をしっかり議論しておく必要があるだろう。

これまで日本企業が当然のように採用してきた売上高、売上高の対前年増加額、売上高の対前年成長率、予算比、受注金額、受注残、マーケットシェア（金額もしくは数量）などの尺度は、リーダーやチャレンジャー企業にはふさわしいかもしれない。

しかし、ニッチ企業においては、こうした尺度よりも、売上総利益率、売上高営業利益率、顧客シェア、顧客リピート率、顧客満足度、マインド・シェア（顧客の心の中に占める特定ブランドの占有率。純粋想起率を代理指標とすることが多い）のような指標をより重視すべきだろう。企業がニッチ戦略を目指しても、評価尺度がリーダー企業向きの尺度であると、社内で評価されず、ニッチ度が緩んでいってしまうからである。

② 不協和戦略の課題

2番目の不協和戦略に関しては、環境変化があると資産と負債は次々と変化し、いったん負債になった資源が再び資産に返り咲くこともある。まさに、白と黒が一手で入れ替わるオセロゲームと同じである。

例えば、多くの営業職員を抱える生命保険会社に対して、ネット生保は固定費が低く、保険料が割安という優位性があったが、リーダーは同質化をしかけられなかった。しかし、東日本大震災という大きな環境変化が起きた際には、多くの営業職員を抱える生保が、営業職員の力を使って、ネット生保に比べて素早く顧客リストの確認ができたという現実もある。

パナソニックの系列店も、大手量販店に押されて〝負債〟になりかけた時期があったが、アナログテレビが停止される地上デジタルテレビ放送需要の際には、地方の高齢者を中心に系列店から購入する層が多く、系列店の店主が家の中まで上がれるという優位性が活かせた。また、高齢化社会の中で、高齢者向け見守り家電の販売などに際しては、ユーザーとの距離が近い系列店は量販店よりも優位にはたらくと予想される。

このように、資産が負債になったらそれで終わりではなく、リーダー企業は〝負債〟を再度〝資産化〟する努力をしてくる。そのため、終わりのないオセロゲームが続く前提で、環境変化を先取りしていかなくてはならない。

③ 協調戦略の課題

最後の協調戦略に関しては、何をもって協調の武器とするかというコア・コンピタンスの見極めが非常に難しい。自社でコア・コンピタンスと信じているものが、本当に協調の武器になるかは、実際にやってみないとわからないことが多いからである。

例えば、仮の話として、コマツが、世界に配置された建機の状況を把握できる「KOMTRAX」システムを外販し、それをキャタピラー、日立建機、コベルコ建機などがそろって導入すれば、KOMTRAXはコンピタンス・プロバイダーとして収益事業になるかもしれない。逆に、GEが目論んでいる「Predix」のオープン化に多くの企業が乗ってこなければ、Predixはコンピタンス・プロバイダーにはなれないことになる。

コア・コンピタンスの外販のためには、何が自社のコア・コンピタンスかを正しく理解していなければならない。自社がコアと思っていても、「他社がこぞってその企業のコア製品を購入しようとしなければ、社内で思われているほど大したものではない」（ハメル&プラハラード　1994）と言われる。逆に、自社が認識していなかったものが、コア・コンピタンスだった例もある。

英国最大のユーティリティ（ガス・電力）供給企業のセントリカ（Centrica）のコア・コンピタンスは、実は競合他社が教えてくれた。

国営のブリティッシュ・ガスが民営化されて、製造と販売が分割された際、販売会社としてセントリカは誕生した。民営化と同時に、BP、シェルなどの石油会社が原料の支配力を武器にガス事業に参入し、価格競争をしかけてきた。

セントリカは一時こうした企業にシェアを奪われたが、石油系に切り換えた顧客の多くが、再びセントリカに戻ってきた。顧客が求めていたのは、単に価格の安さだけではなかった。石油系の企業の価格は安かったが、1軒ごとの家庭の検針や料金決済に関しては融通がきかず、決済ミスも多かった。そのため、クレームが絶えなかった。

セントリカは、国営時代から料金決済はしていたが、その業務が競争の武器になるとは思っていなかった。しかし、競合企業にその優位性を知らされ、「Taking Care of the Essentials（必需品のお世話をします）」というスローガンとともに、決済システムを軸に、クレジットカード、保険などの金融事業などにも参入した。同社のコア・コンピタンスは、「ガスの販売」だけでなく「正確な決済」にあったのである。

その後、セントリカは、ガス、電気、水道、生活周りのサービスをカフェテリア方式で選べる企業となった。そして、現在では、セントリカ傘下の企業が英国最大の電力会社となり、ガスでもトップシェアを維持している。また、本業であるエネルギー供給事業の売上高の2割ほどが、保守・保証・保険などの付加価値サービスになっており、価格にセンシティブではない顧客に対して、「Peace of Mind（緊急時の安心）」という価値を提供している。そして、これら付加価値サービスの売上高営業利益率は15～20％と、エネルギー供給事業を上回る利益率になっている。

日本でも、以前ある企業が、「地方のガス会社を多数買収し統合した上で、ガス事業を分離・売却して決済業務だけを握れば、クレジットカード会社よりも安い手数料で引き落とせるポータル・ビジネスができる」という構想を掲げたが、実現には至らなかった。

最近の事例でも、高速道路や空港が民営化され、彼らは自社のコア・コンピタンスを改めて考え直した。その結果、中日本高速道路は、パーキング・エリア、サービス・エリアを複合的な商業施設に衣替えし、単なる休憩地から〝目的地化〟した。パーキング・エリア、サービス・エリアという独占的な立地こそがコア・コンピタンスだったのである。

成田国際空港も、出国検査後のエリアに免税店モールを開設し、売上を大幅に増やした。空港も独占的な立地を武器に、時間的・金銭的に余裕がある顧客を誘導したのである。

「何が自社のコア・コンピタンスか」は、ただ日常業務をこなしているだけでは見えてこない。「我が社のコア・コンピタンスは何か」を考える場合、通常は社内の人間が頭をひねるが、社内の人間が考えると、Company（自社）から考える傾向が強くなる。しかし、コア・コンピタンスは、Customer（顧客）、Competition（競合）の視点から探究しないと、真のコア・コンピタンスとは言えないのである。

以上のように、３つの戦略には、いくつかの課題が残されている。リーダーではない大多数の企業が「競争しない競争戦略」を構築し、薄利を奪い合う同質的競争から脱却し、高い利益率を確保していくことを期待して、本書の締めくくりとしたい。

謝辞

本書は、公開情報としての企業事例だけでなく、企業インタビューにより内容を精緻化することができました。お名前は出せないものの、ホギメディカル、コスモ石油、プロネクサス、ノーベルファーマ、小林製薬、楽天バスサービス、星野リゾート、アスクル、キユーピーネット、イオンライフ、リクルート、ソニー損保、宝島社、SREホールディングス、ランドスケイプ、IQVIAソリューションズジャパン、スター・マイカ、ラクスル、カーブス、赤城乳業、コスモス・ベリーズ、ライフネット生命、日本ゴア、ヤマサちくわ、ソラコム、エルプ(取材時、順不同)の企業の皆様には、大変お世話になりました。ここに改めて御礼申し上げます。

最後になりますが、今回も編集を担当していただいた日経BP日本経済新聞出版本部の小谷雅俊さん、原稿に目を通して鋭いコメントをいただいた冨田健司さん(同志社大学)、情報検索から原稿のタイピング・校正までをお願いした秋山直子さん、情報検索をお願いした佐藤由里さんに、大変お骨折りをいただきました。また、ビジネススクール学生の辻拓史君、岡田泰範君にも大変お世話になりました。改めて御礼申し上げます。

余田拓郎・田嶋紀雄・川北眞紀子（2020）『マーケティング・ショートケース』中央経済社

Yoffie D.B. and M.A.Cusumano（1999）Judo Strategy: The Competitive Dynamics of Internet Time, *Harvard Business Review,* Jan.-Feb.（有賀裕子・黒田由貴子訳〈1999〉「インターネット時代の競争戦略」『ダイヤモンド・ハーバード・ビジネス』Apr.-May）

Yoffie D.B. and M.Kwak（2001）*Judo Strategy:Turning Your Competitors' Strength to Your Advantage,* Harvard Business School Press（藤井正嗣監訳〈2004〉『柔道ストラテジー』日本放送出版協会）

與那原 建・岩崎卓也（2011）「キーワードで読み解く『戦略の本質』の読み方」『ダイヤモンド・ハーバード・ビジネス・レビュー』June

その他、事例会社のホームページ、公官庁・業界団体発表のデータ、及び「カンブリア宮殿」「ガイアの夜明け」（テレビ東京系）、「がっちりマンデー!!」（TBS系）の各テレビ番組を参照しました。

本文中に示した翻訳のある著書・論文の年号は、オリジナルの著書・論文の年号を記載しました。

ネジメントセンター
内田和成（2009）『異業種競争戦略』日本経済新聞出版
内田和成（2015）『ゲーム・チェンジャーの競争戦略』日本経済新聞出版
van Beneden P.J.（1876）*Animal Parasites and Messmates.* Henry S. King, London
Vargo S.L. and R.F. Lusch (2004) Evolving to a New Dominant Logic of Marketing, *Journal of Marketing*, Vol.68, Issue 1
Ward J.L. and S. F. Stasch (1986) When are market leaders most likely to be attacked?, *The Journal of Consumer Marketing*, Vol.3 No.4, Fall
Weick K.E.（1969）*The Social Psychology of Organizing*, Addison Wesley (金児暁嗣訳〈1980〉『組織化の心理学』誠信書房)
山田英夫（1987）「マーケット・リーダーの危機」『ダイヤモンド・ハーバード・ビジネス』June-July
山田英夫（1993）『競争優位の「規格」戦略』ダイヤモンド社
山田英夫（1997）『デファクト・スタンダード』日本経済新聞社
山田英夫・遠藤 真（1998）『先発優位・後発優位の競争戦略』生産性出版
山田英夫（2000）「事業構造の変革：アンバンドリングからリ・バンドリングへ」『国際経営・システム科学研究』第31号
山田英夫・冨田健司（2004）『アンバンドリングからリ・バンドリングへ』企業研究会
山田英夫（2008）『デファクト・スタンダードの競争戦略：第2版』白桃書房
山田英夫（2013）「ビジネスモデル間競争の戦略定石」『早稲田国際経営研究』第44号
山田英夫（2014）『異業種に学ぶビジネスモデル』日経ビジネス人文庫
山田英夫（2017）『成功企業に潜むビジネスモデルのルール』ダイヤモンド社
山田英夫（2020）『逆転の競争戦略：第5版』生産性出版

Schaars S.P. (1994) *Managing Imitation Strategies,* Free Press（恩藏直人・坂野友昭・嶋村和恵訳〈1996〉『創造的模倣戦略』有斐閣）
千住鎮雄・伏見多美雄・藤田精一・山口俊和（1986）『経済性分析 改訂版』日本規格協会
Shani D. and S. Chalasani（1992）Exploiting Niches Using Relationship Marketing, *Journal of Services Marketing,* Vol.6, No.4
Shapiro C. and H.R.Varian（1998）*Information Rules,* Harvard Business School Press（千本倖生監訳、宮本喜一訳〈1999〉『ネットワーク経済の法則』IDGコミュニケーションズ）
Shenkar O. (2010) *Copycats: How Smart Companies Use Imitation to Gain a Strategic Edge,* Harvard Business School Publishing（井上達彦監訳、遠藤真美訳〈2013〉『コピーキャット』東洋経済新報社）
柴田健一・立本博文（2017）「カニバリゼーションを原因とした同質化の遅れ：日本のビール業界における新製品発売の実証研究」『組織科学』第50巻、第3号
柴田 高（1992）「ハードウェアとソフトウェアの事業統合と戦略形成」『組織科学』第26巻、第2号
嶋口充輝（1984）『戦略的マーケティングの論理』誠文堂新光社
嶋口充輝（1986）『統合マーケティング』日本経済新聞社
嶋口充輝（2000）『マーケティング・パラダイム』有斐閣
嶋口充輝編著（2004）『仕組み革新の時代』有斐閣
清水勝彦（2007）『戦略の原点』日経BP
清水信匡（2016）「日本企業の投資評価技法の多様性」『メルコ管理会計研究』第8巻、第2号
新宅純二郎（1994）『日本企業の競争戦略』有斐閣
新宅純二郎・淺羽 茂編著（2001）『競争戦略のダイナミズム』日本経済新聞社
Stanton W.J., M.J. Etzel and B.J. Walker（1994）*Fundamentals of Marketing,* MacGraw Hill
手塚貞治（2014）『フォロワーのための競争戦略』日本実業出版社
内田和成（1998）『デコンストラクション経営革命』日本能率協会マ

村山貴俊（2011）「ニッチ戦略とは何か？」『東北学院大学経営学論集』第1号
名和小太郎（2000）「標準化プロセスと知的所有権」新宅純二郎・許斐義信・柴田 高編『デファクト・スタンダードの本質』有斐閣
西谷洋介（2007）『ポーターを読む』日経文庫
野中郁次郎（1985）『企業進化論』日本経済新聞社
沼上 幹（2008）『わかりやすいマーケティング戦略　新版』有斐閣
沼上 幹（2009）『経営戦略の思考法』日本経済新聞出版
沼上 幹（2016）『ゼロからの経営戦略』ミネルヴァ書房
小川紘一（2015）『オープン＆クローズ戦略　増補改訂版』翔泳社
恩蔵直人（2007）『コモディティ化市場のマーケティング論理』有斐閣
大薗恵美（2020）「第19回ポーター賞受賞企業・事業に学ぶ」『一橋ビジネスレビュー』Spr.
Perry L.T.（1990）*Offensive Strategy,* Harper Business（恩蔵直人・石塚浩訳〈1993〉『攻撃戦略』ダイヤモンド社）
Porter M.E.（1980）*Competitive Strategy: Techniques for Analyzing Industries and Competitors,* Free Press（土岐 坤・中辻萬治・服部照夫訳〈1982〉『競争の戦略』ダイヤモンド社）
Porter M.E.（1985）*Competitive Advantage: Creating and Sustaining Superior Performance,* Free Press（土岐 坤・中辻萬治・小野寺武夫訳〈1985〉『競争優位の戦略』ダイヤモンド社）
マイケル・ポーター・竹内弘高（2000）『日本の競争戦略』ダイヤモンド社
Prahalad C. K. and R. A. Bettis (1986) The Dominant Logic: A New Linkage Between Diversity and Performance, *Strategic Management Journal,* Vol.7
Ries A. and J. Trout (1986) *Marketing Warfare,* McGraw-Hill（小林薫訳〈1987〉『マーケティング戦争』プレジデント社）
Ross J. and D.Sharapov (2015) When the Leader Follows:Avoiding Dethronement through Imitation, *Academy of Management Journal,*Vol.58,No.3

版』ダイヤモンド社）
Kotler P. (2003) *Marketing Management, 11th Edition.*, Prentice-Hall
Kotler P. and G.Armstrong (2012) *Principles of Marketing, 14th Edition,* Pearson Education（上川典子・丸田素子訳〈2014〉『コトラー、アームストロング、恩藏のマーケティング原理』丸善）
熊沢由弘（2019）「少額短期保険の動向」『共済総合研究』JA共済研究所、第79号
楠木 建（2006）「次元の見えない差別化」『一橋ビジネスレビュー』第53巻、第4号
楠木 建（2010）『ストーリーとしての競争戦略』東洋経済新報社
Lee H.,K.G.Smith,C.M.Grimm and A.Schomburg (2000) Timing,Order and Durability of New Product Advantages with Imitation, *Strategic Management Journal* Vo.21,No.1
Louks J.M., J.Macanlay, A.Noronha and M.Wade (2016) *Digital Vortex,* IMD（根来龍之監訳、武藤陽生・デジタルビジネス・イノベーションセンター訳〈2017〉『対デジタル・ディスラプター戦略』日本経済新聞出版）
丸山謙治（2008）『競合と戦わずして勝つ戦略』日本能率協会マネジメントセンター
McClelland D.C. (1961) *The Achieving Society,* Free Press（林 保監訳〈1971〉『達成動機』産業能率短期大学出版部）
Miles R.E. and C.C.Show (1978) *Organizational Strategy, and Process,* MacGraw-Hill（土屋守章・内野 崇・中野 工訳〈1983〉『戦略型経営』ダイヤモンド社）
Miller R. and K. Washington (2009) *Customer Marketing 2009,* Richard K. Miller & Associates
三品和広（2004）『戦略不全の論理』東洋経済新報社
御立尚資（2003）『戦略「脳」を鍛える』東洋経済新報社
水越 豊（2003）『BCG戦略コンセプト』ダイヤモンド社
宮副謙司編著（2015）『ケースに学ぶ青山企業のマーケティング戦略』中央経済社
守屋 淳（2014）『最高の戦略教科書　孫子』日本経済新聞出版社

業の比較研究』NTT出版
伊丹敬之・西野和美編著（2004）『ケースブック　経営戦略の論理』日本経済新聞社
伊丹敬之編著（2006）『日米企業の利益率格差』有斐閣
伊丹敬之（2012）『経営戦略の論理　第4版』日本経済新聞出版
伊丹敬之（2014）『孫子に経営を読む』日本経済新聞出版
Johnson M.W. (2010) *Seizing the White Space: Business Model Innovation for Growth and Renewal,* Harvard Business Press（池村千秋訳〈2011〉『ホワイトスペース戦略』阪急コミュニケーションズ）
Kalyanaram G., W.T.Robinson and G.L.Urban (1995) Order of Market Entry:Established Empirical Generations,Emerging Empirical Generations, and Future Research, *Marketing Science,* Vol.14,No.3
金谷 治訳注 (2000)『新訂　孫子』岩波書店
加登 豊 (1989)『管理会計研究の系譜』税務経理協会
Kim W.C. and R.Mauborgne (2005) *Blue Ocean Strategy: How to Create Uncontested Market Space and Make the Competition Irrelevant,* Harvard Business School Press（有賀裕子訳〈2005〉『ブルー・オーシャン戦略』ランダムハウス講談社）
Kim W.C. and R.Mauborgne (2015) *Blue Ocean Strategy: Expanded Edition,* Harvard Business School Publishing（入山章栄監訳、有賀裕子訳〈2015〉『新版：ブルー・オーシャン戦略』ダイヤモンド社）
Kotler P. (1980) Marketing Management: 4th Edition, Prentice-Hall（村田昭治監修、小坂 恕、疋田 聰、三村優美子訳〈1983〉『マーケティング・マネジメント　第4版』プレジデント社）
Kotler P. (1988) *Marketing Management: 6th Edition,* Prentice-Hall
Kotler P. (1991) *Marketing Management: 7th Edition,* Prentice-Hall（村田昭治監修、小坂 恕、疋田 聰、三村優美子訳〈1996〉『マーケティング・マネジメント　第7版』プレジデント社）
Kotler P. and G.Armstrong (2001) *Principles of Marketing: 9th Edition* Prentice-Hall（和田充夫監訳〈2003〉『マーケティング原理　第9

Approach, Channel View Publications

Ghemawat P. (1991) *Commitment: The Dynamic of Strategy*, Free Press

Greenwald B.C. and J. Kahn (2005) *Competition Demystified*, Portfolio (辻谷一美訳〈2012〉『競争戦略の謎を解く』ダイヤモンド社)

Grindley P. (1995), *Standards Strategy and Policy*, Oxford University Press

Grinnell J. (1924) Geography and Evolution, *Ecology*, No.5

Hagel III J. and M.Singer (1999) Unbundling the Corporation, *Harvard Business Review*,Mar.-Apr. (中島由利訳〈2000〉「アンバンドリング：大企業が解体されるとき」『ダイヤモンド・ハーバード・ビジネス』Apr.-May)

Hamel G. Yves L.Doz and C.K.Prahalad (1989) Collaborate with Your Competitors-and Win, *Harvard Business Review*, Jan.-Feb. (小林 薫訳〈1989〉「ライバルとの戦略的提携で勝つ方法」『ダイヤモンド・ハーバード・ビジネス』Apr.-May)

Hamel G. and C.K.Prahalad (1994) *Competing for the Future*, Harvard Business School Press. (一條和生訳〈1995〉『コア・コンピタンス経営』日本経済新聞社)

Hamel G. (2000) *Leading the Revolution*、Harvard Business School Press, (鈴木主悦・福嶋俊造訳〈2001〉『リーディング・ザ・レボリューション』日本経済新聞社)

Hannan M.T. and J. Freeman (1977) The Population Ecology of Organizations, *American Journal of Sociology*, Vol.82, Issue5

原田 勉 (2000)『ケースで読む競争逆転の経営戦略』東洋経済新報社

林 紘一郎 (1998)『ネットワーキング：情報社会の経済学』NTT出版

Hutchinson G.E. (1957) Concluding Remarks, *Cold Spring Harbor Symposia on Quantitative Biology*, No.22

稲垣栄洋 (2014)『弱者の戦略』新潮社

井上達彦 (2006)『収益エンジンの論理』白桃書房

井上達彦 (2012)『模倣の経営学』日経BP

伊丹敬之＋伊丹研究室 (1988)『逆転のダイナミズム：日米半導体産

済新聞社）
Buzzel R.D. and B.T.Gale (1987) *The PIMS Principles,* Free Press（和田充夫＋87戦略研究会訳〈1988〉『新PIMSの戦略原則』ダイヤモンド社）
Christensen C.M. and R.S. Rosenbloom (1995) Explaining the Attacker's Advantage:Technological Paradigms, Organizational Dynamics, and the Value Network, *Research Policy,* Vol.24, No.2
Christensen C. M. (1997) *The Innovator's Dilemma,* Harvard Business School Press (伊豆原 弓訳〈2000〉『イノベーションのジレンマ(増補改訂版)』翔泳社)
Christensen C. M. and M.E. Roynor (2003) *The Innovator's Solution,* Harvard Business School Press (玉田俊平太監修・桜井祐子訳〈2003〉『イノベーションへの解』翔泳社)
Dalgic T. and M. Leeuw (1994) Niche Marketing Revisited: Concept, Applications and Some European Cases, *European Journal of Marketing,* Vol.28, No.4
David P. (1985) CLIO and the Economics of QWERTY, *American Economic Review*: Papers and Proceedings, Vol.75, No.2
de Bary H.A. (1879) *Die Erscheinung der Symbiose: Vortrag gehalten auf der Versammlung Deutscher Naturforscher und Aerzte zu Cassel,* Verlag an Karl J. Trübner
Evans P. and S.W.Thomas (1999) *Blown to Bits :How the New Economics of Information Tranforms Strategy,* Harvard Business School Press（ボストン・コンサルティング・グループ訳〈1999〉『ネット資本主義の企業戦略』ダイヤモンド社）
Farrell J. and G. Saloner (1988) Coordination through Committees and Markets, *The RAND Journal of Economics,* Vol.19, No.2
Festinger L. (1957) *A Theory of Cognitive Dissonance,* Row Peterson（末永俊郎監訳〈1965〉『認知的不協和の理論』誠信書房）
Foster R.N. (1986) *Innovation : The Attacker's Advantage,* Summit Books (大前研一訳〈1987〉『イノベーション』TBSブリタニカ)
Fyall A. and B.Garrod (2005) *Tourism Marketing: A Collaborative*

参考文献

Abell D.F. and J.S.Hammond（1979）*Strategic Marketing Planning,* Prentice-Hall（片岡一郎・古川公成・滝沢 茂・嶋口充輝・和田充夫訳（1982）『戦略市場計画』ダイヤモンド社）

赤西仁之（1992）「リーダー企業の対ニッチャー企業戦略」『マーケティング・ジャーナル』第12巻、第2号

オールウェイズ研究会編、青井倫一・矢作恒雄・和田充夫・嶋口充輝（1989）『リーダー企業の興亡』ダイヤモンド社

青島矢一・加藤俊彦（2003）『競争戦略論』東洋経済新聞社

淺羽 茂（1995）『競争と協力の戦略』有斐閣

淺羽 茂（1998）「競争と協力―ネットワーク外部性が働く市場での戦略」『組織科学』第31巻、第4号

淺羽 茂（2002）『日本企業の競争原理』東洋経済新報社

淺羽 茂（2004）『経営戦略の経済学』日本評論社

Bantel K.（2006）High Tech, High Performance: The Synergy of Niche Strategy and Planning Focus in Technological Entrepreneurial Firms, in Dalgic T. (ed.) *Handbook of Niche Marketing: Principles and Practice,* Haworth Press

Bensen S.M. and J.Farrel (1994) Choosing How to Compete: Strategies and Tactics in Standardization, *Journal of Economic Perspectives,* Vol.8,No.2.

Bloom P. N. and P. Kotler（1975）Strategies for High Market-Share Companies, *Harvard Business Review,* Nov.-Dec.

Bonoma T.V. (1981) Market Success can breed 'Marketing Inertia,' *Harvard Business Review,* Sept.-Oct.（榾岡良之訳〈1982〉「マーケティング惰性」『ダイヤモンド・ハーバード・ビジネス』Jan.-Feb.）

Brandenburger A.M. and B.J.Nalebuff（1996）*Co-opetition,* Doubleday（嶋津祐一・東田啓作訳（1997）『コーペティション経営』日本経

リブセンス …… 47, 216
量的限定 …… 89
両手取引 …… 233
料理宅配サービス …… 319
ルンバ …… 75
レイヤー・マスター …… 52, 250, 261
レーウ …… 32
レーザー・ターンテーブル …… 106
レーザーディスク …… 84
レコフ …… 260
レシップ …… 126
レッド・オーシャン …… 36
ローズ …… 104
ローランド …… 106
論理の自縛化 …… 213

【わ行】
ワークマン …… 200
わりかん保険 …… 135

ブロンプトン……141
ヘイゲル……51
ペッパーフードサービス……87
ペプシコーラ……25
ペリー……24
弁護士ドットコム……298
ヘンミ……150
片利共生……33
ポーター……24, 34, 39, 44, 70, 242
補完的生産者……242
ホギメディカル……165, 307
ほけんの窓口……86
星野リゾート……257
歩数計……62
ボランタリーチェーン……295
ボリューム・ニッチ……93, 137, 143
ホンダ……30, 180

【ま行】
マーケット・チャレンジャー……39
マーケット・ニッチャー……39
マーケット・フォロワー……39
マーケット・メーカー……251, 286
マーケット・リーダー……39
マーシャル……106
マイルズ……24
マインド・シェア……71, 327
マクリーランド……24
マニー……95
マネーフォワード……195
マルケト……271
マルチ・ニッチ戦略……172
万歩計……62
ミカサ……143
三井物産……284
三井不動産……282
三菱自動車工業……241
ミニ保険……133
ミノルタ……214
ミラーレス……214
武藤工業……95
明光商会……74
モトローラ……212
モボルニュ……35

【や行】
ヤフー……306
ヤマサちくわ……130
山佐時計計器……62
山下達郎……154
ヤマダ電機……27, 295
ヤマト運輸……25
ヤマハ……30, 104
有機EL……59
良い競争業者……44
横河電機……63
横浜F・マリノス……284
代々木ゼミナール……30

【ら行】
ライオン……42
来店型保険ショップ……320
ライフネット生命保険……47, 193
ラクスル……287
楽天バスサービス……286
ランドスケイプ……268
リーダー……40
リーダー企業……41, 73
リクルート……47, 199, 216
リコー……74
理想科学工業……61
リ・バンドリング……54

ドトール……180
トビラシステムズ……141
トモエ算盤……149
トヨタ自動車……42, 73, 241
トラスコ中山……202
トランスファーカー……276
トリニトロン方式……60
トレードオフ……96

【な行】
ナイキ……226
内部収益率（IRR）法……83
ナガイレーベン……81
ナガオカトレーディング……145
中日本高速道路……331
成田国際空港……331
名和……51
ニコン……214
日産自動車……241
ニッチ……32, 68
ニッチ企業……70
ニッチ市場……70
ニッチ戦略……46, 68, 171, 326
ニッチ・マーケティング……33
ニッチャー……40
日本エボナイト……147
日本コカ・コーラ……43
日本生命保険……46, 47, 89, 136, 194
日本郵便……25
ネイルバフ……242
根本特殊化学……97
ノーベルファーマ……177

【は行】
パーク・コーポレーション……204
バイイングパワー……295
パイオニア……60, 84
バゼル……39
ハッチンソン……32
パナソニック……42, 60, 161, 328
パナソニックオーダーシステム……161
ハナン……32
はままつフラワーパーク……285
ハメル……36
ハモンド……39
バリューチェーン……245
阪急電鉄……25
阪神電車……25
バンドラー……251, 302
バンドリング……50
ピエガ……115
非価格対応……43
ビックカメラ……27
フィリップス……212
フェーズメーション……145
フェリカ……212
フォロワー……39
不協和……188
不協和戦略……45, 235, 328
富士通……311
富士フイルム……148
ブラウン管……59
プラス……305
プラズマ・ディスプレー……59
フランチャイズチェーン……295
ブランデンバーガー……242
フリーマン……32
プリントゴッコ……61
ブルー・オーシャン戦略……35
ブルーム……39
プロネクサス……46, 107

住友生命……136
棲み分け……31, 45
スリーエム……172
駿台予備学校……30, 200
セイコーマート……46, 128
生態学……29
生物学……29
セールスフォース・ドットコム……271
セコム……246
世代間競争……58
世代内競争……58
セノー……143
セブン&アイグループ……195
セブン&アイ・ホールディングス……263
セブン-イレブン……46, 129, 263
セブン銀行……48, 250, 263
セントリカ……329
相利共生……33
ソナス……115
ソニー……60, 106, 195, 212, 214
ソニー損保……208, 228
ソラコム……98
損害保険ジャパン……136
孫子……29
孫武……30

【た行】

ダイソン……74
大同生命保険……46, 116
ダイナミック・プライシング……285
ダイナミックプラス……284
ダイニチ工業……149
大日本印刷……46, 112, 125
ダイハツ……22
宝印刷……109
宝島社……206
宝酒造……23
タカラベルモント……123
武田薬品工業……46,183
タマス……137
ダリ……115
ダルギッチ……32
タンノイ……115
チェキ……148
チャコット……118
チャネル・ニッチ……92, 116, 121
チャラサニ……33
チャレンジャー……40
チャレンジャーへの転換……179
ツムラ……166
手余り……288
ディスラプター……62
デジタル・トランスフォーメーション……49
寺田倉庫……222
デルタ航空……244
テレマティクス保険……208
東京海上日動火災……229
東京海上ホールディングス……136
ドゥクラッセ……47, 219
同質化……188
同質化政策……42
同質的競争……23
ドゥ・バリー……33
東洋化成……144
トーシンテック……122
トーマス……313
特殊ニーズ・ニッチ……92, 122, 127
凸版印刷……112, 125
トッパン・フォームズ……113

ゴア 152
コア・コンピタンス 329
ゴアテックス 151
講談社 30
交通新聞社 63
コーペティション 242
コカ・コーラ 25
顧客志向 26
コクヨ 305
コシナ 95
コスト・リーダーシップ 70
コスモス・ベリーズ 295
コスモ石油 19, 197
コトラー 26, 32, 39, 41, 90
コナミスポーツ 231
小林製薬 174
コマツ 43, 329
コンビ 220
コンピタンス・プロバイダー 249, 252

【さ行】

サークルK 326
裁定取引 278
最適シェア維持 43
サウスウエスト航空 85
佐川急便 25
差別化 69, 70
サムスン電子 144
三英 143
サンクコスト 170
サンスター 42
残存ニッチ 93, 144, 149
参天製薬 46, 95
シェアリング・エコノミー 300
時間軸の短縮 58
時間ニッチ 92, 132, 137
事業の共喰化 228
次元の見えない差別化 115
資産の負債化 190
市場志向 26
市場資産 190
市場資産の負債化 204
シダックス 246
質的限定 89
嶋口 40, 41
シャープ 60
シャニー 33
集中 70
周辺需要拡大 42
種間競争 31
種内競争 31
瞬足 226
少額短期保険 133
小学館 30
情報の非対称性 236
正味現在価値（NPV）法 83
シルク・ドゥ・ソレイユ 36
シンガー 51
スイッチング・コスト 164
スイングバイ IPO 104
スカイマーク 26
スズキ 22
鈴廣 130
スター・マイカ 277
スターバックス 180
スタック・イン・ザミドル 327
スタディサプリ 199
スタントン 33
スノー 24
スノーピーク 139
スマートフォン 63

アメリカン航空……244
アンバンドリング……50, 53
イーデザイン損保……229
イオンライフ……290
いきなり！ステーキ……87
池田工業……149
伊丹……37
出光興産……19
ヴァン・ベネデン……33
エイベル……39
液晶……59
エバンス……251, 313
エプソン……22
エルプ……106
おいしくない顧客……43
オーナーチェンジ……277
オープン・アンド・クローズド戦略……325
岡本硝子……95
オフィスグリコ……303
オラクル……271
オンワード樫山……82
オンワードホールディングス……120

【か行】

カード上乗せ保険……224
カーブス……230
カーン……37
回収期間法……83
カスタマイズ・ニッチ……91, 160, 163
カットスロート・コンペティション……27
カニバリゼーション……324
カミュ……120
亀山モデル……60
ガリガリ君……76
河合塾……30, 200
完全競争……34
企業資産……190
企業資産の負債化……192
技術ニッチ……92, 94, 115
寄生……33
紀ノ国屋……132
キム……35
キヤノン……22, 43, 214
キャフィス……52
キュービーネット……231
キュービタス……52, 253
崎陽軒……130
共生……31, 33, 47
競争志向……26
競争しない企業同士の競争……318
競争と協調……242
協調……240
協調戦略……48, 240, 249, 329
切替コスト・ニッチ……91, 164, 169
キリン……25
キリンビール……42
キングジム……168, 305
空間軸の消滅……62
空間ニッチ……92, 128, 131
クオリカプス……164
クラレ……176
グリーンウォルド……37
グリコ……302
クリステンセン……236
グリンネル……32
クレディセゾン……254
京浜急行……25
ゲイル……39
限定量ニッチ……93, 151, 160

索　引

【数字・英語】

5つの競争要因 …… 35
AIG損害保険会社 …… 224
AWS …… 98
B&W …… 115
CAFIS …… 52
CMO …… 245
CRO …… 245
CSK …… 246
CSO …… 245, 275
DX …… 49
ENEOS …… 19, 198
ESCO …… 56
GE …… 249, 255, 329
GMPインターナショナル …… 220
IBM …… 50
IFRS …… 112
iPod …… 195
IQVIAソリューションズジャパン …… 274
JCB …… 183
JR …… 25
JTBパブリッシング …… 63
justInCase …… 135
KDDI …… 102, 195
KEF …… 115
Knot …… 160
KPI …… 203
LCC（格安航空会社） …… 26
LG …… 60
LINEほけん …… 136
LSIメディエンス …… 132
M&Aキャピタルパートナーズ …… 261
MP3 …… 196
NEC …… 150
NTTデータ …… 53
NTTドコモ …… 98
Nupp1 …… 300
PEST …… 49
POS …… 161
QBハウス …… 231
SHURE …… 106
SREホールディングス …… 233
TKC全国会 …… 117
VHD …… 85
VUCA …… 49
XBRL …… 112

【あ行】

アームストロング …… 26
アイアル少額短期保険 …… 136
あいおいニッセイ同和損保 …… 136
アイロボット …… 74
青山フラワーマーケット …… 204
赤城乳業 …… 76
アキュフェーズ …… 95
アキレス …… 226
朝日印刷 …… 63, 124
アシックス …… 226
アスクル …… 168, 305
アップリカ …… 220
アップル …… 195
アディダス …… 226
アフラック生命 …… 89
アマゾン・ウェブ・サービス …… 98
アメックス …… 157
アメリカン・エキスプレス …… 157

【著者紹介】
山田 英夫（やまだ・ひでお）

早稲田大学大学院経営管理研究科（ビジネススクール）教授
1955年、東京都生まれ。1981年、慶應義塾大学大学院経営管理研究科（MBA）修了後、三菱総合研究所入社。大企業のコンサルティングに従事。1989年、早稲田大学へ移籍、現在に至る。専門は競争戦略論、ビジネスモデル。博士（学術：早稲田大学）。
アステラス製薬、NEC、ふくおかフィナンシャルグループ、サントリーホールディングスの社外監査役・社外取締役を歴任。
著書に、『逆転の競争戦略　第5版』（生産性出版、2020）『ビジネス・フレームワークの落とし穴』（光文社新書、2019）『成功企業に潜むビジネスモデルのルール』（ダイヤモンド社、2017）『ビジネス版　悪魔の辞典』（日経プレミアシリーズ、2016）『経営戦略　第3版』（共著、有斐閣、2016）『異業種に学ぶビジネスモデル』（日経ビジネス人文庫、2014）『ビジネスマンの基礎知識としてのMBA入門』（共著、日経BP、2012）『なぜ、あの会社は儲かるのか？』（共著、日経ビジネス人文庫、2009）『デファクト・スタンダードの競争戦略　第2版』（白桃書房、2008）などがある。

競争しない競争戦略　改訂版

2015年 3 月 18 日　1版1刷
2021年 10 月 11 日　2版1刷
2021年 11 月 5 日　　2刷

著　者――――山田英夫

発行者――――白石　賢
発　行――――日経BP
日本経済新聞出版本部
発　売――――日経BPマーケティング
〒 105-8308
東京都港区虎ノ門 4-3-12
デザイン――――尾形忍（Sparrow Design）
組　版――――マーリンクレイン
印刷・製本――中央精版印刷

ISBN978-4-532-32435-3